Fleur du désert

Waris Dirie
et Cathleen Miller

Fleur du désert

Du désert de Somalie au monde des top-models,
l'extraordinaire combat
d'une femme hors du commun

Traduit de l'anglais
par Josiane et Alain Deschamps

Albin Michel

Fleur du désert est le récit véridique de la vie de Waris Dirie. Tous les événements présentés sont basés sur ses souvenirs et des faits réels. Afin de respecter la vie privée des personnes figurant dans ce livre, nous avons utilisé des pseudonymes pour la plupart d'entre elles.

Titre original :

DESERT FLOWER

Publié par William Morrow and Company, Inc.

Traduction française :

22, rue Huyghens, 75014 Paris

ISBN 2-226-10569-7

A ma mère

Quand on parcourt le chemin de la vie, bravant des tempêtes, jouissant du soleil, se retrouvant souvent dans l'œil du cyclone, on ne survit qu'à force de volonté. Je dédicace donc ce livre à la femme qui m'a portée sur ses épaules, celle dont la détermination est inébranlable : ma mère, Fattuma Ahmed Aden.

Tout en affrontant une incroyable adversité, elle a toujours fait preuve de foi. Elle s'est dévouée équitablement à ses douze enfants (un exploit remarquable) et a fait montre d'un discernement à rendre jaloux le sage le plus perspicace.

Elle a consenti à bien des sacrifices, sans se plaindre, et nous, ses fils et ses filles, savons qu'elle nous a donné sans réserve tout ce qu'elle avait. Elle a connu la douleur intolérable de voir mourir plusieurs de ses enfants, mais elle n'a jamais perdu courage et a toujours trouvé la force de continuer à lutter pour ceux qui restaient. Sa générosité, sa grandeur d'âme, sa bonté et sa beauté sont légendaires.

Maman, je t'aime, te respecte et te chéris ; et je remercie Allah Tout-Puissant de m'avoir donné une mère telle que toi. Je prie pour qu'il m'aide à te faire honneur en élevant mon fils comme tu as, infatigablement, élevé tes enfants.

Tu es le pagne que le jeune élégant s'apprête à choisir.
Tu es comme le tapis de grande valeur
Qui a coûté des mille et des cents.
Trouverai-je jamais ton double,
Toi que je n'ai vue qu'une fois ?
Un parapluie peut se déchirer ;
Toi, tu es solide comme le fer forgé.
Tu es aussi finement ciselée que l'or de Nairobi.
Tu es le soleil levé, et les premières lueurs de l'aube.
Trouverai-je jamais ton double,
Toi que je n'ai vue qu'une fois ?

Poème traditionnel somalien

1

Fuir

Tirée de mon sommeil par un léger bruit, j'ai entrouvert les paupières, et je n'ai vu qu'une chose : la tête d'un lion ! Tout à fait éveillée à présent et fascinée, j'ai senti mes yeux s'écarquiller démesurément comme s'ils voulaient contenir tout l'animal qui était devant moi. J'ai essayé de me lever, mais je n'avais pas mangé depuis plusieurs jours, et mes jambes vacillantes ont refusé de me porter. Je me suis effondrée contre l'arbre sous lequel je m'étais abritée pour me protéger du soleil, impitoyable en plein midi dans le désert africain. Fermant les yeux, j'ai doucement appuyé ma tête contre l'écorce rugueuse. Le lion était si proche que je pouvais sentir son odeur musquée dans l'air chaud. Je me suis adressée à Allah : « C'est fini pour moi, mon Dieu ! Prends-moi, je t'en prie. »

Mon long voyage à travers le désert se terminait là. Je n'avais rien pour me protéger, aucune arme. Ni la force de m'enfuir. Même dans le meilleur des cas, je savais que je ne pourrais pas échapper au lion en montant dans l'arbre car, comme tous les félins, celui-ci était certainement un excellent grimpeur et, avec ses griffes puissantes, il serait beaucoup plus rapide que moi. J'aurais à peine le temps d'arriver à mi-hauteur que, hop, un coup de patte, et ce serait fini. Ne ressentant plus aucune peur, j'ai rouvert les yeux et je lui ai dit : « Viens, je suis prête. »

C'était un beau mâle, avec une crinière dorée et une longue queue qui remuait sans cesse pour chasser les mouches. Il était jeune – cinq ou six ans – et en pleine santé. Il pouvait m'écraser en un instant, je le savais, il était le roi. Toute ma vie j'avais vu ces pattes abattre des gnous et des zèbres pesant des centaines de kilos de plus que moi.

Le lion m'a observée, ses yeux couleur de miel clignant doucement. Je l'ai fixé de mes yeux bruns, et il a regardé au loin. « Vas-y, prends-moi. » Il m'a observée de nouveau avant de détourner le regard. Il s'est léché les babines et s'est assis. Puis il s'est relevé, a marché devant moi, de long en large, l'allure sensuelle, élégante. Il a fini par se retourner et s'éloigner, estimant sans doute qu'il y avait si peu de chair sur mes os que je ne valais pas la peine d'être mangée. Je l'ai regardé s'en aller à grands pas à travers le désert jusqu'à ce que son pelage fauve se confonde avec le sable.

Je ne me suis pas sentie soulagée en réalisant que le lion ne me tuerait pas, car je n'avais éprouvé aucune angoisse. J'étais prête à mourir. Mais Dieu, qui a toujours été mon meilleur ami, avait d'autres projets pour moi, et une raison de me garder en vie. Je lui ai demandé : « Laquelle ? Prends ma main, conduis-moi ! », et je me suis péniblement levée.

J'avais entrepris ce voyage cauchemardesque pour fuir mon père. A cette époque, je devais avoir treize ans et je vivais avec ma famille, une tribu nomade, dans le désert somalien. Mon père m'avait annoncé que mon mariage avec un homme âgé était arrangé. Sachant qu'il me fallait agir vite, avant que mon nouvel époux ne vienne me chercher, j'ai dit à ma mère que je voulais m'enfuir. J'avais dans l'idée de me réfugier chez ma tante maternelle qui vivait à Mogadiscio, capitale de la Somalie. Je n'avais, bien sûr, jamais été à Mogadiscio, ni d'ailleurs dans aucune autre ville de cette sorte. Et je n'avais jamais non plus rencontré ma tante. Mais avec l'optimisme d'une enfant, je sentais que d'une façon ou d'une autre, comme par enchantement, les choses tourneraient bien.

Alors que mon père et le reste de la famille dormaient encore, ma mère m'a réveillée et m'a dit :

– Il faut partir, c'est le moment !

J'ai regardé autour de moi pour voir s'il y avait quelque chose à prendre, à emporter, mais il n'y avait rien, pas une bouteille d'eau, pas un pot de lait, pas un panier de nourriture. Pieds nus, un simple carré de tissu drapé autour du corps, je me suis précipitée dans la nuit noire du désert.

Je ne savais pas quelle direction prendre pour me rendre à Mogadiscio, et j'ai marché droit devant moi. Lentement tout d'abord, parce que je ne voyais rien ; j'avançais en trébuchant et butant sur des racines. J'ai finalement décidé de m'asseoir en attendant que le jour se lève parce qu'en Afrique les serpents pullulent, et ces bêtes me terrifient. Je m'imaginais que chaque racine sur laquelle je posais le pied était un cobra cracheur. J'ai regardé le ciel s'éclaircir progressivement, et avant même que le soleil n'apparaisse, whoosh ! j'avais déjà bondi comme une gazelle. J'ai couru, couru, couru pendant des heures.

Vers midi, j'étais perdue très loin dans le sable rouge, et

très loin également dans mes pensées. Je me demandais où diable j'allais. Je ne savais même pas dans quelle direction je me dirigeais. Le paysage s'étendait à l'infini ; seul un acacia ou un arbuste épineux brisait par endroits l'uniformité du sable. Affamée, assoiffée, fatiguée, j'ai ralenti l'allure et je me suis mise à marcher. Avançant lentement dans une sorte d'hébétude, j'étais curieuse de savoir où ma nouvelle vie me mènerait, ce qui m'arriverait par la suite.

Alors que je me posais toutes ces questions, j'ai entendu quelqu'un m'appeler : « Waris !... Waris !... » C'était la voix de mon père. J'ai regardé autour de moi, mais je n'ai vu personne. J'ai pensé que mon imagination me jouait des tours. « Waris !... Waris !... » Ce cri résonnait partout. Le ton était implorant, mais j'avais très peur. Si mon père me rattrapait, il me ramènerait certainement chez nous et m'obligerait à épouser cet homme ; et il me battrait probablement. La voix était bien réelle et se rapprochait de plus en plus. Je me suis mise à courir aussi vite que j'ai pu. Malgré mon avance de plusieurs heures, il m'avait presque rejointe. Plus tard, j'ai réalisé qu'il m'avait retrouvée en suivant l'empreinte de mes pas dans le sable.

J'ai pensé qu'il était trop vieux pour me rattraper ; moi, j'étais jeune et vive. Dans mon esprit d'enfant, il n'était qu'un vieil homme. A présent, je me souviens en riant qu'à cette époque il devait avoir une trentaine d'années. Nous étions tous dans une forme physique extraordinaire car nous courions partout et tout le temps ; nous n'avions pas de voiture, et il n'existait aucun moyen de transport public. Je courais toujours très vite : pour donner la chasse aux animaux, aller chercher de l'eau, ne pas me laisser gagner par l'obscurité et être rentrée chez moi avant la tombée du jour.

Au bout d'un moment, n'entendant plus la voix de mon père, j'ai ralenti l'allure. J'ai cru que si je continuais ainsi, il se fatiguerait et rentrerait chez nous. Soudain, en me retournant, je l'ai vu venir vers moi. Il m'avait aperçue lui aussi. Terrifiée, j'ai couru plus vite. Et encore plus vite. C'était un peu comme si nous avions surfé sur des vagues de sable. Je m'élançais vers le haut d'une colline tandis que lui glissait le long de celle qui se trouvait derrière moi. Nous avons continué ainsi pendant des heures jusqu'à ce que je réalise enfin qu'il avait disparu depuis un certain temps. Je ne l'entendais plus crier mon nom.

Le cœur battant très fort, je me suis arrêtée et j'ai observé les alentours, cachée derrière un buisson. Rien. J'ai écouté très attentivement. Pas un bruit. En traversant un affleurement rocheux, je me suis reposée un moment. Mon erreur de la nuit précédente m'avait servi de leçon. Quand je suis repartie, j'ai marché sur le terrain caillouteux, là où le sol était dur, puis j'ai changé de direction afin que mon père ne puisse pas suivre la trace de mes pas.

Il avait probablement fait demi-tour pour essayer de rentrer chez nous, car maintenant le soleil se couchait. Pourtant il n'arriverait pas avant la nuit. Il allait devoir courir dans le noir, en écoutant les sons nocturnes produits par notre famille, retrouvant son chemin grâce aux voix des enfants qui criaient et riaient, aux bruits des troupeaux bêlant et meuglant. Avec le vent, les sons portent très loin dans le désert, et ils nous servent de repères quand nous sommes perdus dans la nuit.

Après avoir suivi le terrain caillouteux, j'ai donc changé

de direction. Peu importait celle que je choisissais puisque de toute façon j'ignorais quel chemin prendre pour arriver à Mogadiscio. J'ai continué à courir jusqu'à ce que le soleil se couche, que la lumière disparaisse et que la nuit devienne si noire qu'il me soit impossible de voir. J'avais alors si faim que je ne pouvais penser à rien d'autre qu'à manger. Mes pieds saignaient. Je me suis assise sous un arbre pour me reposer, et je me suis endormie.

Au matin, la brûlure du soleil sur mon visage m'a réveillée. En ouvrant les yeux, j'ai vu le feuillage d'un bel eucalyptus se tendre vers le ciel. Soudain, je me suis souvenue de la situation dans laquelle je me trouvais. « Mon Dieu, je suis toute seule, je ne sais plus quoi faire. »

Je me suis levée et j'ai repris ma course. J'ai réussi à continuer ainsi pendant des jours. J'ignore exactement combien. Je sais seulement que le temps n'existait plus pour moi. Il ne restait que la faim, la soif, la peur et la douleur. Quand il faisait trop noir pour y voir, je me reposais. A midi, lorsque le soleil était le plus chaud, je m'asseyais sous un arbre pour faire une courte sieste.

C'est au cours d'une de ces siestes que le lion m'a réveillée. A ce moment-là, je me moquais de ma liberté. Je voulais seulement rentrer chez moi, auprès de maman. Plus que n'importe quelle nourriture ou boisson, ma mère me manquait. Même s'il nous arrivait souvent de passer un jour ou deux sans boire ni manger, je savais que je ne pourrais pas survivre longtemps ainsi. Je me sentais très faible et j'avais du mal à bouger ; mes pieds étaient si craquelés et si douloureux que chaque pas était un véritable supplice. Quand le lion s'est assis en face de moi en se léchant les babines, j'avais déjà baissé les bras. J'accueillais cette mort rapide comme une façon de mettre fin à mes souffrances. Mais voyant mes os saillir sous ma peau, mes joues creuses et mes yeux exorbités, le lion s'est éloigné. Je ne sais pas s'il a eu pitié d'un être aussi misérable, s'il a décidé, réaliste, que je ne faisais même pas un encas valable, ou si Dieu a intercédé en ma faveur. J'ai pensé que si Dieu m'avait sauvé la vie, il ne pouvait pas être assez impitoyable pour me laisser ensuite mourir d'une manière plus cruelle encore, de faim par exemple. Il avait certainement d'autres projets pour moi, et j'ai imploré son aide : « Prends ma main, guide-moi. » En me cramponnant au tronc, j'ai réussi à me relever.

J'ai repris ma marche et, quelques minutes plus tard, j'ai aperçu un troupeau de chameaux ; il y en avait partout. J'ai choisi l'animal qui semblait avoir le plus de lait et je me suis précipitée vers lui. Je me suis mise à téter comme un bébé. Le gardien du troupeau m'a aperçue et a crié :

– Tire-toi de là, petite garce !

J'ai entendu le claquement d'un long fouet, mais j'avais si faim que j'ai continué à téter, avalant tout le lait que je pouvais. L'homme s'est précipité vers moi en hurlant. Il savait que s'il ne m'effrayait pas, il n'y aurait plus de lait quand il arriverait auprès de moi. Mais j'en avais bu suffisamment et je me suis sauvée en courant. Il m'a poursuivie et a réussi à me frapper à deux reprises avec son fouet avant que je ne parvienne à le distancer. J'étais plus rapide que lui, et il s'est arrêté, me maudissant dans le soleil d'après-midi.

Maintenant que je m'étais rempli l'estomac, je me sentais débordante d'énergie. J'ai donc continué à courir, et courir encore, jusqu'à ce que j'arrive à un village. Je n'avais jamais vu un endroit pareil, avec des bâtiments et des rues en terre battue. Je marchais en plein milieu de la rue, persuadée que c'était ce qu'il fallait faire, et je regardais dans toutes les directions, bouche bée devant cet étrange décor. Une femme est passée à côté de moi, m'a détaillée de la tête aux pieds, puis a dit :

– Tu es complètement idiote ! Tu te crois où ?

Puis elle s'est adressée à d'autres villageois qui descendaient la rue :

– Bon Dieu ! Vous avez vu ça ?

Elle montrait du doigt mes pieds crevassés et couverts de sang séché.

– C'est sûrement une stupide petite paysanne !

Ce que j'étais. Elle m'a crié :

– Ma fille, si tu veux continuer à vivre, ne reste pas au milieu de la rue ! Tire-toi de là !

Elle m'a fait signe de me pousser sur le côté, puis elle a éclaté de rire.

Tout le monde avait entendu, et je me sentais très gênée. J'ai baissé la tête et, en sortant du village, j'ai continué à suivre la route. Peu après, un camion est arrivé. J'ai dû sauter de côté pour l'éviter. Je me suis retournée, face à la circulation, et en voyant les voitures et les camions venir vers moi, j'ai tendu la main, espérant que quelqu'un s'arrête et m'aide. Je ne peux pas dire que je faisais de l'auto-stop ; je ne savais même pas ce que ce mot signifiait. Je suis simplement restée sur la route, la main levée. Une voiture est passée en tanguant et m'a presque arraché le bras. Je me suis poussée sur le bas-côté et j'ai continué à avancer, tendant la main plus prudemment cette fois. Je dévisageais les conducteurs des voitures qui me dépassaient, priant silencieusement pour que l'un d'eux s'arrête et vienne à mon secours.

Un camion a enfin stoppé. Je ne suis pas fière de ce qui s'est passé ensuite, mais cela est arrivé, et que faire d'autre sinon dire la vérité ? Aujourd'hui encore, quand je repense à ce camion, je regrette de ne pas avoir suivi mon instinct et continué ma route.

Il transportait un chargement de pierres de construction ; elles étaient toutes concassées et de la grosseur de balles de softball [1]. Il y avait deux hommes dans la cabine ; le chauffeur a ouvert la portière et m'a dit en somali :

– Grimpe, chérie !

Je me sentais sans défense, j'étais malade de peur. J'ai expliqué :

– Je vais à Mogadiscio.

– Je t'emmènerai où tu veux, a dit l'homme en souriant.

Ses dents étaient rougeâtres. Je savais que cette couleur brun-rouge n'était pas due au tabac mais au *khat* ; j'avais vu mon père en mâcher une fois. Cette plante narcotique, que les hommes mâchent, est semblable à la cocaïne. Les femmes n'ont pas le droit d'y toucher, et c'est aussi bien, car elle rend fou, surexcité, agressif, et a détruit de nombreuses vies.

J'avais parfaitement conscience que je m'exposais à des ennuis, mais je ne voyais pas quoi faire d'autre. Le chauffeur m'a dit de grimper à l'arrière. L'idée d'être séparée de ces deux hommes m'a un peu rassurée. Je me suis donc installée sur le plateau, dans un des coins, sur le tas de

1. *Softball* : jeu ressemblant au base-ball, joué sur un terrain plus petit, avec une balle plus grosse et plus molle. *(N.d.T.)*

pierres. A présent, il faisait nuit et frais dans le désert. Quand le camion s'est remis en marche, j'ai eu froid et je me suis allongée pour me protéger du vent.

Ensuite, je me souviens seulement que l'homme qui accompagnait le chauffeur s'est trouvé soudain à côté de moi, à genoux sur les pierres. Il avait une quarantaine d'années et était laid, très laid. Si laid que ses cheveux le quittaient ; il devenait chauve. Il compensait cela en se laissant pousser une petite moustache. Ses dents étaient ébréchées et quelques-unes manquaient ; celles qui lui restaient étaient tachées d'un vilain brun-rouge dû au *khat*, mais il me souriait pourtant, les exhibant fièrement. Je ne sais pas combien de temps je vivrai, mais je n'oublierai jamais l'expression lubrique de son visage.

En plus, il était gras ; c'est ce que j'ai découvert quand il a baissé son pantalon. Son pénis en érection s'est tendu vers moi tandis qu'il m'attrapait les jambes et essayait de les écarter.

Je l'ai supplié :

– Oh non ! S'il vous plaît, non !

J'ai entortillé mes jambes maigrichonnes comme des bretzels, et je les tenais bien serrées. Nous avons lutté un moment puis, comme il ne parvenait à rien, il a levé la main et m'a giflée très fort. J'ai laissé échapper un cri perçant qui s'est perdu dans l'air tandis que le camion roulait à toute allure.

– Écarte tes putains de jambes !

Nous nous sommes battus, lui pesant de tout son poids sur moi tandis que les pierres rugueuses me coupaient le dos. Il a de nouveau levé la main et m'a frappée plus durement encore. J'ai alors compris qu'il fallait que j'adopte une autre tactique ; il était trop fort pour moi. Cet homme savait de toute évidence ce qu'il faisait. Au contraire de moi, il ne manquait pas d'expérience et avait probablement violé bien d'autres femmes. J'étais tout simplement sur le point de devenir sa nouvelle victime. J'aurais voulu, tant voulu le tuer, mais je n'avais pas d'arme.

J'ai alors fait semblant de vouloir de lui. J'ai dit doucement :

– D'accord, d'accord. Mais il faut d'abord que je fasse pipi.

J'ai pu constater que son excitation grandissait – hé, cette petite gamine avait envie de lui ! – et il m'a laissée me lever. Je suis allée dans le coin opposé et, m'accroupissant, j'ai feint de faire pipi. Cela m'a donné quelques minutes pour réfléchir. Ma petite comédie terminée, j'avais déjà un plan. J'ai ramassé la plus grosse pierre que j'ai pu trouver, je suis retournée vers lui et je me suis allongée à ses côtés.

Il a grimpé sur moi, et j'ai serré la pierre dans ma main. Je l'ai levée et, de toutes mes forces, j'ai frappé l'homme en plein sur la tempe. Il a eu l'air étourdi. J'ai frappé une autre fois, et je l'ai vu tomber. Comme un guerrier, j'avais soudain une force terrible, une force que j'ignorais posséder. Quand quelqu'un essaie de vous attaquer, de vous tuer, vous devenez très fort ; vous ne savez même pas à quel point vous pouvez l'être avant ce moment-là. Alors qu'il était étendu, je l'ai frappé de nouveau, et le sang a jailli de son oreille.

Son ami, le chauffeur, a vu ce qui se passait depuis la cabine. Il s'est mis à crier :

– Putain de merde ! Qu'est-ce qui arrive là derrière ?

Il a cherché un coin où se garer dans les broussailles. Je savais que s'il m'attrapait, ce serait fini pour moi. Tandis que le camion ralentissait, j'ai rampé vers l'arrière du plateau, je me suis tenue en équilibre sur les pierres, et j'ai sauté à terre comme un chat. Puis je me suis mise à courir pour sauver ma vie.

Le chauffeur du camion était un vieil homme. Il est descendu de la cabine et a hurlé :

– Tu as tué mon ami ! Reviens ! Tu l'as tué !

Il m'a couru après, parmi les buissons épineux, pendant un moment, puis il a renoncé. C'était du moins ce que je croyais.

Mais en réalité, il est retourné jusqu'à son camion, s'est hissé à bord, a allumé les phares et s'est lancé à ma poursuite à travers le désert. Les faisceaux lumineux éclairaient le sol tout autour de moi ; j'entendais le rugissement du moteur. Je courais aussi vite que je pouvais, mais bien sûr le camion gagnait du terrain. Alors je me suis mise à zigzaguer et tournoyer dans le noir. Il lui était impossible de me suivre, et il a fini par abandonner et regagner la route.

J'ai continué à courir à travers le désert comme un animal pourchassé, sans avoir la moindre idée de l'endroit où je me trouvais. Le soleil s'est levé et j'ai poursuivi ma course. J'ai finalement croisé une autre route. Bien que malade de peur à l'idée de ce qui pourrait m'arriver, j'ai décidé de refaire de l'auto-stop pour m'éloigner le plus vite possible du chauffeur de camion et de son ami. Je ne savais pas ce qui était arrivé à mon agresseur, et je ne l'ai jamais su, mais je ne voulais surtout pas retomber sur ces deux hommes.

Debout sur le bas-côté de la route, dans la lumière du

soleil matinal, je devais avoir une drôle d'allure. Mon carré de tissu n'était plus qu'un chiffon en lambeaux. J'avais couru dans le sable pendant plusieurs jours, et ma peau, mes cheveux étaient couverts de poussière ; mes bras et mes jambes ressemblaient à des branches grêles qu'un vent violent risquait de briser ; j'avais aux pieds des plaies qui auraient pu rivaliser avec celles d'un lépreux. La main tendue, j'ai fait signe à une Mercedes de s'arrêter. Un homme, vêtu avec élégance, s'est garé au bord de la route. Je me suis glissée à côté de lui sur le siège en cuir, et je suis restée ébahie devant tant de luxe.

– Où vas-tu ? m'a demandé le conducteur.

– Par là, dis-je en pointant le doigt devant moi, dans la direction vers laquelle se dirigeait la voiture.

L'homme a ouvert la bouche, découvrant de belles dents blanches, et il a éclaté de rire.

2

Grandir au milieu des animaux

Avant que je ne m'enfuie de chez moi, ma vie tournait autour de la nature, de ma famille et des animaux qui nous permettaient de vivre et auxquels nous étions attachés par des liens très forts. Du plus loin que je me souvienne, j'ai toujours partagé ce trait commun à tous les enfants : l'amour des animaux. En fait, mon souvenir le plus ancien concerne mon chevreau Billy. Billy était mon trésor personnel ; il représentait tout pour moi, et si je l'ai tant aimé c'est peut-être parce qu'il était, lui aussi, tout petit. Je lui apportais tout ce que je trouvais de bon à manger, et il était le plus grassouillet et le plus heureux du troupeau. Ma mère se demandait souvent : « Pourquoi ce chevreau est-il si gras alors que les autres sont si maigrichons ? » Je prenais grand soin de lui ; je le soignais, le câlinais et lui parlais pendant des heures.

Les relations qui m'attachaient à Billy étaient symboliques de notre mode de vie en Somalie. Notre sort était intimement lié à celui des troupeaux que nous gardions. Dépendre des animaux nous obligeait à un grand respect à leur égard, et ce sentiment était présent dans tout ce que nous faisions. Tous les enfants de notre famille s'occupaient des bêtes, tâche que nous accomplissions dès que nous étions capables de marcher. Nous grandissions avec les animaux, prospérant quand ils prospéraient, souffrant quand ils souffraient, mourant quand ils mouraient. Nous élevions des vaches, des brebis et des chèvres, mais si j'aimais tendrement mon petit Billy, les chameaux étaient sans aucun doute les animaux les plus importants que nous possédions.

Le chameau est un animal légendaire chez nous ; la Somalie est fière de compter plus de chameaux que n'importe quel autre pays au monde ; en Somalie, il y a plus de chameaux que d'habitants. Nous avons une longue tradition de poésie orale et la plupart de nos poèmes servent à transmettre, d'une génération à l'autre, des informations sur le chameau, à souligner son importance capitale pour notre culture. Je me souviens que ma mère chantait une chanson qui disait à peu près : « Mon chameau s'est enfui chez un homme méchant qui le tuera ou le volera. Aussi, je vous en prie, je vous en supplie, ramenez-moi mon chameau. » Depuis que j'étais toute petite, je connaissais l'importance énorme de ces animaux qui valent de l'or dans notre société. Il est impossible de vivre dans le désert sans eux. Comme l'a dit un poète somalien :

Une chamelle est une mère
Pour celui qui la possède
Alors qu'un chameau est l'artère
Dont dépend la vie elle-même...

Et cela est vrai. Le prix de la vie humaine se mesure en chameaux : cent chameaux pour un homme tué ; c'est le dédommagement que doit payer le clan du meurtrier à la famille de la victime, sinon le clan de l'homme mort réclamera le châtiment du tueur. Le prix à payer pour une épouse se compte lui aussi en chameaux. Mais au quotidien, les chameaux nous permettaient de vivre. Aucun autre animal n'est mieux adapté à la vie dans le désert. Un chameau n'a besoin de boire qu'une fois par semaine, mais il peut rester jusqu'à un mois sans eau. Entre-temps, le lait de chamelle nous nourrissait et nous désaltérait, un avantage énorme quand nous étions loin de tout point d'eau. Même par les températures les plus élevées, les chameaux réussissent à survivre en stockant leur eau. Ils mangent les broussailles rabougries que l'on rencontre dans nos régions arides, laissant l'herbe au bétail.

Ils nous servaient également à nous déplacer dans le désert, à transporter nos maigres affaires et à payer nos dettes. Ailleurs, on pouvait sauter dans sa voiture et partir, mais chez nous il n'y avait que la marche – et le chameau.

La personnalité du chameau est très semblable à celle du cheval ; à la longue, une relation étroite s'établira entre l'animal et son maître, et le chameau fera pour ce dernier ce qu'il ne ferait pour personne d'autre. Les hommes brisent les jeunes chameaux – un exercice dangereux –, les dressent pour la monte et leur apprennent à se suivre. Il est très important de se montrer ferme avec eux car, s'ils sentent que le chamelier est faible, ils le feront tomber ou lui donneront des coups de pied.

Comme la plupart des Somaliens, nous menions une existence de pasteurs nomades. Nous luttions constamment pour survivre et pourtant, selon les critères de notre pays, l'importance de notre cheptel faisait de nous des gens riches. Suivant la tradition, les garçons gardaient les bêtes les plus grosses, bovins et chameaux, et les filles les autres.

Nous ne restions jamais à la même place plus de trois ou quatre semaines. Ces déplacements constants nous étaient imposés par la nécessité de prendre soin de nos bêtes. Nous recherchions eau et nourriture pour les garder en vie, ce qui, sous le climat sec de la Somalie, n'était guère facile.

Notre habitation était une hutte d'herbe tressée ; nous l'utilisions comme une tente. Nous construisions une carcasse de branches, puis ma mère confectionnait des nattes d'herbe tressée que nous posions sur les branches recourbées pour former un dôme d'environ deux mètres de diamètre. Quand il fallait partir, nous démontions la hutte et attachions les branches et les nattes avec nos autres affaires, sur le dos des chameaux ; ces animaux sont incroyablement forts. Nous installions les bébés et les jeunes enfants sur le tout, et le reste de la famille suivait à pied, menant les troupeaux. Quand nous trouvions un endroit avec de l'eau et du feuillage à brouter, nous dressions de nouveau le campement.

La hutte offrait un abri aux bébés, de l'ombre sous le soleil de midi, et un endroit où garder le lait au frais. La nuit, nous dormions dehors, à la belle étoile, les enfants se serrant les uns contre les autres sur une natte. Lorsque le soleil était couché, il faisait froid ; il n'y avait pas suffisamment de couvertures pour tous les enfants, et comme nous ne portions pas beaucoup de vêtements, nous comptions sur la chaleur de nos corps pour nous réchauffer. Mon père dormait à l'écart ; il était notre gardien, le protecteur de la famille.

Le matin, nous nous levions avec le jour. Notre premier travail consistait à nous rendre dans les enclos où les bêtes étaient parquées, et à les traire. Où que nous allions, nous coupions de jeunes arbres pour construire ces enclos dans lesquels nous enfermions les animaux pour les empêcher de divaguer la nuit. Nous séparions les petits des mères pour qu'ils ne tètent pas tout le lait. J'étais chargée de traire les vaches, de réserver une partie de la traite pour faire du beurre, tout en laissant suffisamment de lait pour les veaux. Après la traite, les petits pouvaient entrer dans l'enclos des mères et se nourrir.

Puis nous prenions notre petit déjeuner : du lait de chamelle, bien plus nourrissant que tous les autres car il contient de la vitamine C. Notre région est trop sèche pour faire de la culture, et nous n'avions ni légumes ni céréales. Parfois, nous suivions des phacochères, ces gros cochons sauvages d'Afrique ; ils savent flairer les racines comestibles et les déterrer avec leurs sabots et leur groin pour s'en régaler. Nous leur extorquions une partie de leurs trouvailles, pour améliorer notre régime.

L'abattage des animaux pour la viande était considéré comme du gaspillage et nous n'y avions recours qu'en cas d'urgence ou pour des occasions exceptionnelles comme un mariage. Nos bêtes avaient trop de valeur à nos yeux pour les tuer et les manger ; nous les élevions pour leur lait et pour les échanger contre d'autres marchandises dont nous avions besoin. Comme base de nourriture quotidienne, nous n'avions que du lait de chamelle matin et soir. Parfois, il n'y en avait pas pour tout le monde, et on en donnait d'abord aux enfants les plus jeunes, puis un peu plus âgés, et ainsi de suite. Ma mère n'avalait jamais une gorgée ou une bouchée de nourriture avant que tout le monde ne soit servi ; en fait je ne me souviens pas de l'avoir vue manger – pourtant cela devait bien lui arriver. Si nous n'avions rien pour le dîner, nous n'en faisions pas un drame, il n'y avait pas de raison de s'affoler, aucun besoin de pleurer ou de se plaindre. Les tout jeunes enfants pouvaient le faire, mais les plus âgés connaissaient les règles ; nous allions simplement nous coucher. Nous faisions tout pour rester gais, garder notre calme et notre sérénité ; le lendemain, si Dieu le voulait, on trouverait bien une solution. Notre philosophie se résumait à cette formule : *Inch'Allah*, « Si Dieu le veut ». Nous savions que nos vies dépendaient des forces de la nature, et Dieu seul contrôlait ces forces.

Quand mon père ramenait un sac de riz, c'était un véritable événement, ce que les habitants d'autres parties du monde considèrent comme une fête. Nous utilisions alors le beurre que nous faisions en battant du lait de vache dans un panier que ma mère avait tressé. Quelquefois, nous échangions une chèvre contre du maïs qui poussait dans les régions plus humides de la Somalie. Nous le réduisions en farine pour en faire de la bouillie, ou nous le faisions éclater dans un récipient au-dessus du feu. Lorsque d'autres familles étaient dans les environs, nous partagions toujours ce que nous avions. Si l'un d'entre nous avait des dattes ou des racines, ou tuait un animal, nous préparions le tout et chacun prenait sa part. Nous profitions tous de ces moments de chance, car même si nous étions isolés la plupart du temps, ne nous déplaçant qu'en compagnie d'une ou deux autres familles, nous faisions pourtant partie d'une communauté bien plus large. Sur un plan pratique, comme nous n'avions pas de réfrigérateur, la viande ou toute autre denrée fraîche devait être consommée le plus vite possible.

Chaque matin, après le petit déjeuner, il fallait faire sortir les bêtes de leur enclos. Dès l'âge de six ans, j'ai été chargée d'emmener brouter des troupeaux de soixante ou soixante-dix brebis et chèvres. Je prenais un long bâton et partais seule avec mes bêtes, fredonnant un petit air pour les guider. Si l'une d'elles s'écartait du groupe, j'utilisais mon bâton pour la ramener dans le droit chemin. Elles étaient impatientes car elles savaient que sortir de l'enclos signifiait que le moment était venu de manger. Il était très important de partir de bonne heure pour trouver le meilleur endroit pourvu d'eau fraîche et d'herbe. Chaque jour je me dépêchais de devancer les autres bergers, sinon leurs bêtes auraient bu le peu d'eau qu'il y avait. Je craignais aussi que le soleil devenant plus chaud, le sol desséché n'absorbe tout. Je m'assurais que les bêtes buvaient autant d'eau que possible car nous n'en retrouverions peut-être pas avant une semaine. Ou deux. Voire trois. A l'époque de la sécheresse, le plus triste était de voir les animaux mourir. Nous nous déplacions, de plus en plus loin chaque jour, à la recherche d'eau ; le troupeau essayait de suivre, puis finissait par renoncer. Lorsque les bêtes s'écroulaient, nous éprouvions un terrible sentiment d'impuissance, car nous savions que c'était la fin, et nous ne pouvions rien faire.

En Somalie, personne ne possède de pâturage ; et il me fallait donc faire preuve d'astuce et découvrir les endroits où poussaient quantité de plantes pour mes brebis et mes chèvres. Par instinct de survie, j'avais appris à reconnaître les signes annonciateurs de pluie, et je scrutais le ciel, tâchant d'apercevoir des nuages. Mes autres sens entraient également en jeu car une odeur particulière ou une certaine impression dans l'air pouvaient laisser prévoir la pluie.

Tandis que les bêtes broutaient, je surveillais les prédateurs ; il y en a partout en Afrique. Les hyènes s'approchaient furtivement et sautaient sur un agneau ou un chevreau qui s'était écarté du troupeau. Je redoutais également les lions et les chiens sauvages : ils se déplaçaient en groupe, mais moi, j'étais toute seule.

En observant le ciel, je calculais quand il me fallait partir pour être de retour au campement avant la tombée de la nuit. Mais je me suis plusieurs fois trompée, et j'ai eu de gros ennuis. Tandis que je trébuchais dans le noir, les hyènes attaquaient le troupeau parce qu'elles savaient que je ne pouvais pas les voir. Si j'en frappais une, une autre se glissait derrière moi ; et si je la chassais, une troisième se précipitait pendant que j'avais le dos tourné. Les hyènes sont les pires prédateurs parce qu'elles sont acharnées ; elles n'abandonnent jamais avant d'avoir obtenu quelque chose. Chaque soir, en arrivant au campement et avant d'enfermer les bêtes dans l'enclos, je les comptais plusieurs fois pour être sûre qu'il n'en manquait pas. Une nuit, j'ai compté mes chèvres, et je me suis aperçue qu'il y en avait une en moins. J'ai recompté, et recompté encore. Soudain, j'ai réalisé que je n'avais pas vu Billy, et je me suis précipitée parmi les chèvres pour le chercher. J'ai ensuite couru vers ma mère en criant :

– Maman, Billy n'est pas là ! Qu'est-ce que je dois faire ?

Mais bien sûr il était trop tard, et elle m'a simplement caressé la tête tandis que je pleurais en comprenant que les hyènes avaient mangé mon petit animal favori, si grassouillet.

Quoi qu'il arrive, il nous fallait continuer à prendre soin de notre cheptel : cela restait notre priorité, malgré la sécheresse, la maladie ou la guerre. En Somalie, les troubles politiques constants posaient de graves problèmes dans les villes, mais nous étions tellement isolés que la plupart du temps personne ne venait nous déranger. Puis un jour, alors que j'avais à peu près neuf ans, une grande armée a installé son camp non loin du nôtre. Nous avions entendu raconter des histoires sur les soldats qui violaient les filles seules, et j'en connaissais une à qui cela était arrivé. Que cette armée soit composée de Somaliens ou de Martiens nous importait peu, ces soldats ne faisaient pas partie de notre peuple, ils n'étaient pas des nomades, et nous les évitions à tout prix.

Un matin, mon père m'a donné l'ordre d'aller faire boire les chameaux, et je me suis éloignée avec mon troupeau. Pendant la nuit, l'armée avait dressé son camp au bord de la route ; les tentes et les camions s'étendaient à perte de vue. Cachée derrière un arbre, j'ai regardé les soldats qui grouillaient, vêtus de leurs uniformes. Je pensais à ce qui était arrivé à l'autre fille et j'étais terrorisée. Il n'y avait personne dans les environs pour me défendre, et ces hommes pourraient me faire ce qui leur plairait. Je les ai tout de suite détestés. J'ai détesté leurs uniformes, détesté leurs camions, détesté leurs armes. Je ne savais même pas ce qu'ils étaient venus faire ; en ce qui me concernait, qu'ils soient là pour sauver la Somalie ne changeait rien. Pourtant mes chameaux avaient besoin d'eau. Le seul chemin qui m'aurait permis d'éviter le camp militaire était trop long et faisait trop de détours pour que je le suive avec mon troupeau. J'ai donc décidé de détacher les chameaux et de les laisser traverser le camp tout seuls. Ils sont passés au milieu des soldats et se sont dirigés tout droit vers l'eau, comme je l'espérais. J'ai contourné le camp à toute vitesse, me cachant derrière les broussailles et les arbres, et j'ai rejoint mes bêtes de l'autre côté du trou d'eau. Puis, quand le ciel s'est assombri, nous avons répété notre petit manège, et nous sommes revenus au campement sains et saufs.

Chaque soir, après être rentrée au coucher du soleil et avoir enfermé les bêtes dans leur enclos, il me fallait de nouveau les traire. Nous pendions des cloches en bois au cou des chameaux. Le son de ces cloches est une véritable musique pour les nomades qui, au crépuscule, écoutent ces sons creux et sourds tandis que la traite commence. Cette musique sert de repère aux voyageurs qui rentrent chez eux à la tombée de la nuit. Au cours des travaux du soir, la voûte du ciel s'assombrit, et apparaît alors une étoile brillante, signe qu'il est temps d'enfermer les brebis dans leur enclos. Ailleurs, cette étoile est connue sous le nom de Vénus, la planète de l'amour, mais dans mon pays on l'appelle *maqal hidhid*, ce qui signifie qu'il est temps de « cacher les agneaux ».

C'était souvent à ce moment-là que mes ennuis débutaient, car après avoir travaillé depuis le lever du soleil, je ne pouvais plus garder les yeux ouverts. Marchant dans la demi-obscurité, il m'arrivait de tomber endormie au milieu des chèvres qui me piétinaient ; ou bien, dès que je m'accroupissais pour traire, ma tête se mettait à dodeliner. Si mon père me surprenait alors, attention ! J'aime mon père, mais il pouvait se montrer vraiment très dur. Quand il me découvrait ainsi assoupie, il me battait pour m'obliger à prendre mon travail au sérieux et à m'appliquer davantage. Les tâches terminées, nous dînions de lait de chamelle, puis nous ramassions du bois pour faire un feu, et nous nous regroupions dans sa chaleur, parlant et riant jusqu'au moment d'aller nous coucher.

Ces soirées sont, parmi mes souvenirs de la Somalie, ceux que je préfère ; ces moments où je m'asseyais avec ma mère, mon père, mes frères et sœurs autour du feu, quand tout le monde était rassasié et riait. Nous nous efforcions toujours d'être optimistes. Personne ne se plaignait, ne pleurnichait ou ne disait : « Et si nous parlions de la mort ? »

La vie était très dure ; nous avions besoin de toutes nos forces pour survivre, et nous montrer négatifs aurait sapé notre énergie vitale.

Nous étions loin de tout village, et pourtant je n'étais jamais seule parce que je jouais avec mes frères et sœurs. J'avais un frère et deux sœurs aînés, et plusieurs jeunes frères et sœurs. Nous passions notre temps à courir l'un après l'autre, à grimper aux arbres comme des singes, à jouer au morpion en traçant des lignes sur le sable, à ramasser des cailloux et à creuser des trous pour un jeu africain appelé *mancala*. Nous avions même notre propre version du jeu des osselets : nous jetions en l'air un caillou tout en essayant d'attraper d'autres cailloux en guise d'osselets. Ce jeu était celui que je préférais car j'étais très forte, et je m'efforçais toujours d'y entraîner mon jeune frère Ali.

Pourtant, notre plus grand plaisir venait du fait que nous étions des enfants vivant en pleine nature, libres de faire partie d'elle et de profiter de sa vue, de ses bruits et de ses odeurs. Nous observions des tribus de lions, étendus de tout leur long, se chauffant au soleil, roulant sur le dos, les pattes en l'air, ou ronflant. Les lionceaux se pourchassaient et jouaient exactement comme nous. Nous courions avec les girafes, les zèbres et les renards. Les damans [1], des animaux de la taille d'un lapin qui sont des petits cousins de l'éléphant, étaient parmi nos favoris. Nous attendions patiemment à l'extérieur de leurs terriers de voir apparaître leurs petites têtes, et nous les poursuivions sur le sable.

Une fois, j'ai découvert un œuf d'autruche. J'ai décidé de le ramener chez moi parce que je voulais voir le bébé autruche naître et le garder ensuite comme animal familier. L'œuf avait à peu près la taille d'une boule de bowling ; je l'ai sorti de son trou et je me dirigeais vers le campement quand la mère est apparue. Elle m'a donné la chasse et, croyez-moi, elle était rapide. Les autruches peuvent atteindre la vitesse de soixante-cinq kilomètres à l'heure. Elle m'a rattrapée et a commencé à me piquer la tête avec son bec, *ka-ka-ka*. J'ai cru qu'elle allait me fêler le crâne comme un œuf. J'ai posé son futur bébé sur le sol et je me suis mise à courir pour sauver ma vie.

Nous nous trouvions rarement à proximité de steppes

1. Mammifère ongulé de la famille des procaviidés, ressemblant à une marmotte, ayant trois doigts aux pieds de derrière, quatre à ceux de devant, tous garnis de petits sabots minces. La dentition des damans les rapproche à la fois des rongeurs et des pachydermes. *(N.d.T.)*

arbustives, mais quand cela arrivait, j'aimais beaucoup observer les éléphants. On entendait leurs barrissements puissants de très loin, et je grimpais dans un arbre pour les voir. Comme les lions, les singes et les humains, les éléphants vivent en communauté. S'il y a un éléphanteau parmi eux, les adultes – le cousin, l'oncle, la tante, la sœur, la mère et les grands-parents – veillent tous sur lui pour que personne ne lui fasse de mal. Tous les enfants, perchés sur un arbre, riaient des heures durant en regardant les éléphants.

Mais peu à peu, tous ces moments heureux passés avec ma famille n'ont plus été que des souvenirs. Une de mes sœurs aînées s'est enfuie ; mon frère est parti à l'école, en ville. J'ai appris de tristes choses sur ma famille, sur la vie. Il ne pleuvait plus et prendre soin de nos animaux devenait très difficile. La vie était de plus en plus dure, et je m'endurcissais moi aussi.

Une partie de cette dureté m'est venue en voyant mes frères et sœurs mourir. Nous étions douze enfants dans ma famille, à présent nous ne sommes plus que six. Ma mère a eu des jumeaux qui sont morts à la naissance. Puis elle a eu une autre jolie petite fille. A six mois, elle était solide et en pleine santé. Mais un jour Maman m'a appelée. J'ai couru vers elle et je l'ai vue à genoux près du bébé. Je n'étais qu'une petite fille, mais j'ai compris que les choses allaient très mal, car l'enfant ne paraissait pas bien du tout. Ma mère m'a ordonné :

– Va vite chercher un peu de lait de chamelle !

Mais j'étais incapable de bouger.

– Dépêche-toi !

Je continuais à fixer ma sœur, en transe, terrorisée.

– Qu'est-ce qui te prend ? a crié ma mère.

J'ai finalement réussi à partir en courant, mais je savais ce qui m'attendait à mon retour. Quand j'ai rapporté le lait, le bébé était totalement immobile, et j'ai su qu'il était mort. Tandis que je regardais ma sœur, ma mère m'a giflée de toutes ses forces. Pendant très longtemps, elle m'a accusée de la mort de sa fille ; elle avait le sentiment que je possédais les pouvoirs d'une sorcière. Elle croyait qu'en posant mon regard sur l'enfant alors que j'étais en transe, j'avais causé sa mort.

Je ne possède pas de tels pouvoirs, mais un de mes jeunes frères avait des dons surnaturels. Tout le monde était d'accord pour reconnaître que ce n'était pas un enfant ordinaire. On l'appelait Vieil Homme car lorsqu'il avait eu environ six ans, ses cheveux étaient devenus complètement gris. Il était extrêmement intelligent, et tous les hommes venaient lui demander conseil. Chacun leur tour, ils prenaient ce jeune garçon aux cheveux gris sur leurs genoux et lui demandaient :

– Que penses-tu de la pluie cette année ?

C'était un enfant, et pourtant il ne s'est jamais comporté comme tel. Il pensait, parlait et se conduisait comme un vieillard très sage. Tous le respectaient, mais avaient également peur de lui parce que de toute évidence il n'était pas l'un des nôtres. Alors qu'il n'était encore, en principe, qu'un jeune garçon, Vieil Homme est mort, comme s'il avait brûlé sa vie entière en quelques courtes années. Personne n'a su les causes de sa mort, mais tout le monde a estimé qu'elle était logique car « il n'appartenait en aucune façon à ce monde ».

Comme dans toute famille nombreuse, chacun de nous tenait un rôle. Moi, j'étais la rebelle, réputation que j'avais acquise en me comportant d'une façon que je jugeais parfaitement logique et justifiée, mais qui semblait choquante à mes parents, et surtout à mon père. Un jour, j'étais assise avec mon jeune frère Ali sous un arbre et nous mangions du riz mélangé à du lait de chamelle. Ali a tout avalé très vite, gloutonnement. Parce que c'était un événement rare que d'avoir du riz, je mangeais très lentement. Nous n'étions jamais assurés d'avoir suffisamment de nourriture, et j'ai toujours savouré chaque bouchée avec plaisir. Il ne restait qu'un tout petit peu de riz dans mon bol quand, soudain, Ali y a plongé sa cuillère et a ramassé jusqu'au dernier grain. Sans réfléchir, j'ai attrapé un couteau qui était posé à côté de moi et j'ai enfoncé la lame dans la cuisse de mon frère. Il a hurlé, a aussitôt arraché le couteau qu'il a planté dans ma cuisse, exactement au même endroit. Nous étions tous les deux blessés, mais parce que j'avais frappé la première, toute la faute est retombée sur moi. Aujourd'hui, nous avons encore deux cicatrices identiques, souvenirs de ce repas.

L'une des premières manifestations de ce comportement rebelle fut provoquée par mon envie de posséder une paire de chaussures. J'ai, toute ma vie, été obsédée par les chaussures. Aujourd'hui, je suis mannequin et pourtant je possède peu de vêtements : un blue-jean, deux T-shirts, mais j'ai un placard bourré de chaussures à talons hauts, de sandales, de tennis, de mocassins et de bottes, même si je n'ai rien à mettre avec. Lorsque j'étais petite fille, j'éprouvais le désir irrésistible d'avoir une paire de chaussures. Les enfants de ma famille n'avaient pas tous des vêtements, et il n'y avait assurément pas assez d'argent pour nous acheter des chaussures. Cependant mon rêve était d'avoir de belles sandales en cuir comme celles que portait ma mère. J'aurais tellement aimé enfiler de bonnes chaussures confortables pour aller garder les bêtes sans faire attention aux pierres et aux épines, aux serpents et aux scorpions. J'avais toujours les pieds meurtris et marqués, et je porte aujourd'hui encore des cicatrices noires. Une fois, une épine m'a traversé le pied ; d'autres fois elles se brisaient dans ma chair. Il n'y avait pas de médecins dans le désert, ni de médicaments pour soigner les blessures. Pourtant, nous devions continuer à marcher parce qu'il fallait s'occuper des bêtes. Personne ne disait : « Je ne peux pas. » Nous le faisions tout simplement ; nous partions chaque matin et nous marchions en boitant, du mieux que nous pouvions.

L'un des frères de mon père était un homme très riche. L'oncle Ahmed vivait en ville, à Galcaio, mais nous nous occupions de ses chameaux et du reste de ses troupeaux. J'étais celle à qui l'on préférait confier la garde de ses chèvres parce que je faisais mon travail très consciencieusement, m'assurant que ses bêtes étaient bien nourries et abreuvées, et les défendant le mieux possible contre les prédateurs. Un jour, je devais avoir environ sept ans, l'oncle Ahmed nous a rendu visite, et je lui ai dit :

– J'aimerais bien que tu m'achètes des chaussures.

Il m'a regardée et a éclaté de rire :

– D'accord, je t'achèterai des chaussures.

Je savais qu'il était très surpris parce qu'il était inhabituel de voir une petite fille demander quelque chose, surtout une chose aussi extravagante qu'une paire de chaussures.

Quand l'oncle Ahmed est revenu nous voir, j'étais tout excitée car ce devait être le jour où j'allais enfin avoir ma première paire de chaussures. A la première occasion, je lui ai demandé avec impatience :

– Tu les as apportées ?

– Oui, elles sont là.

Et il m'a tendu un paquet. J'ai sorti les chaussures et je les ai examinées : des sandales en caoutchouc, des tongs ! Non pas de belles sandales en cuir comme celles de Maman, mais des tongs jaunes, de mauvaise qualité. Je ne pouvais pas le croire.

J'ai crié :

– C'est ça mes chaussures ?

Et je les lui ai jetées à la figure. Quand elles ont atteint son frère, mon père a essayé de paraître fâché, mais il n'a pas pu résister et a éclaté de rire.

Mon oncle lui a dit :

– Incroyable ! C'est ainsi que tu élèves cette enfant ?

Je me suis jetée sur lui et je l'ai frappé tellement j'étais déçue, furieuse. Je hurlais :

– J'ai travaillé si fort pour avoir ces cochonneries ? J'ai fait tout ça pour toi, et voilà : des sandales en caoutchouc ! Je préfère marcher pieds nus ; j'irai pieds nus jusqu'à ce que je saigne plutôt que de porter ces ordures !

L'oncle Ahmed m'a regardée, puis a levé les yeux au ciel en marmonnant : « Oh, Allah ! » Il s'est baissé en soupirant, a ramassé ses tongs et les a remportées chez lui.

Pourtant, je ne voulais pas abandonner si facilement. A partir de ce jour, j'ai chargé chaque parent, ami ou étranger se rendant à Galcaio, d'un message pour mon oncle : « Waris veut des chaussures ! » Mais j'ai dû attendre de nombreuses années avant que mon rêve ne se réalise. Entre-temps, j'ai continué à élever les chèvres de l'oncle Ahmed et à aider ma famille à prendre soin des troupeaux, parcourant des milliers de kilomètres pieds nus.

Plusieurs années avant cet épisode des chaussures avec l'oncle Ahmed, alors que je n'étais encore qu'une toute petite fille d'environ quatre ans, nous avons reçu la visite de Guban. Cet homme était un ami de mon père et venait souvent nous voir. Le soir tombait, et il discutait toujours avec mes parents, quand en regardant le ciel et en voyant apparaître la brillante *maqal hidhid*, ma mère a finalement dit qu'il était temps de rentrer les agneaux. Guban a répondu :

– Oh, laisse-moi faire ça pour toi ! Waris peut m'aider.

Je me suis sentie un personnage important : un ami de Papa m'avait choisie plutôt que les garçons pour l'aider à rentrer les bêtes. Il a pris ma main, nous nous sommes éloignés de la hutte et nous avons commencé à rassembler le troupeau. Normalement, j'aurais dû courir dans tous les sens comme un animal sauvage, mais il commençait à faire sombre et comme j'avais un peu peur, je suis restée près de Guban. Soudain, il a enlevé sa veste, l'a étendue sur le sable et s'est assis dessus. Je l'ai regardé, embarrassée, et j'ai protesté :

– Pourquoi est-ce que tu t'assois ? Il va faire nuit et il faut s'occuper des bêtes.

– Nous avons le temps. On fera ça en une minute.

Il s'est allongé sur l'un des pans de sa veste et a tapoté la place vide près de lui.

– Viens t'asseoir.

Je me suis approchée à contrecœur. J'ai toujours beaucoup aimé les histoires, et j'ai pensé que c'était peut-être une bonne occasion d'en écouter une.

– Tu me raconteras une histoire ?

Guban a de nouveau tapoté le sol :

– Oui, si tu viens t'asseoir à côté de moi.

Dès que je me suis assise près de lui, il a essayé de me renverser sur sa veste. J'ai insisté obstinément en me tortillant :

– Je ne veux pas me coucher. Je veux que tu me racontes une histoire.

– Viens, viens.

Sa main poussait fermement mon épaule.

– Allonge-toi et regarde les étoiles. Je vais te raconter une histoire.

Je me suis étendue, la tête sur sa veste, les orteils dans le sable froid, et j'ai regardé la Voie lactée. Tandis que le ciel passait de l'indigo au noir, les agneaux couraient en rond autour de nous, bêlant dans la nuit, et j'attendais anxieusement que l'histoire commence. Tout d'un coup, le visage de Guban est venu s'interposer entre la Voie lactée et moi ; il s'est accroupi entre mes jambes et a soulevé brutalement la légère pièce d'étoffe qui était nouée autour de ma taille. Puis j'ai senti quelque chose de dur et d'humide se presser contre mon sexe. Je suis tout d'abord restée immobile, ne comprenant pas ce qui se passait, mais je savais que c'était quelque chose de très mal. La pression a augmenté jusqu'à devenir une douleur aiguë.

– Je veux ma maman !

Soudain j'ai été inondée par un liquide chaud, et une odeur âcre et écœurante s'est répandue dans l'air de la nuit. J'ai hurlé, horrifiée :

– Tu as fait pipi sur moi !

Je me suis relevée d'un bond et j'ai frotté mon vêtement contre mes jambes, essuyant le liquide nauséabond. Il m'a attrapé le bras et a murmuré d'un ton apaisant :

– Non, non, ça va. J'essayais seulement de te raconter une histoire.

Je me suis libérée brusquement et j'ai couru vers la hutte, Guban sur mes talons s'efforçant de me rattraper. Quand j'ai vu Maman qui se tenait près du feu, la lumière orange illuminant son visage, je me suis précipitée vers elle et j'ai jeté mes bras autour de ses jambes.

Elle m'a demandé, inquiète :

– Qu'est-ce qui ne va pas, Waris ?

Guban est arrivé, essoufflé, et ma mère l'a regardé :

– Qu'est-ce qui lui arrive ?

Il a ri avec désinvolture et a tendu le bras vers moi :

– Oh, je voulais seulement lui raconter une histoire et elle a eu peur.

Je tenais ma mère de toutes mes forces. Je voulais lui dire ce que l'ami de Papa venait de me faire, mais je ne trouvais pas les mots ; je ne savais même pas ce qu'il avait fait. J'ai observé son visage souriant dans la lumière du feu, un visage que je devais revoir encore et encore durant des années, et j'ai su que je le haïrais toujours.

Maman m'a caressé la tête, et j'ai appuyé mon visage contre ses cuisses :

– Calme-toi, Waris. Là, là, c'était seulement une histoire, mon bébé. Ce n'est pas vrai.

Puis elle a demandé à Guban :

– Où sont les agneaux ?

3

Une vie de nomade

Ayant grandi en Afrique, je ne possédais pas ce sens de l'histoire qui semble si important dans bien d'autres parties du monde. Le somali n'est une langue écrite que depuis 1973, et nous n'avons jamais appris à lire, ni à écrire. La connaissance nous était transmise oralement – poésies ou contes – et nos parents nous enseignaient tout ce qu'il nous fallait savoir pour survivre. Ma mère, par exemple, m'a montré comment tisser des récipients avec de l'herbe sèche si serrée qu'ils pouvaient contenir du lait ; mon père, lui, m'a appris à prendre soin des bêtes pour qu'elles soient en bonne santé. Nous ne parlions pas beaucoup du passé, nous n'en avions pas le temps. Seul le présent nous préoccupait : « Qu'allons-nous faire aujourd'hui ? Tous les enfants sont-ils là ? Les bêtes sont-elles rentrées ? Comment allons-nous manger ? Où trouver de l'eau ? »

En Somalie, nous vivions comme nos ancêtres l'avaient fait depuis des millénaires ; rien n'avait véritablement changé. Étant nomades, nous n'avions ni électricité, ni téléphone, ni voiture, et bien sûr nous ignorions tout de l'ordinateur, de la télévision ou de la conquête spatiale. Vu notre mode de vie et notre tendance à n'être concernés que par le présent, nous avions une conception du temps très différente de celle qui prévaut dans les pays occidentaux.

Comme tous les membres de ma famille, je ne connais pas mon âge exact. Dans mon pays, un bébé qui naît n'a que peu de chances d'être vivant un an après, et la notion d'anniversaire n'a donc pas la même importance pour nous. Lorsque j'étais enfant, nous vivions sans emploi du temps, sans montre ni calendrier. Nous suivions les saisons et la course du soleil, organisant nos déplacements en fonction de nos besoins d'eau, et nos journées selon la durée du jour. Nous savions l'heure qu'il était par rapport au soleil : si mon ombre s'étendait vers l'ouest, c'était le matin ; si elle se trouvait exactement sous moi, il était midi, et si elle s'étirait de l'autre côté, c'était l'après-midi. Vers la fin de la journée, mon ombre s'allongeait et m'avertissait qu'il était temps de partir pour arriver au campement avant la nuit.

En nous réveillant le matin, nous décidions ce que nous allions faire le jour même, puis nous accomplissions nos tâches le mieux possible jusqu'à ce que nous ayons fini ou qu'il fasse trop sombre pour y voir. Quand nous nous levions, notre journée n'était pas planifiée d'avance. Depuis que je vis à New York, je vois souvent des gens sortir leur agenda et me demander :

– Voulez-vous que nous déjeunions ensemble le 14, ou le 15 ?

Et je leur réponds toujours :

– Pourquoi ne pas me téléphoner la veille du jour où vous voudrez me voir ?

J'ai beau noter soigneusement mes rendez-vous, je ne

peux pas m'y faire. Quand je suis arrivée à Londres, j'ai été très étonnée par tous ces gens qui regardaient leur poignet et s'écriaient : « Il faut que je file ! » J'avais l'impression que tout le monde courait dans tous les sens, que tout était minuté. En Afrique, on ne connaît pas la précipitation, le stress. Notre notion du temps est très différente, notre rythme extrêmement lent et calme. Si vous dites à quelqu'un : « Je te verrai demain à midi... », cela veut dire vers quatre ou cinq heures. Aujourd'hui encore je refuse de porter une montre.

Lorsque j'étais petite fille, il ne m'est jamais arrivé de me projeter dans le futur ni de fouiller suffisamment le passé pour demander à Maman comment s'était déroulée son enfance. Par conséquent je ne sais que très peu de choses sur l'histoire de ma famille, d'autant que je suis partie de chez moi très jeune. Je voudrais pouvoir revenir en arrière et poser toutes ces questions, savoir comment ma mère vivait quand elle était petite, d'où venait sa propre mère, comment était mort son père. L'idée que je pourrais ne jamais connaître toute cette histoire m'attriste beaucoup.

Je sais cependant une chose sur ma mère : elle était belle. Je donne certainement l'impression d'être en adoration devant elle, mais elle était vraiment très belle. Son visage ressemblait à une sculpture de Modigliani ; sa peau était si sombre et si lisse qu'elle paraissait ciselée dans du marbre noir. Lorsqu'elle souriait la nuit, sa peau ayant la couleur du jais, on voyait scintiller ses dents, d'une blancheur éblouissante, et on avait l'impression qu'elles flottaient librement dans l'air. Elle avait de longs cheveux raides, très doux, qu'elle lissait avec ses doigts ; je ne l'ai jamais vue se servir d'un peigne. Elle était grande et svelte, et toutes ses filles ont hérité cela d'elle.

Elle était calme et peu bavarde, mais lorsqu'elle se mettait à parler, elle devenait irrésistiblement drôle et riait beaucoup. Elle aimait plaisanter ; certaines de ses plaisanteries étaient amusantes, d'autres très grossières ; d'autres enfin n'étaient que des bêtises pour nous faire rire. Par exemple, elle me regardait et me lançait :

– Pourquoi tes yeux disparaissent-ils dans ton visage ?

Mais la plaisanterie la plus stupide, celle qu'elle préférait, était de m'appeler Avdohol, ce qui veut dire « petite bouche ». Elle m'observait, puis disait :

– Hé, Avdohol, pourquoi ta bouche est-elle si petite ?

Mon père était très beau lui aussi et, croyez-moi, il le savait. Il mesurait plus d'un mètre quatre-vingts, était mince et avait la peau plus claire que Maman. Ses cheveux étaient bruns, ses yeux brun clair. Se sachant beau, il était bien trop sûr de lui. Il taquinait toujours ma mère :

– Je peux partir et trouver une autre femme si tu ne veux pas...

Et il annonçait ce qu'il désirait. Ou alors il disait :

– Je commence à m'ennuyer ici, je vais aller me chercher une autre femme.

Et ma mère lui répondait sur le même ton :

– Vas-y ; voyons ce que tu peux faire.

Ils s'aimaient vraiment beaucoup, mais un jour, malheureusement, ces taquineries se sont réalisées.

Ma mère avait grandi à Mogadiscio. Mon père était un nomade et avait toujours vécu en parcourant le désert. Quand elle l'avait rencontré, Maman l'avait trouvé très beau et avait pensé que passer sa vie à nomadiser avec lui serait très romantique. Ils avaient rapidement décidé de se marier. Mon grand-père étant mort, Papa était allé voir ma grand-mère et lui avait demandé la permission d'épouser sa fille. Ma grand-mère avait répondu :

– Non, non, non ! Certainement pas !

Et elle avait ajouté à l'adresse de sa fille :

– Ce n'est qu'un bellâtre !

Grand-mère n'était pas prête à laisser sa fille, si jolie, gâcher sa vie à élever des chameaux avec cet homme du désert, ce nomade ! Mais quand ma mère avait eu environ seize ans, elle s'était enfuie de chez elle et avait épousé Papa.

Ils étaient partis à l'autre bout du pays et avaient vécu dans le désert avec la famille de mon père, ce qui avait créé beaucoup de problèmes. Ma famille maternelle jouissait d'une certaine puissance et avait de l'argent, et Maman ignorait tout de la rude vie des nomades. Plus grave encore, mon père appartenait à la tribu daarood, et ma mère à la tribu hawiye. Comme les Amérindiens, les Somaliens sont divisés en tribus, et chacun fait preuve d'une loyauté fanatique envers son propre groupe. Cette fierté tribale a été à l'origine de bien des guerres durant toute notre histoire.

Une rivalité particulière oppose les Daaroods aux Hawiyes, et la famille de mon père avait très mal traité ma mère, sous prétexte qu'appartenant à une tribu différente de la leur, elle était un être inférieur. Maman s'était sentie très seule pendant longtemps, mais elle avait dû s'adapter. Lorsque je me suis enfuie et que j'ai été séparée de ma famille, j'ai réalisé ce qu'avait dû être sa vie, seule parmi les Daaroods.

Puis Maman a eu des enfants et leur a donné tout

l'amour dont elle était privée en vivant loin de son peuple. Maintenant que je suis adulte, je comprends mieux ce que cela a représenté pour elle de mettre douze enfants au monde. Je me souviens des périodes où elle était enceinte. Elle disparaissait soudain, et on ne la revoyait pas pendant plusieurs jours. Puis elle revenait, un minuscule bébé dans les bras. Elle était partie dans le désert, toute seule, emportant avec elle un objet bien aiguisé pour couper le cordon ombilical, et avait donné naissance à son enfant. Une fois, alors qu'elle venait de s'éclipser, nous avons dû lever le camp, toujours à la recherche d'eau. Il lui a fallu marcher quatre jours dans le désert, en portant son nouveau-né, avant de retrouver son mari.

De tous ses enfants, j'ai le sentiment d'avoir été celle que ma mère préférait. Nous nous comprenions très bien, et je pense à elle chaque jour de ma vie, priant Dieu de prendre soin d'elle jusqu'à ce que je sois capable de le faire moi-même. Petite, je voulais toujours être auprès d'elle, et il me tardait de rentrer pour venir m'asseoir à ses côtés et la sentir me caresser la tête.

Ma mère tissait de très beaux paniers, une technique qui demande des années de pratique pour parvenir à la perfection. Nous passions de longues heures ensemble, et elle m'apprenait à confectionner de petites coupes dans lesquelles je pourrais boire du lait, mais lorsque je m'attaquais à des objets plus grands, je n'arrivais jamais à l'égaler : mes paniers étaient irréguliers et pleins de trous.

Un jour, mon désir d'être auprès d'elle et ma curiosité naturelle d'enfant m'ont poussée à la suivre en cachette. Une fois par mois, elle quittait le campement et partait toute seule pour l'après-midi. Je lui ai dit :

– Je voudrais tellement savoir ce que tu fais, Maman, où tu vas chaque mois.

Elle m'a répondu de m'occuper de ce qui me regardait ; en Afrique un enfant n'a pas le droit de se mêler des affaires de ses parents. Et, comme d'habitude, elle m'a dit de rester là et de veiller sur mes jeunes frères et sœurs. Mais quand elle s'est éloignée, je l'ai suivie de loin, me cachant derrière les buissons. Elle a rencontré cinq autres femmes qui, comme elle, avaient parcouru de longues distances. Elles sont restées assises plusieurs heures, sous un grand arbre très beau. C'était le moment de la sieste. Le soleil étant trop chaud pour faire autre chose, bêtes et gens se reposaient, et ces femmes pouvaient avoir un peu de temps à elles. Leurs têtes noires étaient rapprochées, et de loin elles ressemblaient à des fourmis. Je les ai regardées manger du maïs éclaté et boire du thé. Je n'ai pas la moindre idée de ce qu'elles se disaient car j'étais trop loin pour les entendre. Comme j'avais très envie de maïs, j'ai finalement décidé de me montrer. Avançant doucement, je suis venue me planter à côté de ma mère. En me voyant, elle a crié :

– D'où sors-tu ?

– Je t'ai suivie.

– Tu es une très vilaine fille !

Mais les autres femmes ont éclaté de rire et se sont mises à gazouiller :

– Oh, qu'elle est jolie ! Viens ici ma chérie...

Ma mère s'est laissé attendrir, et j'ai pu avoir du maïs.

A cet âge-là, je ne savais pas qu'il existait un monde différent de celui où nous vivions avec nos chameaux et nos chèvres. N'ayant jamais voyagé dans des pays étrangers, ne connaissant ni les livres, ni la télévision, ni le cinéma, mon univers se limitait à ce que je voyais autour de moi. Je ne réalisais pas que Maman avait mené dans sa jeunesse une vie différente. Avant l'indépendance de la Somalie, en 1960, la moitié sud du pays avait été une colonie italienne. A Mogadiscio, la culture, l'architecture et la société avaient donc subi l'influence italienne, et ma mère parlait l'italien. De temps à autre, quand elle était en colère, elle vomissait un chapelet de jurons italiens. Je la regardais, inquiète :

– Qu'est-ce que tu dis, Maman ?

– Oh, c'est de l'italien !

– De l'italien ? Qu'est-ce que c'est ?

– Rien, occupe-toi de tes affaires.

Et elle me faisait signe de m'éloigner.

Par la suite, j'ai découvert que l'Italie faisait partie du vaste monde qui s'étendait au-delà de notre hutte.

Plus tard, nous avons interrogé Maman sur les raisons qui l'avaient poussée à épouser Papa.

– Pourquoi l'as-tu suivi ? Regarde où tu vis alors que tes frères et sœurs sont éparpillés un peu partout dans le monde. Un de nos oncles a même été ambassadeur à Londres. Pourquoi t'es-tu enfuie avec ce raté ?

Elle nous a expliqué qu'elle était tombée amoureuse de Papa et avait décidé de s'enfuir avec lui afin qu'ils ne soient pas séparés.

Maman est une femme forte, très forte. En dépit de tout ce que je l'ai vue endurer, elle ne s'est jamais plainte. Je ne l'ai jamais entendu dire : « J'en ai assez ! » ou « Je ne veux plus vivre comme ça ! » Elle demeurait silencieuse et dure comme l'acier. Puis, sans que rien le laisse prévoir, elle nous faisait rire avec l'une de ses stupides plaisanteries. Mon but est d'être un jour aussi forte qu'elle ; je pourrai dire alors que j'ai réussi ma vie.

Les occupations de ma famille étaient les mêmes que celles de beaucoup de Somaliens, car soixante pour cent d'entre eux sont des pasteurs nomades. Mon père s'aventurait périodiquement jusqu'à un village où il vendait un animal pour acheter un sac de riz, du tissu pour nos vêtements ou des couvertures. Parfois, il confiait ce qu'il avait à vendre à quelqu'un qui se rendait en ville et lui remettait également la liste de ce qu'il désirait acheter en retour.

Nous gagnions aussi un peu d'argent en récoltant de l'encens, l'un des cadeaux des Rois mages à l'Enfant Jésus. C'est aujourd'hui encore un produit aussi précieux qu'il l'était dans les temps anciens. L'encens provient du boswalia, un très bel arbuste mesurant environ un mètre cinquante, qui pousse sur les hauteurs de la Somalie du nord-est ; ses grosses branches qui s'infléchissent le font ressembler à un parapluie ouvert. Avec une hache, je frappais légèrement l'arbre, sans le blesser, mais suffisamment pour entailler l'écorce. Un liquide laiteux coulait alors. J'attendais un jour encore que ce jus blanc durcisse et prenne la consistance du chewing-gum – nous en mâchions quelquefois parce que nous aimions son goût amer. Nous le mettions ensuite dans des paniers, et mon père allait le vendre. Nous brûlions de l'encens la nuit, dans nos feux de camp. Aujourd'hui, lorsque je sens cette odeur, je suis transportée des années en arrière. On vend parfois à Manhattan de l'encens dit véritable. J'en achète, souhaitant désespérément retrouver certains souvenirs de chez moi, mais son odeur n'est qu'une pâle imitation qui n'égale en rien le riche parfum exotique des feux qui brûlaient dans la nuit du désert.

Notre nombreuse famille n'était pas une exception ; en Somalie les femmes ont en moyenne sept enfants. Les enfants sont un peu comme la future pension des personnes âgées ; ils prendront soin de leurs parents lorsque ceux-ci seront vieux. Les enfants somaliens traitent leurs parents et grands-parents avec respect et n'auraient jamais l'audace de contester leur autorité. Tous les aînés, même les frères et sœurs, ont droit à ce respect, et il faut se soumettre à leurs désirs. C'est d'ailleurs pourquoi on jugeait mes actes de rébellion tellement scandaleux.

L'une des raisons de cette forte natalité – en dehors de l'absence de tout contrôle des naissances – tient au fait que plus il y a de gens pour assumer le travail, plus la vie est facile. Par exemple, avoir de l'eau – non pas beaucoup d'eau ni suffisamment d'eau, mais simplement avoir de l'eau – requérait un travail éreintant. Quand les environs étaient asséchés, mon père partait chercher de l'eau. Il attachait d'énormes outres sur le dos des chameaux, des outres que ma mère avait tissées avec de l'herbe, puis il quittait le campement. Il restait absent plusieurs jours, le temps de découvrir de l'eau, remplir les outres, et faire le chemin du retour. En l'attendant, nous restions autant que possible au même endroit, mais cela devenait chaque jour de plus en plus difficile car nous devions faire des kilomètres et des kilomètres pour abreuver les troupeaux. Parfois nous partions avant son retour, et pourtant il nous a toujours retrouvés, sans le secours de routes, de panneaux indicateurs ni de cartes. Si mon père était absent, s'il était parti acheter de la nourriture, l'un des enfants se chargeait de trouver l'eau parce que Maman devait rester au campement pour s'occuper de tout.

Quelquefois cette corvée m'incombait. Je marchais des jours et des jours, aussi longtemps qu'il le fallait, parce qu'il était hors de question de rentrer sans eau. Nous ne serions jamais revenus les mains vides car alors il n'y aurait plus eu d'espoir. Personne ne voulait entendre dire : « Je n'ai pas pu. » Ma mère m'avait demandé de trouver de l'eau et je devais le faire. Quand je suis arrivée dans les pays occidentaux, j'ai été très étonnée d'entendre les gens se plaindre :

– Je ne peux pas travailler, j'ai mal à la tête.

J'avais envie de leur dire :

– Laissez-moi vous confier une véritable corvée. Après, vous ne vous plaindrez plus de votre job.

L'un des moyens permettant de disposer de davantage de main-d'œuvre pour faire les corvées consistait à augmenter le nombre de femmes et d'enfants ; avoir plusieurs épouses est une pratique courante en Afrique. Le couple que formaient mes parents depuis des années était tout à fait inhabituel. Mais, après avoir eu douze enfants, ma mère a dit un jour à mon père :

– Je suis trop vieille... Prends une autre femme. Fiche-moi la paix, laisse-moi tranquille maintenant.

Je ne sais pas si elle pensait ce qu'elle disait ; elle ne

croyait probablement pas que mon père la prendrait au mot.

Un jour, il a disparu. Nous avons d'abord cru qu'il était parti chercher de l'eau ou de la nourriture, et ma mère s'est occupée de tout. Après deux mois d'absence, nous avons pensé qu'il était mort. Et puis, un soir, aussi soudainement qu'il était parti, il est revenu. J'étais assise avec mes frères et mes sœurs devant la hutte. Il s'est avancé nonchalamment vers nous et a dit :

– Où est votre mère ?

Nous lui avons répondu qu'elle soignait encore les bêtes. Il nous a fait un grand sourire :

– Bien, écoutez tous ! Je veux vous présenter ma nouvelle épouse.

Il a poussé vers nous une fille de dix-sept ans – à peine plus âgée que moi. Nous l'avons simplement regardée car il ne nous aurait pas été permis de prononcer le moindre mot ; de plus, nous n'aurions pas su quoi dire.

Et puis Maman est arrivée. Tendus, nous attendions tous ce qui allait se passer. Elle a observé mon père, sans remarquer la fille qui se tenait dans le noir, et lui a dit :

– Oh, tu t'es décidé à rentrer ?

Papa se balançait d'un pied sur l'autre en regardant autour de lui.

– Oui, euh... oui. Tiens, je te présente ma femme.

Et il a passé le bras autour des épaules de sa nouvelle épouse. Je n'oublierai jamais le visage de ma mère dans la lumière du feu ; il a semblé s'affaisser jusque par terre. Et puis elle a réalisé : « Mon Dieu ! Je l'ai perdu ! Et pour cette gamine ! » Elle crevait de jalousie, mais elle essayait bravement de ne pas le montrer.

Nous n'avions aucune idée de l'endroit d'où venait la nouvelle épouse de mon père et nous ne savions rien d'elle. Mais cela ne l'a pas empêchée de mener immédiatement tous les enfants à la baguette. Puis cette fille de dix-sept ans s'en est prise à ma mère, lui disant de faire ceci, de lui apporter cela, de lui cuisiner tel plat. L'ambiance était déjà très tendue quand un jour elle a commis une erreur fatale : elle a giflé mon petit frère Vieil Homme.

Le jour où cela est arrivé je me trouvais avec mes frères et sœurs dans notre coin (chaque fois que nous nous déplacions, nous cherchions un arbre, près de la hutte, au pied duquel nous aimions nous regrouper ; il nous servait de « chambre » d'enfants). J'ai entendu crier Vieil Homme, je me suis levée et je l'ai vu venir vers moi en pleurant.

– Qu'est-ce que tu as ?

Je me suis penchée vers lui et je lui ai essuyé le visage.

– Elle m'a giflé, elle m'a giflé très fort !

Je n'ai même pas eu besoin de lui demander qui avait fait cela car personne dans notre famille n'avait jamais levé la main sur Vieil Homme. Ni ma mère, ni aucun des enfants, ni même mon père qui nous battait tous régulièrement. Il n'y avait aucun besoin de corriger Vieil Homme puisqu'il était le plus sage d'entre nous et se comportait toujours très bien. En frappant mon frère, cette idiote m'avait poussée à bout, c'était plus que je ne pouvais supporter, et je suis allée la voir.

– Pourquoi as-tu battu mon frère ?

– Il a bu mon lait.

Elle avait l'air hautain, comme si elle était la reine des lieux et possédait tout notre lait et tous nos troupeaux.

– Ton lait ? C'est moi qui ai entreposé ce lait dans la

hutte et si mon frère en veut, s'il a soif, il peut en boire. Tu n'as pas à le battre !

– Oh, ferme-la et tire-toi de là !

Elle hurlait et m'a congédiée d'un geste de la main. Je l'ai regardée en secouant la tête. Je n'avais que treize ans, mais je savais qu'elle venait de commettre une grossière erreur.

Mes frères et sœurs m'attendaient, assis sous l'arbre, tendant l'oreille pour saisir quelques bribes de notre discussion. Je me suis approchée d'eux et, voyant leurs visages interrogateurs, j'ai simplement dit :

– Demain.

Ils ont tous hoché la tête.

Le lendemain, la chance nous a souri car mon père est parti pour deux jours. A l'heure de la sieste, j'ai ramené mes bêtes au campement et je suis allée trouver ma sœur et deux de mes frères.

– La nouvelle épouse de Papa tient beaucoup trop de place.

Cela paraissait évident à tous.

– Il faut faire quelque chose.

– Ouais, mais quoi ? a répondu Ali.

– Venez m'aider, vous verrez.

J'ai pris une grosse corde rugueuse qui nous servait habituellement à attacher nos affaires sur le dos des chameaux quand nous nous déplacions, puis nous avons emmené l'épouse de Papa, affolée, loin du campement, dans les broussailles, et nous l'avons obligée à quitter tous ses vêtements. J'ai jeté l'une des extrémités de la corde par-dessus la branche d'un très grand arbre et je l'ai ensuite attachée à ses chevilles. Tandis que nous la soulevions du sol, elle nous injuriait, hurlait et sanglotait tour à tour. Avec l'aide de mes frères, j'ai tiré sur la corde de façon que la tête de la fille reste suspendue à deux mètres cinquante du sol, m'assurant ainsi qu'aucun animal sauvage ne pourrait venir la dévorer. Puis nous avons fixé l'extrémité libre de la corde à un arbuste et nous sommes retournés au campement, laissant l'épouse de Papa se tortiller et hurler dans le désert.

Le lendemain après-midi, mon père est revenu plus tôt que prévu. Il nous a demandé où était sa petite femme. Nous avons tous haussé les épaules en répondant que nous ne l'avions pas vue. Heureusement, nous l'avions emmenée suffisamment loin pour qu'on ne puisse pas l'entendre hurler. Le regard de mon père était soupçonneux. Lorsque le soir est tombé, il n'avait toujours pas découvert la moindre trace d'elle. Il se doutait bien que quelque chose s'était passé et nous a questionnés :

– Quand l'avez-vous vue pour la dernière fois ? Et aujourd'hui, vous l'avez vue ? Et hier ?

Nous lui avons dit qu'elle n'était pas rentrée la nuit précédente, ce qui était d'ailleurs vrai.

La panique a gagné mon père, et il s'est mis à la chercher partout frénétiquement. Mais il ne l'a retrouvée que le matin suivant. Sa jeune épouse était restée presque deux jours pendue par les pieds quand enfin il l'a détachée ; et elle était en mauvais état. En rentrant au campement il était furieux et a demandé :

– Qui a fait ça ?

Nous nous sommes tranquillement regardés les uns les autres. Mais bien sûr, elle lui a dit :

– C'est Waris qui m'a attaquée la première !

Papa s'est jeté sur moi et a commencé à me frapper, mais

tous les enfants lui ont sauté dessus. Nous savions que c'était très mal de se battre contre son propre père, mais nous ne pouvions plus supporter cette situation.

Après cela, la petite épouse de Papa est devenue une autre femme. Nous lui avions donné une leçon, et elle l'avait bien comprise. Le sang ayant afflué à sa tête pendant deux jours, je pense que ses idées étaient plus claires ; elle se montra douce et polie. A partir de ce moment-là, elle aurait embrassé les pieds de ma mère et fut aux petits soins pour elle, comme une esclave.

– Qu'est-ce que je peux t'apporter ? Qu'est-ce que je peux faire pour toi ? Ne bouge pas et repose-toi.

Je me suis dit : « Et voilà ! Tu aurais dû te comporter comme ça dès le début, sale petite garce, tu nous aurais épargné une peine inutile. » Mais le nomadisme est un mode de vie rude, et bien qu'elle eût vingt ans de moins que ma mère, la nouvelle épouse de mon père n'était pas aussi robuste qu'elle. Finalement, Maman a compris qu'elle n'avait rien à craindre de cette adolescente.

La vie de nomade est dure, mais elle est également très belle, tellement liée à la nature que toutes deux sont inséparables. Le nom que ma mère m'a donné est justement celui d'un des miracles de la nature : Waris signifie « fleur du désert ». La fleur du désert fleurit là où peu de choses parviennent à survivre. Dans mon pays, parfois, il ne pleut pas pendant une année entière. Quand l'eau tombe enfin, purifiant le paysage poussiéreux, alors, comme par miracle, les fleurs apparaissent. Elles sont d'un jaune-orange brillant, et c'est pour cette raison que le jaune a toujours été ma couleur préférée.

Lorsqu'une fille se marie, les femmes de la tribu vont ramasser ces fleurs dans le désert. Elles les font sécher puis les mélangent avec de l'eau pour obtenir une pâte dont elles enduisent le visage de la future épouse, ce qui lui donne un teint doré. Elles colorent ses mains et ses pieds de henné et soulignent ses yeux de khôl pour que son regard paraisse profond et sensuel. Tous ces fards, à base de plantes et d'herbes, sont totalement naturels. Les femmes drapent ensuite des tissus de couleur, rouges, roses, orange et jaunes, autour du corps de la jeune fille. Plus il y en a, mieux c'est. Parfois elles n'en n'ont pas beaucoup, certaines familles étant extrêmement pauvres, mais il n'y a aucune honte à cela ; la future épouse portera simplement ce que sa mère, ses sœurs ou ses amies auront trouvé de mieux, et son maintien restera fier, trait commun à tous les Somaliens. Le jour du mariage, elle sera d'une beauté étourdissante pour accueillir son futur époux. Mais les hommes ne méritent pas cela.

Ce jour-là, les membres de la tribu apportent des cadeaux ; mais ils ne se sentent pas obligés d'acheter telle ou telle chose et ne se tourmentent pas s'ils ne peuvent rien offrir de valeur. Ils donnent ce qu'ils ont : une natte sur laquelle le couple dormira, ou un bol, et s'ils n'ont rien de tout cela, ils apportent de la nourriture pour la fête qui suit la cérémonie. Chez nous, il n'existe rien qui ressemble à une lune de miel, et le lendemain du mariage, les nouveaux époux se mettent au travail ; ils ont alors besoin de leurs cadeaux pour que débute leur vie commune.

Il existe d'autres fêtes en dehors des mariages. Ce ne sont pas des jours inscrits arbitrairement au calendrier. La pluie que l'on a attendue longtemps est l'une des causes principales de ces réjouissances. Dans mon pays, l'eau est très rare, et pourtant elle est l'essence même de la vie. Les nomades du désert ont un immense respect pour l'eau, et chaque goutte est pour eux quelque chose de précieux. Aujourd'hui encore, j'aime l'eau. Le simple fait de la regarder me comble de joie.

Certaines fois, après des mois et des mois de sécheresse, le désespoir nous gagnait. Nous nous réunissions alors pour implorer Dieu de nous envoyer la pluie. Cela marchait quelquefois, d'autres pas. Une année que nous étions entrés dans ce qui aurait dû être la saison des pluies, pas une goutte n'était encore tombée. La moitié de nos bêtes étaient mortes, et les autres souffraient de la soif. Ma mère a décidé que nous devions nous réunir et implorer Dieu. Les gens sont littéralement sortis de nulle part. Nous avons tous prié, chanté et dansé, essayant d'être heureux et d'élever nos esprits. Le lendemain matin, les nuages se sont amoncelés et la pluie s'est mise à tomber. Alors, comme chaque fois qu'il pleuvait, les véritables réjouissances ont commencé. Tout le monde a ôté ses vêtements et couru sous l'eau, se lavant pour la première fois depuis des mois. Nous avons fêté l'événement avec nos danses traditionnelles, les femmes tapant des mains et chantant, leurs voix douces et graves bourdonnant dans la nuit du désert, et les hommes sautant sur place, le plus haut possible. Tout le monde avait apporté de la nourriture et nous avons mangé comme des rois, pour fêter le cadeau de la vie.

Les jours qui suivent la pluie, la savane se couvre de

fleurs dorées et les herbages virent au vert. Les animaux peuvent enfin manger et boire tout leur soûl, nous offrant l'opportunité de nous détendre et de profiter de la vie. Nous nous rendons alors jusqu'aux lacs nouvellement créés par la pluie, pour nous baigner et nager. Dans l'air frais, les oiseaux commencent à chanter, et le désert devient un paradis.

4

Devenir femme

Le moment était venu pour Aman, ma sœur aînée, d'être excisée. Comme toutes ses sœurs cadettes, je l'enviais, j'étais jalouse de la voir entrer dans ce monde des adultes qui m'était encore fermé. Aman était une jeune adolescente, ayant largement dépassé l'âge normal de l'excision, mais jusque-là, l'occasion ne s'était pas présentée. Ma famille se déplaçant sans cesse, nous avions toujours, pour une raison ou une autre, manqué la femme qui pratiquait ce rituel ancien. Un jour mon père avait fini par la rencontrer et lui avait demandé de venir exciser mes deux sœurs aînées, Aman et Halemo. Lorsque cette femme était arrivée au campement, Aman étant partie chercher de l'eau, elle avait seulement excisé Halemo.

Mon père se montrait de plus en plus inquiet car Aman allait bientôt être en âge de se marier, mais aucune union n'était possible tant que sa fille n'était pas correctement « préparée ». En Somalie, la croyance veut que les filles aient entre les jambes des choses très mauvaises, des parties de leur corps avec lesquelles elles sont nées et qui pourtant sont sales et doivent être supprimées. Le clitoris, les petites lèvres et la majeure partie des grandes lèvres sont coupés, puis la plaie est recousue, ne laissant qu'une cicatrice à la place des organes génitaux. Mais les détails de ce rituel demeurent un mystère pour les filles, rien ne leur est expliqué avant la cérémonie. Elles savent seulement que quelque chose de particulier leur arrivera quand leur tour sera venu.

Par conséquent, toutes les petites filles en Somalie attendent avec impatience cette cérémonie qui permet à une enfant de devenir femme. A l'origine, cela se passait lorsqu'une fille atteignait l'âge de la puberté, et le rituel avait alors une certaine signification, car la jeune fille était désormais fertile et capable d'avoir des enfants. Mais avec le temps, l'excision s'est pratiquée sur des filles de plus en plus jeunes, en partie parce que ces dernières attendaient avec impatience ce « moment particulier », comme un enfant des pays occidentaux attend son anniversaire ou la venue du Père Noël.

Quand j'ai su que la vieille femme venait exciser Aman, j'ai voulu qu'on me fasse la même chose. Aman était ma très belle sœur aînée, mon idole, et tout ce qu'elle désirait ou avait, je le voulais aussi. La veille du grand événement, j'ai supplié ma mère en la tirant par le bras :

– Maman, fais-le pour nous deux en même temps. Maman, s'il te plaît, toutes les deux !

Ma mère m'a repoussée :

– Tais-toi, ma petite fille.

Pourtant Aman ne paraissait pas tellement impatiente. Je me rappelle l'avoir entendue marmonner :

– J'espère seulement que ça ne finira pas comme pour Halemo.

Mais à l'époque, j'étais trop jeune pour comprendre ce

que cela voulait dire, et quand j'ai demandé à Aman de me l'expliquer, elle ne m'a pas répondu.

Très tôt le lendemain matin, ma mère et une de ses amies sont venues chercher ma sœur pour l'emmener auprès de la femme qui devait pratiquer l'excision. J'ai insisté pour les accompagner, mais Maman m'a dit de rester là et de garder les enfants. Cette fois encore, je l'ai suivie comme je l'avais fait le jour où elle avait rencontré ses amies, me cachant dans les broussailles et derrière les arbres, restant à une distance prudente.

La vieille femme est arrivée. Dans notre communauté, on la considère comme un personnage important, non seulement parce qu'elle possède un certain savoir, mais également parce qu'elle gagne beaucoup d'argent en pratiquant ces excisions. Le prix à payer pour cette cérémonie représente une très grosse dépense pour une famille, mais il est considéré comme un bon placement puisque les filles qui ne sont pas excisées ne peuvent pas être mises sur le « marché » du mariage. Avec leurs organes génitaux intacts, elles sont jugées inaptes au mariage, et passent pour des filles faciles et sales dont aucun homme ne voudrait pour épouses. La « bohémienne », comme certains l'appellent, est donc un membre important de notre société ; moi, je la nomme la Tueuse, à cause de toutes les petites filles qui sont mortes par sa faute.

Cachée derrière un arbre, je regardais Aman assise sur le sol. Puis ma mère et son amie l'ont attrapée par les épaules et l'ont obligée à se coucher. La femme a mis les mains entre les jambes de ma sœur, et j'ai vu une expression de douleur passer sur le visage d'Aman. Ma sœur était grande et avait beaucoup de force. Soudain, elle a donné un coup de pied dans la poitrine de la vieille femme, la faisant tomber à la renverse, puis elle s'est débattue contre elle et ma mère qui la maintenaient au sol, et a réussi à se relever. J'ai vu avec horreur du sang couler le long de ses jambes et laisser une traînée sur le sable tandis qu'elle se sauvait en courant. Toutes les deux se sont précipitées derrière elle, mais ma sœur les avait largement distancées quand elle s'est écroulée, évanouie. Elles l'ont retournée sur le dos, à l'endroit même où elle était tombée, et ont continué leur travail. Je ne pouvais plus regarder, je me sentais malade, et je suis rentrée au campement.

A présent je savais quelque chose que j'aurais préféré ignorer. Je ne comprenais pas ce qui s'était passé, mais j'étais terrifiée à l'idée que cela m'arriverait à moi aussi. Je ne pouvais pas interroger ma mère car je n'étais pas censée avoir assisté à cette scène. Tandis que ses plaies se cicatrisaient, Aman est restée séparée des autres enfants. Quand je l'ai revue, je lui ai demandé :

– Comment ça s'est passé ?

– C'était horrible...

Puis elle s'est interrompue. Je suppose qu'elle a préféré ne pas me dire la vérité sachant que je devais être excisée à mon tour, et que j'aurais alors très peur au lieu d'attendre ce moment avec impatience.

– De toute façon, ce sera bientôt ton tour, et ce sera bien assez tôt.

Elle ne m'en a pas dit davantage.

A partir de ce moment-là, j'ai redouté ce rituel auquel je devais être soumise et qui ferait de moi une femme. Je me suis efforcée de chasser de mon esprit ces images horribles et, le temps passant, le souvenir de la douleur que j'avais lue sur le visage d'Aman s'est estompé. J'ai fini par me convaincre stupidement que je désirais moi aussi devenir une femme et rejoindre ainsi mes sœurs aînées.

A cette époque-là, nous nous déplacions toujours en compagnie d'un ami de mon père et de sa famille. Cet homme était vieux et grognon. Quand ma jeune sœur ou moi l'embêtions, il nous chassait d'un geste de la main comme il l'aurait fait avec des mouches et se moquait de nous en disant :

– Éloignez-vous de moi, vous n'êtes que deux petites filles sales et malsaines ; vous n'avez même pas encore été excisées !

Il crachait ces mots comme si nous étions des êtres dégoûtants dont il pouvait à peine supporter la vue. Ces insultes me troublaient, et je me suis juré de trouver un moyen de lui clouer le bec.

Cet homme avait un fils, un jeune adolescent nommé Jamah, dont j'étais amoureuse. Jamah m'ignorait et seule Aman l'intéressait. J'ai fini par me dire qu'il préférait ma sœur parce qu'elle avait été excisée. Comme son père, Jamah ne voulait certainement rien avoir affaire avec des petites filles « sales ». Lorsque j'ai eu environ cinq ans, j'ai harcelé ma mère :

– Maman, trouve-moi cette femme. C'est pour quand ?

Je pensais qu'il fallait en finir, que cette mystérieuse chose devait enfin être faite. Et le hasard a voulu que la vieille femme soit de nouveau dans les parages quelques jours plus tard.

Un soir, ma mère m'a dit :

– Tiens, ton père a rencontré la bohémienne. Nous l'attendons, elle sera là d'un jour à l'autre.

La nuit précédant mon excision, ma mère m'a conseillé de ne pas boire beaucoup d'eau ni de lait de façon à ne pas avoir trop envie de faire pipi. Je ne savais pas pourquoi elle me disait cela, mais je n'ai pas posé de questions, et je me suis contentée de hocher la tête. J'étais nerveuse, mais impatiente d'en finir. Dans la soirée, tout le monde a été aux petits soins pour moi et, comme le voulait la tradition, j'ai eu davantage de nourriture que les autres ; c'était une des raisons qui m'avaient fait envier mes sœurs aînées. Juste avant que je me couche, ma mère m'a dit :

– Je te réveillerai demain matin, quand ce sera le moment.

Comment avait-elle deviné la venue de cette femme, je n'en ai pas la moindre idée. Elle sentait toujours intuitivement quand quelqu'un allait venir ou s'il devait se passer quelque chose.

Très énervée, j'ai mal dormi cette nuit-là jusqu'à ce que je voie ma mère penchée au-dessus de moi. Le ciel était encore sombre ; c'était juste avant l'aube, quand le noir devient imperceptiblement gris. Elle m'a fait signe de ne pas parler et a pris ma main. J'ai attrapé ma couverture et, à moitié endormie, je l'ai suivie en trébuchant. A présent je sais pourquoi on préfère emmener les petites filles si tôt le matin. On pourra les exciser avant que les autres ne soient réveillés et n'entendent leurs cris.

Nous éloignant de la hutte, nous nous sommes enfoncées dans les broussailles. Maman a dit :

– On va attendre ici.

Nous nous sommes assises sur le sol froid. Le jour se levait lentement, et on distinguait à peine les formes autour de nous. J'ai bientôt entendu le cliquètement des sandales de la vieille femme. Ma mère l'a appelée :

– C'est toi ?

Une voix a répondu :

– Oui, je suis ici...

Mais je ne voyais personne. Puis soudain, elle s'est trouvée à côté de moi. Elle m'a désigné un rocher plat :

– Assieds-toi là.

Elle ne m'a rien dit d'autre, ni « Bonjour », ni « Comment vas-tu », ni « Ce que je vais te faire aujourd'hui est très douloureux et tu dois être courageuse ». Non, rien de tout cela. La Tueuse ne s'occupait que de ses affaires.

Maman a arraché un morceau de racine d'un vieil arbre, puis m'a installée sur le rocher. Elle s'est assise derrière moi, m'a renversée et a posé ma tête sur sa poitrine, et ses jambes ont enserré mon corps. J'ai passé mes bras autour de ses cuisses. Elle a mis le morceau de racine entre mes dents :

– Mords ça.

J'étais paralysée par la peur, tandis que le souvenir du visage torturé d'Aman resurgissait devant moi. J'ai marmonné en serrant la racine :

– Ça va faire très mal ?

Maman s'est penchée vers moi et a murmuré :

– Tu sais, je suis toute seule et je ne pourrai pas te tenir. Essaie d'être une gentille fille, mon bébé. Sois courageuse pour Maman, et ça ira vite.

J'ai regardé entre mes jambes et j'ai vu la femme se préparer. Elle ressemblait à n'importe quelle vieille Somalienne ; elle portait un foulard coloré autour de la tête, une robe de coton de couleur vive, mais elle ne souriait pas.

Elle m'a fixée durement avant de plonger la main dans un vieux sac en toile. Je ne la quittais pas des yeux parce que je voulais savoir avec quoi elle allait me couper. Je m'attendais à un grand couteau, mais elle a sorti un minuscule paquet enveloppé dans une étoffe de coton. Avec ses longs doigts, elle y a pêché une lame de rasoir cassée et en a examiné chaque côté. Le soleil était maintenant assez haut et il y avait suffisamment de lumière pour voir les couleurs, mais pas les détails. Pourtant j'ai vu du sang séché sur les bords déchiquetés de la lame. Elle a craché dessus et l'a essuyée sur sa robe. C'est alors que tout est devenu noir, car Maman m'avait mis un bandeau sur les yeux.

Ensuite j'ai senti qu'on coupait ma chair, mes organes génitaux. J'entendais le bruit de la lame aller et venir. Sincèrement, lorsque j'y repense, j'ai vraiment du mal à croire que cela m'est arrivé. J'ai l'impression de parler de quelqu'un d'autre. Il m'est tout à fait impossible d'expliquer ce que je ressentais. C'était comme si on vous tranchait à vif la chair de la cuisse ou du bras, sauf qu'il s'agissait de la partie la plus sensible du corps. Pourtant, je n'ai pas bougé d'un centimètre ; je me souvenais d'Aman et je savais qu'il n'y avait aucune chance de s'échapper. Et je voulais que Maman soit fière de moi. Je suis restée allongée comme si j'avais été en pierre, me disant que moins je bougerais moins la torture durerait. Malheureusement, mes jambes se sont mises à trembler toutes seules sans que je puisse rien y faire. Et j'ai prié : « Dieu, faites que ce soit vite fini. » Puis je n'ai plus rien senti car je venais de m'évanouir.

Quand je suis revenue à moi, j'ai pensé que c'était terminé, mais le pire était à venir. On m'avait ôté mon bandeau, et j'ai vu que la Tueuse avait à côté d'elle un petit tas d'épines d'acacia. Elle les a utilisées pour faire des trous dans ma peau, puis elle y a passé un solide fil blanc et m'a recousue. J'avais les jambes totalement engourdies mais, entre elles, la douleur que j'éprouvais était si terrible que j'aurais voulu mourir. Je me suis sentie flotter au-dessus du sol, abandonnant ma souffrance derrière moi, et j'ai plané en regardant cette scène, observant la femme qui recousait mon corps tandis que ma pauvre mère me tenait dans ses bras. J'ai alors ressenti une paix totale ; je n'étais plus ni inquiète ni effrayée.

A partir de cet instant, je ne me souviens plus de rien et, quand j'ai repris connaissance, la femme n'était plus là. On m'avait changée de place et allongée sur le sol, près du rocher. Mes jambes étaient attachées ensemble, par des bandes de tissu, depuis les chevilles jusqu'aux hanches, de sorte que je ne pouvais pas bouger. J'ai cherché ma mère des yeux, mais elle était partie elle aussi. Je suis restée étendue, toute seule, me demandant ce qui allait m'arriver maintenant. J'ai tourné la tête vers le rocher : il était couvert de sang, comme si un animal avait été abattu là. Des morceaux de ma chair, de mon sexe séchaient au soleil.

Ainsi allongée, j'ai regardé le soleil monter au-dessus de ma tête. Il n'y avait pas d'ombre autour de moi, et la chaleur me brûlait le visage quand ma mère et ma sœur sont revenues. Elles m'ont tirée et mise à l'ombre d'un buisson tandis qu'elles finissaient de préparer « mon arbre ». C'était la tradition : une petite hutte spéciale était dressée sous un arbre, et j'allais m'y reposer et récupérer, seule, durant quelques semaines, le temps que j'aille mieux. Après avoir achevé leur travail, Maman et Aman m'ont transportée à l'intérieur de la hutte.

Je croyais que le supplice était terminé jusqu'à ce que j'aie eu besoin de faire pipi ; c'est alors que j'ai compris pourquoi Maman m'avait conseillé de ne pas trop boire de lait ni d'eau. Après avoir attendu plusieurs heures, je mourais d'envie d'uriner, mais mes jambes étant liées l'une à l'autre, j'avais du mal à bouger. Maman m'avait avertie de ne pas marcher car ma blessure risquait de se rouvrir et il faudrait alors me recoudre. Et croyez-moi, c'était bien la dernière chose que j'aurais souhaitée.

J'ai appelé ma sœur :

– Je voudrais faire pipi.

Son expression m'a laissée penser que ce n'était pas une bonne nouvelle. Elle s'est approchée de moi, m'a fait rouler sur le côté et a creusé un trou dans le sable.

– Vas-y.

La première goutte d'urine m'a brûlée comme si ma peau avait été attaquée par un acide. Lorsque la vieille femme m'avait recousue, elle n'avait laissé pour l'urine et le sang menstruel qu'un minuscule orifice du diamètre d'une allumette. On s'assurait ainsi qu'il me serait impossible d'avoir des relations sexuelles avant mon mariage, et mon époux aurait la garantie d'avoir une femme vierge. Tandis que l'urine, amassée dans ma blessure à vif, s'écoulait, goutte à goutte, le long de mes jambes puis dans le sable, je me suis mise à sangloter. Quand la Tueuse m'avait coupée en morceaux, je n'avais pas pleuré, mais à présent la brûlure était si horrible que je ne pouvais le supporter.

Alors que le soir tombait, Aman et ma mère sont retournées au campement rejoindre toute la famille, et je suis restée seule dans la hutte. J'étais allongée et impuissante, incapable de fuir, mais cette fois je n'avais peur ni du noir, ni des lions, ni des serpents. Depuis le moment où j'avais flotté au-dessus de mon corps et vu cette vieille femme recoudre mon sexe, rien ne pouvait plus m'effrayer. Étendue sur le sol dur, raide comme une bûche, ignorant la peur, engourdie par la douleur, je me moquais de vivre ou de mourir.

Tandis que les jours passaient et que j'étais toujours étendue dans ma hutte, ma plaie a commencé à s'infecter et la fièvre est montée. Je m'affaiblissais, perdant par moments connaissance. Redoutant la douleur provoquée par la miction, je me retenais d'uriner, mais ma mère m'a dit :

– Mon bébé, si tu ne fais pas pipi, tu vas mourir.

Et je me suis forcée à lui obéir. Quand j'étais seule, je me déplaçais de quelques centimètres et, roulant sur le côté, je me préparais à la douleur fulgurante qui allait suivre. A un moment, ma blessure était tellement infectée que j'étais incapable d'uriner. Pendant deux semaines ma mère m'a apporté à boire et à manger ; le reste du temps, j'étais seule, les jambes toujours attachées. Et j'attendais que ma plaie se cicatrise. Fiévreuse, mourant d'ennui et apathique, je ne pouvais rien faire d'autre que réfléchir : Pourquoi ? A quoi cela servait-il ? A cet âge-là, je ne comprenais rien au sexe. Je ne savais qu'une chose : on m'avait charcutée avec la permission de ma mère, et je ne parvenais pas à comprendre pourquoi.

Maman est enfin venue me chercher, et je me suis traînée jusqu'au campement, les jambes toujours attachées. Le soir même, dans la hutte familiale, mon père m'a demandé :

– Comment te sens-tu ?

Je suppose qu'il voulait parler de mon nouvel état de femme, mais je ne pensais qu'à une chose : cette douleur entre mes jambes. J'avais cinq ans ; j'ai simplement souri, sans rien répondre. Que pouvais-je savoir sur le fait d'être une femme ? Je ne le réalisais pas à cette époque, mais je savais en réalité un tas de choses sur le fait d'être une femme africaine : je savais comment vivre sans faire de bruit, en souffrant à la façon passive et impuissante d'une enfant.

Pendant plus d'un mois mes jambes sont restées liées l'une à l'autre pour que ma blessure guérisse. Ma mère me rappelait souvent de ne pas trop bouger ni sauter, et je traînais doucement les pieds. J'avais toujours été active et bourrée d'énergie, courant comme un guépard, grimpant aux arbres ou sautant par-dessus les rochers, et je connaissais une autre forme de supplice pour une petite fille : rester assise tandis que ses frères et sœurs jouent. Mais, totalement terrifiée à l'idée de tout recommencer, je remuais à peine. Chaque semaine, Maman s'assurait que ma plaie se cicatrisait convenablement. Lorsqu'on a ôté les bandes de tissu qui reliaient mes jambes, j'ai enfin découvert ce qu'on m'avait fait. J'ai vu entre mes cuisses de la peau, totalement lisse, avec en plein milieu une sorte de fermeture à glissière parfaitement fermée : mes organes génitaux étaient aussi clos qu'un mur en brique. Ainsi, aucun homme ne pourrait me pénétrer avant la nuit de mon mariage où mon époux m'ouvrirait avec un couteau ou entrerait de force en moi.

Dès que j'ai pu marcher, j'ai accompli une mission. J'y avais pensé depuis le jour où cette femme m'avait charcutée et durant les longues semaines où j'étais restée étendue.

Elle consistait à me rendre près du rocher où j'avais été sacrifiée pour voir si mes organes génitaux étaient encore là. Mais ils avaient disparu, sans doute mangés par un vautour ou une hyène, des charognards qui participent au cycle de la vie et de la mort en Afrique. Leur rôle est de faire disparaître les cadavres, la preuve morbide de la rudesse de notre vie dans le désert.

Mon excision m'a beaucoup fait souffrir, et pourtant j'ai eu de la chance. Les choses auraient pu être bien pires, comme cela arrivait souvent à d'autres petites filles. En nous déplaçant à travers la Somalie, nous rencontrions plusieurs familles, et je jouais avec leurs filles. Quand nous les retrouvions plus tard, certaines des fillettes n'étaient plus là. Personne ne disait la vérité sur leur absence. Elles étaient mortes des suites de ces mutilations : hémorragies, chocs, infections ou tétanos. Vu les conditions dans lesquelles cette ablation est pratiquée, cela n'est guère surprenant. Ce qui l'est par contre, c'est que certaines d'entre nous aient survécu.

Je me rappelle à peine ma sœur Halemo. Je devais avoir trois ans quand soudain elle avait disparu ; je n'avais pas compris ce qui lui était arrivé. Plus tard, j'ai appris que quand le « moment particulier » était arrivé, la vieille femme l'avait excisée, et Halemo avait saigné jusqu'à en mourir.

Lorsque j'ai eu environ dix ans, j'ai appris l'histoire d'une de mes jeunes cousines, excisée à l'âge de six ans. C'est l'un de ses frères, venu vivre avec nous, qui nous a raconté ce qui s'était passé. Une femme avait excisé sa sœur, puis l'avait couchée dans la hutte pour qu'elle récupère. Mais son « truc », comme l'appelait mon cousin, avait commencé à enfler ; la puanteur qui sortait de la hutte était insupportable. A l'époque où il m'avait raconté cette histoire, je ne l'avais pas cru. Pourquoi ma cousine aurait-elle senti mauvais alors que cela n'était arrivé ni à Aman ni à moi ? A présent, je réalise qu'il disait la vérité : vu les conditions répugnantes dans lesquelles l'excision avait été pratiquée, la plaie s'était infectée. L'odeur épouvantable était l'un des symptômes de la gangrène. Selon la coutume, ma cousine passait ses nuits seule, dans la hutte, et un matin, quand sa mère était venue la voir, elle l'avait trouvée morte, le corps déjà froid. Mais avant que les charognards aient eu le temps d'effacer cette preuve morbide, la famille avait enterré la fillette.

5

Le contrat de mariage

Un matin, j'ai été réveillée par des voix. Je me suis levée de ma natte, mais je n'ai vu personne, et j'ai décidé de mener ma petite enquête. Suivant le bruit des voix dans le calme matinal, j'ai couru presque un kilomètre avant de rejoindre mon père et ma mère qui saluaient de la main des personnes qui s'éloignaient. J'ai demandé, en montrant le dos d'une femme mince dont la tête était entourée d'un foulard :

– Qui c'est, Maman ?

– Oh, ton amie Shukrin.

– Sa famille s'en va ?

– Non, Shukrin va se marier, m'a dit ma mère.

Stupéfaite, j'ai regardé les silhouettes disparaître. J'avais environ treize ans, et Shukrin devait en avoir quatorze. Je ne pouvais pas croire qu'elle allait se marier. J'ai demandé :

– Avec qui ?

Personne ne m'a répondu car on considérait que ça ne me regardait pas. J'ai répété ma question qui s'est de nouveau heurtée au silence.

– Est-ce qu'elle va aller vivre avec la famille de son mari ?

Cette pratique était courante et j'avais très peur de ne jamais revoir mon amie.

Mon père m'a dit avec brusquerie :

– Ne t'inquiète pas de ça. Tu seras la prochaine !

Mes parents ont fait demi-tour et sont retournés à la hutte tandis que je restais sur place, me débattant avec mes questions. Shukrin allait se marier ! Se marier ! J'avais souvent entendu ce mot, mais jusque-là je ne m'étais pas vraiment demandé ce qu'il signifiait.

Je n'avais jamais songé au mariage ni au sexe. Dans ma famille, et dans notre culture, personne ne parlait de ces choses-là. Il ne m'était même pas venu à l'esprit de le faire. En ce qui concernait les garçons, je ne pensais qu'à me mesurer à eux pour savoir qui s'occupait le mieux des animaux, qui courait le plus vite, qui était le plus fort. On ne nous apprenait qu'une seule chose au sujet du sexe : « Faites attention que personne ne vous touche. Vous devez être vierges le jour de votre mariage. » Les filles savaient donc seulement qu'elles se marieraient vierges et n'épouseraient qu'un seul homme ; c'était là tout leur avenir !

Mon père nous disait souvent, à mes sœurs et à moi : « Vous êtes mes reines », car il était heureux que ses filles soient parmi les plus belles des environs. « Vous êtes mes reines et aucun homme ne vous touchera. Si l'un d'eux tentait de le faire, dites-le-moi. Je suis là pour vous protéger. Je me ferais tuer pour vous. »

Et l'occasion lui a été donnée plus d'une fois de protéger ses « reines ». Aman, ma sœur aînée, gardait un jour ses bêtes quand un homme s'est approché d'elle. Il n'arrêtait pas de la harceler et elle lui répétait :

– Laisse-moi tranquille. Tu ne m'intéresses pas !

Son charme n'opérant pas, il a voulu user de la force et s'est jeté sur elle. C'était une grossière erreur car ma sœur était une amazone ; elle mesurait près d'un mètre quatre-vingt-cinq et possédait la force d'un homme. Elle lui a donné une bonne correction, puis elle est rentrée au campement et a raconté à Papa ce qui s'était passé. Alors mon père est allé corriger à son tour le pauvre idiot ; aucun homme ne devait toucher à ses filles.

Une nuit, j'ai été réveillée par les cris perçants de Fauziya, une autre de mes sœurs. Nous dormions comme d'habitude à la belle étoile, mais Fauziya s'était couchée un peu à l'écart. J'ai entrevu la silhouette d'un homme qui s'enfuyait du campement. Ma sœur continuait à hurler tandis que mon père s'était déjà lancé à la poursuite de l'intrus. Quand nous sommes arrivés près d'elle, Fauziya essuyait ses jambes couvertes de sperme blanc et poisseux. L'homme a échappé à mon père mais, le matin, nous avons remarqué les empreintes de ses sandales près de l'endroit où dormait ma sœur. Papa croyait savoir qui était le coupable, mais il n'en était pas sûr.

Un peu plus tard, durant une période particulièrement sèche, mon père s'est rendu jusqu'à un puits des environs pour ramener de l'eau. Tandis qu'il se tenait au fond, les pieds dans la terre humide, un homme s'est approché. Il attendait impatiemment son tour et a fini par crier :

– Allez ! Dépêche-toi ! Il faut que je prenne de l'eau moi aussi.

En Somalie, les puits sont des cuvettes creusées en terrain découvert, assez profondément, parfois une trentaine de mètres, pour atteindre la nappe phréatique. Quand l'eau devenait rare, l'esprit de compétition s'emparait de tout le monde, et chacun essayait de puiser suffisamment d'eau pour son bétail. Mon père a répondu à cet homme qu'il n'avait qu'à descendre et prendre ce qu'il lui fallait.

– Bon, j'arrive.

L'homme n'a pas perdu de temps et il est descendu dans le trou. Il remplissait ses outres quand mon père a remarqué les traces laissées par ses sandales dans la boue.

Il a crié en l'attrapant par les épaules et en le secouant :

– C'était bien toi ! Espèce de salaud ! Tu as osé toucher à ma fille !

Mon père s'est mis à le frapper, mais l'homme a sorti un couteau, un grand couteau de tueur africain, ciselé et décoré de motifs comme un poignard cérémoniel. Il a atteint mon père quatre ou cinq fois entre les côtes avant que Papa ne réussisse à écarter l'arme et à le frapper à son tour avec son couteau. Ils étaient tous les deux gravement blessés. Mon père a réussi à sortir du puits et à revenir à la hutte, sanglant et à bout de forces. Après avoir été longtemps malade, il s'est rétabli, mais j'ai réalisé plus tard qu'il n'avait pas menti : il serait mort pour défendre l'honneur de ma sœur.

Mon père plaisantait toujours avec nous :

– Vous êtes mes reines, mes trésors, je vous garde sous clé.

Un jour je lui ai dit :

– Mais Papa, où est la clé ?

Riant comme un fou, il a répondu :

– Je l'ai jetée !

– Et comment nous allons faire pour sortir ?

Tout le monde a éclaté de rire.

– Tu ne sortiras pas, ma chérie, pas avant que je décide que tu es prête.

Nous avons toutes subi ses plaisanteries, d'Aman l'aînée jusqu'à la plus jeune de mes sœurs. Mais mon père ne plaisantait pas vraiment. Sans sa permission, personne ne pouvait avoir accès à ses filles. Pour lui, il ne s'agissait pas simplement de nous protéger contre des avances importunes. En Afrique, les vierges sont très recherchées sur le marché du mariage, et c'est l'une des principales raisons, non avouée, du recours à l'excision. Mon père pouvait espérer tirer un bon prix de ses filles vierges, mais il avait peu de chances de réussir à se défaire d'une fille qui aurait été souillée en ayant eu des rapports sexuels avec un autre homme.

Pourtant, rien de tout cela ne me concernait car je n'étais qu'une enfant, et je ne songeais ni au sexe ni au mariage. Et il en a été ainsi jusqu'à ce que j'apprenne que mon amie Shukrin allait se marier.

Quelques jours plus tard, lorsque mon père est rentré le soir, je l'ai entendu crier :

– Hé, où est Waris ?

– Ici, Papa !

– Viens là !

Sa voix était douce, non pas sévère et agressive comme d'habitude. J'ai su aussitôt qu'il se passait quelque chose de particulier et j'ai d'abord cru qu'il avait un service à me demander comme d'aller chercher de l'eau, de la nourriture, ou une autre corvée du même genre. Je n'ai pas bougé, l'observant attentivement et essayant de deviner ce qu'il me voulait. Il s'est impatienté :

– Viens, viens, viens !

J'ai avancé de deux pas, le regardant avec méfiance, mais sans rien dire. Il m'a attrapée et assise sur ses genoux.

– Tu sais Waris, tu t'es toujours très bien conduite.

Maintenant, je savais que quelque chose de grave se préparait.

– Vraiment très bien, comme un garçon, comme l'un de mes fils.

C'était pour lui le plus beau des compliments. Je me suis contentée de marmonner, me demandant à quoi rimaient toutes ces flatteries.

– Tu as vraiment été comme un fils pour moi, travaillant aussi dur qu'un homme et prenant bien soin des bêtes. Je voulais te dire que tu allais beaucoup me manquer.

J'ai alors pensé que mon père avait peur que je me sauve comme ma sœur Aman. Quand Papa avait essayé de la marier, elle s'était enfuie. Il craignait sans doute que je fasse la même chose, lui laissant, ainsi qu'à Maman, tout le travail. Un élan de tendresse m'a poussée vers lui, et j'ai jeté mes bras autour de son cou, me sentant coupable d'avoir été aussi méfiante :

– Oh ! Papa, je ne m'en irai pas !

Il s'est dégagé, m'a regardée et a dit d'une voix douce :

– Si, ma chérie, tu vas t'en aller.

– Où ? Je n'irai nulle part, je ne vais pas vous quitter, Maman et toi.

– Si Waris. Je t'ai trouvé un mari.

– Non, Papa, non ! Je ne veux pas partir ! Je ne veux pas partir d'ici ! Je veux rester avec toi et Maman.

Je me suis levée d'un bond. M'attrapant par le bras, il m'a retenue.

– Chut, chut... Tout va bien se passer. Je t'ai trouvé un bon mari.

A présent, j'étais curieuse :

– Qui ?

– Tu le rencontreras.

J'essayais de paraître forte, et pourtant mes yeux se sont emplis de larmes. J'ai voulu le frapper en criant :

– Je ne veux pas me marier !

– D'accord Waris, écoute...

Il s'est baissé, a ramassé un caillou et, mettant ses mains derrière le dos, il l'a fait circuler de l'une à l'autre, puis m'a tendu ses deux poings fermés.

– Choisis la main où se cache le caillou, la droite ou la gauche ? Si tu trouves, tu feras ce que je te dirai, et la chance te suivra toute ta vie. Si tu choisis la mauvaise main, ton existence sera pleine de chagrin car tu seras bannie de la famille.

Je l'ai regardé, me demandant ce qui se passerait si je faisais le mauvais choix. Est-ce que j'allais mourir ? J'ai désigné la main gauche. Il l'a ouverte, montrant sa paume vide. J'ai murmuré tristement :

– Je crois que je ne vais pas faire ce que tu me dis.

– Nous pouvons rejouer.

J'ai lentement secoué la tête :

– Non, Papa, non, je ne veux pas me marier.

Mon père a crié :

– C'est un homme bon. Tu dois me croire. Je sais reconnaître un homme bien quand j'en rencontre un. Et tu vas faire ce que je te dis !

Je suis restée là, les épaules basses, malade et morte de peur, et j'ai fait non de la tête. Il a jeté dans le noir le caillou qu'il tenait dans sa main droite et m'a lancé :

– Alors, la malchance te poursuivra toute ta vie.

– D'accord, mais c'est moi qui devrai vivre avec, non ?

Il m'a giflée très fort parce que personne n'avait le droit de lui répondre. Je réalise maintenant qu'il fallait qu'il me marie très vite, tant en raison de mon comportement que pour des questions de tradition. J'étais devenue une rebelle, insolente et intrépide, un garçon manqué, et je me faisais une mauvaise réputation. Papa devait me trouver un mari pendant que j'étais encore une marchandise de prix car, en Afrique, aucun homme ne voulait être défié par son épouse.

Le lendemain matin, je me suis levée et j'ai emmené mes bêtes brouter comme d'habitude. Tout en les surveillant, je réfléchissais à cette idée nouvelle de mariage. J'essayais de trouver ce qui pourrait persuader mon père de me garder auprès de lui mais, au fond de moi, je savais que ce n'était pas possible. Je me suis alors demandé qui pouvait bien être mon futur époux. Jusqu'à ce jour, je n'avais éprouvé qu'une attirance romantique d'enfant pour Jamah, le fils de l'ami de mon père. Je l'avais vu plusieurs fois parce que nos familles se déplaçaient souvent ensemble. Jamah était beaucoup plus âgé que moi, je le trouvais beau, et il n'était pas encore marié. Papa l'aimait comme un fils et jugeait qu'il se comportait très convenablement envers son père. A une époque, Jamah avait été amoureux d'Aman, et semblait alors ignorer totalement mon existence. C'était probablement ce qui m'avait le plus attiré vers lui. Je n'étais à ses yeux qu'une petite fille tandis qu'Aman était une femme désirable. Lorsque je lui chuchotais que Jamah l'aimait bien, ma sœur agitait la main en soufflant : « Pfft ! » Elle ne lui avait jamais accordé un regard car elle en avait assez de la vie de nomade et ne voulait pas épouser quelqu'un qui ressemblerait à notre père. Elle parlait toujours de partir vivre en ville et d'épouser un homme qui aurait beaucoup d'argent. Quand Papa avait voulu la marier à l'un de ses amis nomades, elle s'était enfuie, à la poursuite de ses rêves. Nous n'avions plus jamais entendu parler d'elle.

En gardant mes bêtes, j'ai essayé toute la journée de me convaincre que le mariage n'était peut-être pas une si mauvaise chose, et je me suis imaginée vivant avec Jamah comme le faisaient mon père et ma mère. Quand le soleil est descendu, je suis retournée au campement avec mon troupeau. Ma jeune sœur a couru à ma rencontre pour m'annoncer :

– Il y a quelqu'un avec Papa. Je crois qu'ils t'attendent.

Elle était intriguée par l'intérêt soudain qu'on me portait, pensant peut-être qu'on la tenait à l'écart de quelque chose d'important. Mais j'ai haussé les épaules, sachant que mon père poursuivait son plan malgré mes protestations.

– Où sont-ils ?

Elle m'a désigné l'endroit. J'ai fait demi-tour et je me suis dirigée dans la direction opposée. Ma sœur a protesté :

– Waris, ils t'attendent !

– Oh, boucle-la ! Laisse-moi tranquille.

Après avoir enfermé mes chèvres dans leur enclos, j'ai

commencé à les traire. J'avais à peine accompli la moitié de mon travail quand j'ai entendu mon père m'appeler.

– Oui, Papa, j'arrive.

J'avais très peur, mais je savais qu'il n'existait aucun moyen de retarder l'inévitable. Je gardais un tout petit espoir : mon père m'attendait peut-être en compagnie de Jamah, et j'imaginais son beau visage lisse. Je suis allée vers eux les yeux fermés. Tout en trébuchant, je murmurais : « S'il vous plaît, faites que ce soit Jamah... » Il était devenu celui qui me sauverait de l'idée détestable de partir de chez moi pour vivre avec un étranger.

Ouvrant enfin les yeux, j'ai regardé le ciel rougeoyant ; le soleil disparaissait à l'horizon, et j'ai vu deux silhouettes en face de moi. Mon père a dit :

– Ah, te voilà. Viens ici ma chérie. Voici M....

Je n'entendais plus ce qu'il me disait. Mes yeux étaient rivés sur un homme assis, qui s'appuyait sur une canne. Il avait au moins soixante ans et une longue barbe blanche.

– Waris !

J'ai enfin réalisé que mon père me parlait.

– Dis bonjour à M. Galool.

– Bonjour.

J'avais parlé de la voix la plus glaciale possible. Je devais me montrer respectueuse, mais je n'avais pas à être enthousiaste. Le vieil idiot est resté là, à me sourire, appuyé sur sa canne de tout son poids, mais il ne m'a pas répondu. Il ne savait probablement pas quoi dire en voyant cette fille qu'il allait épouser et qui l'observait avec horreur. Pour cacher mon regard, j'ai baissé la tête et fixé le sol.

Papa m'a dit :

– Allons, Waris, ne sois pas si timide !

Je l'ai regardé et, quand il a vu l'expression de mon visage, il a compris qu'il ferait mieux de me renvoyer s'il ne voulait pas que j'effraie mon futur mari :

– Bien, tu peux aller finir ton travail.

Il s'est tourné vers M. Galool et lui a expliqué :

– Ce n'est qu'une jeune fille timide et peu bavarde.

Je ne me suis pas attardée une seconde de plus et j'ai couru vers l'enclos aux chèvres.

Toute la soirée, j'ai pensé à ce que serait ma vie si j'épousais M. Galool. Je n'avais jamais quitté mes parents et j'essayais de m'imaginer vivant sans eux, auprès d'une personne étrangère. Fort heureusement, l'idée qu'il me faudrait avoir des rapports sexuels avec ce vieil homme dégoûtant ne m'a pas effleurée. Je n'avais que treize ans, j'étais naïve, et cette clause du marché m'échappait. Pour tenter d'oublier mes problèmes de mariage, j'ai battu mon petit frère.

Le lendemain matin de bonne heure, mon père m'a appelée :

– Tu sais qui était l'homme que tu as vu hier soir ?

– Je le devine.

– C'est ton futur mari.

– Mais Papa, il est si vieux !

J'avais encore du mal à croire que mon père fasse si peu cas de mon opinion et veuille m'obliger à vivre avec un vieillard pareil.

– Ces hommes-là font les meilleurs maris, ma chérie ; ils sont trop âgés pour courir après d'autres femmes et prendre plusieurs épouses. Il ne t'abandonnera pas et veillera sur toi.

Et Papa a eu un grand sourire :

– Et puis, tu sais combien il paie pour toi ?

– Combien ?

– Cinq chameaux ! Il me donne cinq chameaux !

Il m'a tapoté le bras :

– Je suis si fier de toi !

J'ai regardé les rayons dorés du soleil matinal donner vie au désert. En fermant les yeux, j'ai senti la chaleur sur mon visage. J'ai repensé à la nuit qui venait de s'achever ; je n'avais pas pu dormir. Allongée, bien à l'abri au milieu de ma famille, contemplant les étoiles qui tournaient au-dessus moi, j'avais pris ma décision. Je savais que si je persistais à refuser d'épouser ce vieil homme, les choses n'en resteraient pas là ; mon père me trouverait un autre époux, et un autre encore, parce qu'il était bien décidé à se débarrasser de moi... et à avoir ses chameaux. J'ai hoché la tête :

– Bon, Papa, maintenant il faut que je sorte mes bêtes.

Mon père m'a observée, très satisfait, et j'ai deviné ce qu'il pensait : « C'est plus facile que je l'aurais cru... »

En regardant mes chèvres jouer ce jour-là, je savais que je gardais le troupeau de mon père pour la dernière fois. Je me représentais ma vie avec ce vieil homme, tous les deux perdus dans un endroit isolé et désert, moi abattant tout le travail, et lui clopinant en s'appuyant sur sa canne. Je me voyais vivant seule, quand il serait mort d'une crise cardiaque ; ou pire encore, je m'imaginais élevant quatre ou cinq enfants après sa mort, là aussi toute seule car en Somalie les veuves ne se remarient pas. Ma décision était prise ; ce n'était pas la vie que je voulais. Quand je suis revenue au campement ce soir-là, Maman m'a demandé ce qui n'allait pas. Je lui ai répondu avec brusquerie :

– Tu as vu cet homme ?

Elle ne m'a pas demandé de qui je parlais.

– Oui, je l'ai rencontré l'autre jour.

Hors de moi, j'ai réussi à murmurer pour que mon père n'entende pas :

– Maman, je ne veux pas épouser cet homme-là !

Elle a haussé les épaules :

– Ma chérie, cela ne dépend pas de moi, je n'y peux rien. Ton père en a décidé ainsi.

Je savais que le lendemain ou le jour suivant, mon futur époux viendrait me chercher et m'échangerait contre ses cinq chameaux. J'ai donc décidé de m'enfuir avant qu'il ne soit trop tard.

Cette nuit-là, quand tout le monde a été couché, j'ai guetté le ronflement familier de mon père, puis j'ai rejoint ma mère, qui se tenait assise près du feu. Je lui ai murmuré :

– Maman, je ne peux pas épouser cet homme... je dois partir.

– Chut... Chut... Et où veux-tu aller, ma fille ?

– Chez ma tante, à Mogadiscio.

– Tu ne sais même pas où elle habite. Moi non plus, d'ailleurs.

– Ne t'en fais pas, je la trouverai.

Comme si cela pouvait changer ma décision, elle a ajouté :

– Bon, mais il fait nuit maintenant.

– Je ne veux pas partir tout de suite, mais demain matin. Réveille-moi avant le lever du soleil.

J'avais besoin de son aide. Je devais me reposer en prévision de mon long voyage, mais il fallait également que je parte très tôt, avant que mon père ne se lève.

Maman a secoué la tête :

– Non, c'est trop dangereux !

– Oh, Maman, je t'en prie, je ne peux pas épouser cet homme, partir d'ici et vivre avec lui. S'il te plaît, je t'en prie ! Je reviendrai pour toi. Tu sais que je le ferai.

– Va te coucher.

Elle a eu ce regard sévère, ce regard qui signifiait que la discussion était close. Elle avait l'air très fatigué. Je l'ai laissée près du feu et je me suis faufilée parmi mes frères et sœurs pour avoir chaud.

Je dormais quand j'ai senti une légère tape sur mon bras. Ma mère était à genoux à côté de moi.

– Il faut partir, c'est le moment !

J'étais soudain bien réveillée, et un sentiment d'angoisse m'a envahie à l'idée de ce que j'allais devoir faire. Après m'être dégagée doucement des corps tièdes de mes frères et sœurs, je me suis assurée que mon père dormait toujours. Il ronflait comme d'habitude.

Nous nous sommes éloignées de la hutte, Maman et moi. Je frissonnais :

– Merci de m'avoir réveillée.

Il faisait encore sombre, mais j'essayais de voir le visage de ma mère, de graver ses traits dans ma mémoire, car je savais que je ne la reverrais plus pendant longtemps. J'aurais voulu être courageuse, mais les sanglots m'étouffaient, et je l'ai serrée très fort contre moi. Elle m'a dit doucement dans le creux de l'oreille :

– Va, dépêche-toi avant qu'il se réveille.

J'ai senti ses bras m'entourer :

– Tout va bien se passer, ne t'en fais pas. Fais seulement attention. Sois prudente, très prudente.

Elle s'est un peu écartée de moi :

– Waris... s'il te plaît, ne m'oublie pas.

– Non, Maman...

Et, lui tournant le dos, je suis partie en courant dans la nuit.

6

En route

Nous n'avions fait que quelques kilomètres quand l'homme élégamment vêtu a garé sa Mercedes sur le bas-côté et m'a dit :

– J'ai peur de ne pas pouvoir t'emmener plus loin. Je vais te laisser là, tu trouveras certainement une autre voiture.

C'était pour moi une nouvelle bien décevante ; après avoir traversé le désert, jeûné pendant plusieurs jours, failli être dévorée par un lion, avoir été fouettée par le gardien d'un troupeau de chameaux et agressée par le chauffeur d'un camion, ce trajet en voiture était la meilleure chose qui me soit arrivée depuis que j'avais fui de chez moi.

Par la portière ouverte, l'homme m'a crié, en me montrant une fois encore ses dents blanches :

– Bonne chance pour ton voyage !

Et il a agité la main. Je suis restée au bord de la route poussiéreuse, en plein soleil, et je lui ai moi aussi fait signe de la main, mais sans grand enthousiasme. J'ai regardé sa voiture prendre de la vitesse et disparaître dans le scintillement des ondulations de chaleur, puis j'ai repris ma marche, me demandant si j'arriverais jamais à Mogadiscio.

Plusieurs voitures se sont arrêtées pour me prendre, mais n'ont parcouru chacune que de courtes distances. Entretemps, je continuais à marcher. Soudain, un gros camion s'est garé sur le bas-côté. Me souvenant de ma récente mésaventure, j'étais paralysée par la peur et fascinée par les lumières rouges des stops. J'ai vu le chauffeur, dans la cabine, se retourner vers moi. Si je ne me décidais pas, je savais qu'il repartirait, et j'ai couru vers lui. Le camion était un énorme semi-remorque et, quand l'homme a ouvert la portière, j'ai vite grimpé dans la cabine.

– Où vas-tu ? Moi, je m'arrête à Galcaio.

Lorsque le chauffeur a prononcé ce nom, une idée m'a traversé l'esprit comme un éclair. Je n'avais pas réalisé que j'étais si près de cette ville où vivait mon oncle. Au lieu d'errer à travers toute la Somalie à la recherche de Mogadiscio, je pourrais rester auprès de l'oncle Ahmed. D'ailleurs nous avions une affaire en cours car je n'avais toujours pas reçu la paire de chaussures qu'il me devait en échange de la garde de son troupeau. Je me voyais déjà, attablée devant un copieux dîner et dormant dans la belle maison de mon oncle plutôt qu'au pied d'un arbre. Oui, c'était bien là que j'allais ! Souriant à cette pensée, j'ai répondu au chauffeur :

– Je vais moi aussi à Galcaio !

Le camion était chargé d'un monceau d'épis de maïs, de sacs de riz et de sucre. En voyant toute cette nourriture, je me suis souvenue que j'étais affamée.

Le chauffeur avait une quarantaine d'années et un petit côté charmeur. Il s'efforçait d'alimenter la conversation ; je voulais me montrer gentille, mais j'avais horriblement peur. Je ne voulais surtout pas qu'il pense que je le laisserais me tripoter. Tout en regardant par la portière, j'essayais de savoir quelle serait la meilleure façon de trouver la maison de mon oncle, car je n'avais pas la moindre idée de l'endroit où il habitait. Une réflexion du chauffeur a attiré mon attention et m'a fait sursauter :

– Tu t'es enfuie de chez toi, n'est-ce pas ?

– Pourquoi vous dites ça ?

– Je le dis parce que je le sais. Je vais t'emmener au poste de police.

– Quoi ? Oh, non, s'il vous plaît, non... Il faut que je continue. Je veux seulement que vous m'emmeniez... à Galcaio. Je dois aller chez mon oncle, il m'attend...

J'ai bien vu à l'expression de son visage qu'il ne me croyait pas, mais il a continué sa route. Mes pensées tournaient à toute vitesse. Où demander au chauffeur de s'arrêter pour me laisser descendre ? Maintenant que je lui avais dit que mon oncle m'attendait, je ne pouvais pas lui avouer que j'ignorais où il habitait. Quand nous sommes entrés dans Galcaio, j'ai regardé autour de moi toutes ces rues bordées de bâtiments et grouillantes de voitures et de gens ; cette ville était bien plus importante que le village que j'avais traversé précédemment et, pour la première fois, j'ai réalisé que j'allais avoir beaucoup de mal à retrouver mon oncle.

Depuis la cabine du semi-remorque, j'observais nerveusement ce remue-ménage. J'avais l'impression d'un énorme chaos, et j'étais tiraillée entre l'envie de rester à l'abri dans le camion et le sentiment qu'il fallait que j'en sorte au plus vite avant que le chauffeur ne me livre à la police. Quand le camion a stoppé à côté d'un marché en plein air et que j'ai vu tous ces étalages, j'ai décidé de descendre là :

– Hé, c'est ici que je m'arrête ! Mon oncle habite là.

J'ai sauté avant que le chauffeur ait eu le temps de m'en empêcher et, en claquant la portière, j'ai crié :

– Merci de m'avoir conduite jusque-là !

J'ai traversé le marché, complètement fascinée. Je n'avais jamais vu autant de nourriture de ma vie. Je trouvais cela magnifique : des piles de pommes de terre, des monceaux d'épis de maïs, des bacs pleins de pâtes... Et ces couleurs ! De gros tas de bananes d'un jaune brillant, des melons verts ou dorés, et des milliers, des milliers de tomates rouges. Je n'en avais jamais vu auparavant et je suis restée plantée devant. Mon amour pour les délicieuses tomates mûres date de là et, depuis ce jour, je ne m'en suis jamais rassasiée. Tandis que j'observais cette masse de nourriture, tous les gens qui traversaient le marché me regardaient. La propriétaire de l'étal devant lequel je me tenais s'est approchée de moi, l'air renfrogné. C'était une vraie *mama.* (En Afrique, *mama* est un terme respectueux ; il désigne des femmes d'âge mûr, et pour mériter ce titre il faut être mère.) Sa robe et ses foulards aux multiples couleurs étincelaient. Elle m'a demandé :

– Qu'est-ce que tu veux ?

J'ai montré les tomates :

– Je peux en avoir quelques-unes ?

– Tu as de l'argent ?

– Non, mais j'ai tellement faim !

– Tire-toi de là ! File !

Elle criait, me faisant signe de m'éloigner de son étal.

Je suis allée un peu plus loin, et j'ai de nouveau regardé les tomates. La vendeuse m'a dit :

– Je n'ai pas besoin de mendiantes qui tournent autour de moi ! Je tiens un commerce ! Va-t'en d'ici !

Je lui ai raconté mon histoire, lui disant que je cherchais mon oncle Ahmed, et je lui ai demandé si elle savait où il habitait. Mon oncle étant un homme très riche, je croyais que tout le monde à Galcaio le connaissait.

– Écoute, ferme-la ! Tu ne peux pas arriver de ta brousse et te mettre à crier comme ça. Chut... Silence ! Un peu de respect, ma fille. On ne hurle pas le nom de sa famille en public !

En la regardant, je me suis dit : « Oh, mon Dieu, qu'est-ce que cette femme raconte ? Et comment réussir à parler avec ces gens-là ? »

A côté de nous, un homme était appuyé contre un mur. Il m'a appelée ; je suis allée vers lui, très énervée, et j'ai essayé de lui expliquer dans quelle situation je me trouvais. Il devait avoir une trentaine d'années, un physique très ordinaire, rien de particulier, mais son visage avait une expression amicale. Il m'a dit doucement :

– Calme-toi. Je peux t'aider, mais il faut que tu sois plus prudente. Maintenant, dis-moi à quelle tribu tu appartiens.

Je lui ai raconté tout ce que je savais de ma famille et de mon oncle Ahmed.

– Bon, je crois savoir où il habite. Suis-moi, je vais t'aider à le trouver.

– Oh, vous pouvez m'emmener chez lui ?

– Oui, viens. Ne t'inquiète pas, on le trouvera.

Nous avons quitté la foule du marché et nous nous

sommes engagés dans une rue adjacente ombragée. L'homme s'est arrêté devant une maison.

– Tu as faim ?

Cela paraissait pitoyablement évident à toute personne qui n'était pas aveugle.

– Oui !

– Bon ! On est chez moi. Entre, je vais te donner à manger, et après on essaiera de trouver ton oncle.

J'ai accepté son offre avec reconnaissance.

Nous sommes entrés dans la maison et j'ai été saisie par une odeur très particulière, que je n'avais jamais sentie auparavant. Il m'a fait asseoir et m'a apporté à manger. A peine la dernière bouchée avalée, il m'a dit :

– Pourquoi est-ce que tu ne viendrais pas t'allonger à côté de moi pour faire un petit somme ?

– Un petit somme ?

– Oui, pour te reposer.

– Non, merci. Je veux seulement trouver mon oncle.

– Je sais, je sais. Mais d'abord, viens faire un petit somme. C'est l'heure de la sieste. Ne t'inquiète pas, nous chercherons ton oncle après.

– Vous pouvez faire votre sieste, j'attendrai, ça ne me dérange pas.

Je n'avais absolument pas l'intention de me coucher à côté de cet homme. Je comprenais maintenant que quelque chose ne tournait pas rond mais, petite fille ignorante, je ne savais pas quoi faire.

Il s'est mis en colère :

– Écoute, petite, si tu veux que je t'emmène chez ton oncle, il vaut mieux te coucher et dormir un peu.

J'avais besoin de lui pour m'aider à trouver l'oncle

Ahmed. Je commençais à avoir très peur car il devenait de plus en plus agressif et insistant, et j'ai fini par faire la pire des choses possibles : je me suis couchée à côté de lui. Bien sûr, à la minute même où je me suis allongée, j'ai compris que la sieste était la dernière chose à laquelle il songeait. Au bout de deux secondes, ce sale type a voulu grimper sur moi. Je me suis débattue et j'ai essayé de m'écarter de lui, mais il m'a frappée derrière la tête. J'ai pensé : « Surtout, ne dis pas un mot » ; mais profitant de la première occasion, je me suis dégagée de ses bras, j'ai sauté sur mes pieds et je me suis sauvée en courant. Il m'a appelée :

– Hé, petite fille, reviens...

Puis je l'ai entendu rire doucement.

J'ai bondi dans la rue en criant comme une hystérique, et je me suis enfuie vers le marché pour me réfugier au milieu de la foule. Une vieille *mama* est venue vers moi ; elle devait avoir une soixantaine d'années :

– Qu'est-ce qui t'arrive, mon enfant ?

Elle m'a attrapée fermement par le bras et m'a fait asseoir.

– Allons, allons. Raconte-moi, dis-moi ce qui ne va pas.

J'avais du mal à admettre ce qui venait de m'arriver et j'étais bien trop honteuse pour le raconter. Je me sentais si stupide ; tout cela parce que j'avais suivi cet homme chez lui comme une petite imbécile. Entre deux sanglots, je lui ai expliqué que je cherchais mon oncle.

– Qui est ton oncle ? Comment s'appelle-t-il ?

– Ahmed Dirie.

La vieille *mama* a tendu son doigt maigre en direction d'une maison d'un bleu brillant et elle m'a dit :

– C'est juste en face ! Tu vois cette maison, c'est celle que tu cherches.

Elle était là, de l'autre côté de la place, alors que j'avais supplié ce salaud de m'emmener chez mon oncle. La vieille femme m'a demandé si je voulais qu'elle m'accompagne. Je l'ai regardée avec méfiance, car désormais je ne faisais plus confiance à personne, mais j'ai vu à son visage qu'elle était une véritable *mama*. J'ai répondu tout bas :

– Oui, s'il vous plaît.

Nous avons traversé la place, et j'ai frappé à la porte de la maison bleue. Ma tante a ouvert, m'a dévisagée et, totalement abasourdie, a dit :

– Qu'est-ce que tu fais là ?

La vieille femme a tourné le dos et s'est éloignée. J'ai répondu stupidement :

– Je suis là, ma tante !

– Par Allah ! Tu t'es enfuie de chez toi, n'est-ce pas ?

– Ben...

L'air déterminé, elle a dit :

– Je vais te ramener chez ton père.

L'oncle Ahmed n'a pas été moins étonné de me voir, mais il était surtout surpris que j'aie pu trouver sa maison. En lui racontant mon histoire, je me suis bien gardée de lui dire que j'avais assommé un chauffeur de camion à coups de pierre et qu'un de ses voisins m'avait presque violée. Tout en étant impressionné que j'aie pu traverser le désert et réussir à le retrouver, l'oncle Ahmed n'avait nullement l'intention de me permettre de rester chez lui. Il était avant tout inquiet de savoir qui allait prendre soin de ses bêtes, tâche dont je m'acquittais depuis des années et pour laquelle il m'avait offert une paire de tongs. Mes frères et sœurs aînés étaient tous partis. J'étais la plus âgée à présent, et la plus robuste aussi, celle à qui l'on pouvait faire confiance.

– Il faut que tu retournes chez toi ; il y a beaucoup trop de travail. Qui va aider ton père et ta mère ? Si tu restes ici, qu'est-ce que tu vas faire ? Passer tes journées plantée là ?

Malheureusement, je ne savais pas quoi répondre à ces questions. Il m'était impossible de raconter à l'oncle Ahmed que je m'étais enfuie parce que Papa voulait me faire épouser un vieil homme à barbe blanche. Il m'aurait regardée comme si j'avais été folle et m'aurait dit :

– Et alors ? Tu dois te marier, Waris. Ton père a besoin de ces chameaux...

Je ne pouvais pas lui expliquer que j'étais différente des autres membres de la famille ; j'aimais mes parents, mais ce qu'ils souhaitaient pour moi ne me suffisait pas. J'étais convaincue qu'il y avait bien d'autres choses dans la vie, même si je ne savais pas exactement quoi. Un peu plus tard, j'ai appris que l'oncle Ahmed avait envoyé quelqu'un prévenir ma famille et que mon père était en route pour venir me chercher.

Je connaissais bien les deux fils de l'oncle Ahmed parce qu'ils avaient l'habitude de venir passer leurs vacances avec nous. Ils nous aidaient à prendre soin de leurs bêtes et nous apprenaient à écrire quelques mots de somali. A cette époque-là, c'était la tradition : les enfants qui allaient à l'école en ville venaient dans le désert pendant les vacances pour instruire les enfants nomades.

Lorsque je suis arrivée à Galcaio, mes cousins m'ont dit qu'ils savaient où se trouvait Aman, ma sœur aînée. En s'enfuyant de chez nous, elle était allée à Mogadiscio où elle s'était mariée. Cette nouvelle m'a remplie de joie car depuis qu'elle nous avait quittés, je n'avais plus entendu parler d'elle. Elle aurait aussi bien pu être morte. En discutant avec mes cousins, j'ai compris que mes parents avaient toujours su où était Aman, mais comme elle avait été bannie de la famille, ils ne parlaient jamais d'elle.

Quand j'ai appris que mon père allait venir me chercher pour me ramener chez nous, mes cousins et moi avons échafaudé un plan. Ils m'ont expliqué comment retrouver ma sœur en arrivant dans la capitale. Un matin, ils m'ont conduite jusqu'à la route, à l'extérieur de la ville, et m'ont donné le peu d'argent qu'ils possédaient :

– Voilà, Waris ! Pour aller à Mogadiscio, c'est par là.

– Vous ne direz à personne où je suis, c'est promis ? Quand mon père sera là, rappelez-vous : vous ne savez pas ce qui m'est arrivé. Vous m'avez vue pour la dernière fois ce matin, dans la maison, d'accord ?

Ils ont hoché la tête et, tandis que je reprenais la route, ils ont agité la main pour me dire au revoir.

Il m'a fallu plusieurs jours pour arriver à Mogadiscio, mais j'avais au moins assez d'argent pour m'acheter de quoi manger. Mes trajets en voiture étaient sporadiques, et entre chacun d'eux je marchais pendant des kilomètres. Frustrée par la lenteur de ma progression, j'ai fini par m'offrir une place dans un taxi de brousse, un gros camion pouvant transporter une quarantaine de personnes. Ce moyen de transport est assez courant en Afrique. Après avoir livré leur chargement de grains ou de canne à sucre, les camions reviennent avec des passagers qui occupent la remorque vide. Le plateau étant clôturé par une sorte de barrière en bois, les gens, assis ou debout, ont l'air d'être enfermés dans un gigantesque parc pour bébé. Adultes, enfants, bagages, fournitures pour la maison, meubles, chèvres, poulets en cage s'entassent pêle-mêle dans le taxi de brousse, car le chauffeur accepte tous les passagers qui peuvent payer leur voyage. De toute façon, après mes récentes mésaventures, je ne demandais pas mieux que d'avoir de la compagnie. Arrivé à la périphérie de Mogadiscio, le camion s'est arrêté et nous a laissés près d'un puits où les gens venaient abreuver leurs animaux. Puisant de l'eau dans mes mains en coupe, j'ai bu et je me suis aspergé le visage. Je me suis ensuite approchée de deux nomades qui se tenaient à côté de leurs chameaux, je leur ai demandé comment gagner le centre de la capitale, et j'ai pris la direction qu'ils m'indiquaient.

Mogadiscio est un port situé au bord de l'océan Indien ; c'était alors une très belle ville qui comptait environ sept cent mille habitants. Tout en marchant, je tendais le cou pour admirer les étonnants bâtiments blancs entourés de palmiers et de fleurs aux couleurs éclatantes. La plus grande partie de ces constructions était l'œuvre des Italiens, du temps où la Somalie était colonie italienne, et la ville avait un petit air méditerranéen. Les femmes que je croisais portaient de merveilleux foulards aux dessins jaunes, rouges et bleus qui encadraient leur visage ; elles les nouaient sous le menton, et le vent en faisait danser les pointes. Les tissus vaporeux flottaient gracieusement derrière elles tandis qu'elles semblaient onduler en descendant la rue. J'ai vu plusieurs femmes musulmanes avec des voiles sombres sur la tête qui leur cachaient le visage, et je me suis demandé comment elles faisaient pour y voir et trouver leur chemin. La ville étincelait sous le soleil, et toutes les couleurs paraissaient électrisées.

J'arrêtais souvent les passants pour leur demander comment me rendre dans le quartier qu'habitait ma sœur. Je ne connaissais pas le nom de sa rue, et je pensais m'y prendre de la même façon que pour retrouver l'oncle Ahmed, mais sans me montrer aussi crédule et suivre des hommes qui voudraient « m'aider ».

En arrivant enfin dans le quartier où vivait Aman, j'ai découvert un marché où j'ai flâné parmi les étals, cherchant ce que j'allais pouvoir acheter avec mes derniers précieux shillings somaliens. Je me suis finalement décidée pour du lait que vendaient deux femmes. C'était le moins cher du marché mais, dès la première gorgée, je lui ai trouvé un drôle de goût. Je leur ai demandé :

– Qu'est-ce qu'il y a dans ce lait ?

– Rien !

– Oh, allons... S'il y a un truc que je connais bien, c'est le lait, et le vôtre n'a pas un goût normal. Vous y avez ajouté de l'eau ou quelque chose d'autre.

Elles ont fini par reconnaître qu'elles l'avaient coupé avec de l'eau de façon à le vendre moins cher. Leurs clientes s'en moquaient. Nous avons continué à discuter et je leur ai dit que j'étais venue dans la capitale pour retrouver ma sœur Aman. L'une des femmes s'est écriée :

– Je savais bien que tu me rappelais quelqu'un !

J'ai ri car lorsque nous étions petites, j'étais le portrait craché de ma sœur. La marchande de lait la connaissait parce que Aman venait tous les jours au marché. Elle a appelé son jeune fils :

– Conduis-la chez Aman et reviens vite ici !

Nous avons suivi des rues tranquilles ; c'était à présent l'heure de la sieste et les gens se protégeaient de la chaleur. Le garçon m'a indiqué une minuscule maison. Quand j'y suis entrée, ma sœur dormait. Je lui ai secoué le bras et elle s'est réveillée. Elle m'a regardée comme si je n'étais qu'un rêve et m'a dit encore à moitié endormie :

– Qu'est-ce que tu fais ici ?

Je me suis assise sur son lit, et je lui ai raconté mon histoire ; je lui ai dit que je m'étais enfuie comme elle l'avait fait plusieurs années auparavant. Je parlais enfin à quelqu'un qui était capable de me comprendre ; qui savait qu'à l'âge de treize ans je ne pouvais pas me résoudre à épouser un vieil homme stupide pour faire plaisir à Papa.

Aman m'a expliqué comment elle était arrivée à Mogadiscio et avait rencontré son mari. C'était un homme bon, tranquille et qui travaillait dur. Elle attendait leur premier enfant qui devait naître environ un mois plus tard, mais quand elle s'est levée, on avait du mal à croire qu'elle était sur le point d'accoucher. Mesurant un mètre quatre-vingt-cinq, elle était grande et élégante, et avec son ample robe africaine on ne s'apercevait même pas qu'elle était enceinte. Je me rappelle l'avoir trouvée très belle, et avoir souhaité porter mon bébé comme elle lorsque j'en attendrais un.

Nous avons parlé encore un long moment, et j'ai enfin eu le courage de lui demander :

– Aman, s'il te plaît. Je ne veux pas retourner là-bas, est-ce que je peux rester avec toi ?

– Tu t'es enfuie et tu as laissé Maman avec tout le travail à faire...

Elle paraissait triste, mais elle m'a dit que je pouvais habiter avec elle aussi longtemps que j'en aurais besoin. Dans sa petite maison, il n'y avait que deux chambres : l'une minuscule dans laquelle je dormais, et une autre plus grande qu'Aman occupait avec son mari. Je le voyais rarement. Il partait travailler le matin, rentrait pour déjeuner, faisait une courte sieste, repartait travailler et revenait tard le soir. Lorsqu'il était à la maison, il parlait si peu que je ne sais presque rien de lui ; je ne me souviens même pas de son nom ni de ce qu'il faisait dans la vie.

Aman a donné naissance à une belle petite fille, et je l'ai aidée à prendre soin du bébé. Je m'occupais aussi de la maison et j'emportais nos vêtements pour les laver et les mettre à sécher. Je faisais également le marché, m'initiant à l'art subtil du marchandage. Imitant les gens du coin, je me dirigeais vers un étal et demandais à la vendeuse : « Combien ? » Le rituel qui suivait aurait pu être un scénario écrit d'avance car il se déroulait chaque jour de la même façon : la vendeuse posait devant moi trois tomates, une grosse et deux plus petites, et m'annonçait un prix équivalent à celui de trois chameaux. Je répondais avec un regard agacé et un geste de la main :

– Oh ! C'est trop cher !

– Bon ! Viens, viens, viens, combien tu veux payer ?

– Deux cinquante !

– Non... Non, non ! Tu plaisantes !

A ce moment-là je faisais un grand numéro, m'éloignant pour parler à d'autres vendeuses avec un intérêt étudié, sans perdre de vue mon objectif. Puis je revenais et reprenais la discussion là où je l'avais laissée, débattant du prix jusqu'à ce que l'une de nous deux, fatiguée, se lasse et cède.

Ma sœur parlait sans cesse de son inquiétude pour notre mère ; elle se faisait du souci, disant que depuis mon départ Maman devait être seule pour abattre tout le travail. Chaque fois qu'elle évoquait cette situation, je semblais en être l'unique responsable. Le sort de Maman me préoccupait autant qu'elle, mais Aman ne faisait jamais allusion au fait qu'elle s'était enfuie, elle aussi. Des souvenirs oubliés de notre enfance me revenaient à présent en mémoire. Beaucoup de choses avaient changé durant les cinq ans où je ne l'avais pas vue, mais pour Aman je restais la petite sœur un peu dingue qu'elle avait laissée en partant ; elle serait toujours l'aînée, et toujours la plus raisonnable. Il me paraissait évident que même si nous nous ressemblions beaucoup physiquement, nos personnalités étaient très différentes. Son autoritarisme a provoqué en moi un ressentiment qui n'a cessé de grandir. Lorsque mon père avait essayé de me faire épouser ce vieil homme, je m'étais enfuie car je pensais qu'il y avait d'autres choses dans la vie. Cuisiner, faire la lessive ou s'occuper d'un bébé – corvée que j'avais déjà suffisamment assumée en prenant soin de mes jeunes frères et sœurs –, ce n'était pas ce que j'espérais.

Un jour, j'ai quitté Aman pour découvrir ce que le destin me réservait. Je n'ai pas discuté avec elle, je ne l'ai pas prévenue de mon départ. Je suis simplement sortie un matin, et je ne suis pas revenue. A l'époque, cela me semblait une bonne idée, mais je ne savais pas alors que je ne la reverrais jamais.

7

Mogadiscio

Quand je me suis installée chez Aman, nous avons rendu visite à certains de nos parents qui vivaient à Mogadiscio. J'ai enfin pu rencontrer, pour la première fois, une partie de la famille de ma mère. Maman avait passé son enfance et son adolescence dans la capitale en compagnie de sa mère, de ses quatre frères et quatre sœurs.

J'ai surtout été très heureuse de connaître ma grand-mère. Aujourd'hui, elle a environ quatre-vingt-dix ans, mais à l'époque, elle devait en avoir soixante-dix. Grand-Mère est une vraie *mama*. Son teint est plutôt clair et les traits de son visage indiquent que c'est une dure à cuire, une femme de caractère, très volontaire. En regardant ses mains, on a l'impression qu'à force de creuser la terre elles se sont couvertes d'une peau de crocodile.

Ma grand-mère a été élevée dans un pays arabe, mais j'ignore lequel. C'est une musulmane fervente qui prie cinq fois par jour, tournée vers La Mecque, et porte un voile sombre devant le visage dès qu'elle quitte la maison ; elle est toujours couverte de la tête aux pieds. Je la taquinais souvent :

– Grand-Mère, est-ce que ça va ? Tu es sûre de savoir où tu mets les pieds ? Tu vois vraiment quelque chose à travers ça ?

Elle aboyait alors :

– Allons, allons, tu exagères ! Ce voile est complètement transparent.

– Bon, tu es certaine de pouvoir respirer et tout...

Et j'éclatais de rire.

En séjournant chez elle, j'ai compris d'où Maman tirait sa force de caractère. Mon grand-père étant mort depuis de longues années, Grand-Mère vivait seule et s'occupait de tout. Lorsque j'allais passer quelques jours avec elle, elle m'épuisait. Le matin, à peine levée, elle était déjà prête à sortir. Elle s'en prenait aussitôt à moi :

– Voyons, Waris, dépêche-toi, il faut partir.

Le quartier de Mogadiscio où elle vivait était assez éloigné du marché. Nous allions tous les jours faire nos courses, et je lui disais invariablement :

– Grand-Mère, pourquoi se fatiguer ? On devrait prendre le bus. Il fait chaud et le marché est très loin...

– Quoi ! Le bus ! Allez, allez, partons ! Une jeune fille comme toi, vouloir prendre le bus ! De quoi est-ce que tu te plains ? Tu deviens paresseuse, Waris. Ah, les enfants d'aujourd'hui ! Je ne sais pas ce qui se passe avec vous... Quand j'avais ton âge, j'en ai fait des kilomètres... Alors, tu m'accompagnes ou pas ?

Et je la suivais, car si j'avais lambiné, elle serait partie sans moi. Au retour, je traînais les pieds derrière elle, portant les paquets.

Après que j'ai quitté Mogadiscio, l'une des sœurs de ma mère est morte, laissant neuf orphelins. Ma grand-mère s'est occupée d'eux et les a élevés comme ses propres enfants. C'est une *mama*, et elle a fait ce qu'il fallait.

J'ai également rencontré Wolde'ab, un frère de Maman. Un jour, de retour du marché où j'étais allée seule, je l'ai trouvé assis à côté de Grand-Mère, un de mes cousins sur les genoux. Je ne l'avais jamais vu, mais j'ai couru vers lui car soudain j'avais devant moi un homme qui était le portrait vivant de ma mère – et je recherchais désespérément tout ce qui pouvait me la rappeler. Comme je ressemblais moi aussi beaucoup à Maman, nous avons vécu un moment merveilleux mais étrange ; un peu comme si nous nous étions regardés dans un drôle de miroir déformant. Mon oncle avait entendu dire que je m'étais enfuie de chez moi et que j'habitais Mogadiscio. Quand je me suis approchée de lui, il a dit :

– Tu es bien celle que je crois ?

Cet après-midi-là, j'ai ri comme je ne l'avais plus fait depuis que j'étais partie de chez moi ; non seulement mon oncle ressemblait à ma mère, mais il possédait également le même sens de l'humour. Le frère et la sœur avaient dû former une drôle d'équipe, faisant se tordre de rire jusqu'à en pleurer tous les membres de la famille ; j'aurais tellement aimé les voir ensemble.

Mais le matin où j'ai quitté la maison d'Aman, je suis allée chez tante L'uul. Peu après mon arrivée à Mogadiscio, nous lui avions rendu visite. J'ai donc décidé de lui demander si elle pouvait m'héberger. C'était une tante par alliance ; elle avait épousé l'oncle Sayyid, le frère de ma mère. Elle élevait seule ses trois enfants car son mari habitait en Arabie Saoudite. La situation économique en Somalie n'étant pas brillante, il travaillait là-bas et envoyait de l'argent pour permettre à sa famille de vivre. Malheureusement, il est resté en Arabie Saoudite pendant tout le temps où j'ai vécu à Mogadiscio, et je ne l'ai jamais rencontré.

En me voyant, tante L'uul a paru surprise, mais sincèrement contente.

– Les choses ne vont pas très bien entre Aman et moi. Est-ce que je pourrais rester quelque temps chez toi, ma tante ?

– Oui, bien sûr. Tu sais que je suis seule avec les enfants, Sayyid est absent la plupart du temps, et j'aimerais beaucoup avoir un peu d'aide.

Je me suis immédiatement sentie soulagée. Aman avait accepté à contrecœur de m'héberger, et je savais que cette situation ne lui plaisait pas beaucoup. Sa maison était trop petite, et elle était encore une jeune mariée. De plus, elle souhaitait vraiment que je retourne vivre auprès de Maman afin de soulager sa conscience de l'avoir abandonnée plusieurs années auparavant.

En habitant chez Aman, puis chez tante L'uul, je me suis progressivement habituée à vivre à l'intérieur. Au début, je trouvais très étrange d'être confinée dans une maison, entre quatre murs, d'avoir le ciel caché par un plafond, de sentir les égouts et l'oxyde de carbone d'une ville surpeuplée, plutôt que l'odeur des animaux et du désert. La maison de ma tante était plus grande que celle d'Aman, mais pas très spacieuse malgré tout. Et même si elle m'offrait certains avantages, comme d'être au chaud la nuit ou à l'abri de la pluie, elle était très primitive au regard des normes occidentales. L'eau demeurait quelque chose de précieux, et mon respect pour elle restait inchangé. Nous l'achetions à un homme qui l'apportait dans le quartier à dos d'âne, et la conservions à l'extérieur, dans un tonneau. Tous les membres de la famille y puisaient avec parcimonie pour boire, se laver, nettoyer la maison, faire le thé et cuire les aliments. Ma tante préparait les repas dans une petite cuisine, sur un camping-gaz. Le soir, nous nous regroupions dehors pour discuter à la lumière des lampes à kérosène car il n'y avait pas d'électricité. Les toilettes étaient typiques de cette partie du monde : un trou dans le sol, par lequel les excréments tombaient dans une fosse où ils s'entassaient, dégageant une odeur infecte dans la chaleur. Pour se laver, il fallait puiser un seau d'eau dans le tonneau et s'asperger le corps avec une éponge, laissant le surplus couler par le trou dans les toilettes.

Peu après mon arrivée chez tante L'uul, j'ai réalisé que j'avais trouvé bien plus qu'un abri ; j'avais également hérité d'un travail à plein temps comme baby-sitter de trois enfants gâtés. Je suppose qu'il était difficile de classer le bébé dans la catégorie des enfants gâtés, mais il me posait autant de problèmes que les deux autres.

Tous les matins, ma tante se levait vers neuf heures et, aussitôt après avoir pris son petit déjeuner, quittait joyeusement la maison pour aller rendre visite à ses amies. Elle passait la journée entière avec elles, cancanant indéfiniment sur leurs amis, leurs ennemis, leurs connaissances et leurs voisins, et rentrait tranquillement le soir. Pendant son absence, le bébé de trois mois n'arrêtait pas de crier car il avait faim. Quand je le prenais dans mes bras, il essayait de me téter. Chaque jour, je disais à ma tante :

– Écoute, pour l'amour du ciel, fais quelque chose. Dès que je le prends dans mes bras, il veut me téter, et je n'ai pas de lait. Je n'ai même pas de seins !

Elle me répondait toujours en riant :

– Ne t'en fais pas, donne-lui seulement un peu de lait !

En plus de nettoyer la maison et de prendre soin du bébé, je devais surveiller les deux autres enfants, âgés de six et neuf ans. Et ces deux-là étaient de véritables animaux sauvages. Ils se comportaient très mal car, visiblement, leur mère ne leur avait jamais rien appris. J'ai aussitôt tenté de redresser la situation, leur donnant des fessées chaque fois que j'en avais l'occasion. Mais après avoir vécu aussi libres que des hyènes pendant des années, ils n'allaient pas devenir de petits anges en une nuit.

Les jours passant, je me sentais de plus en plus frustrée. Je me demandais combien de situations désespérantes je devrais encore affronter avant que quelque chose de positif ne m'arrive. J'essayais toujours de trouver un moyen d'améliorer ma vie, de me forcer à aller de l'avant pour rencontrer enfin cette mystérieuse chance qui ne pouvait manquer de m'être offerte, j'en avais la conviction. Chaque jour, je me disais : « Quand cela va-t-il m'arriver ? Aujourd'hui ? Demain ? Où est-ce que je vais aller ? Qu'est-ce que je vais faire ? » Je ne sais pas pourquoi je pensais cela. A l'époque, je croyais probablement que tout le monde entendait une petite voix intérieure lui parler. D'aussi loin que je m'en souvienne, j'ai toujours su que ma vie serait différente de celle des gens qui m'entouraient, même si je ne savais pas en quoi consisterait cette différence.

Cela faisait un mois que j'habitais chez tante L'uul, quand la situation a explosé. Un après-midi, assez tard, alors que ma tante faisait sa tournée des potins, sa fille de neuf ans a disparu. Je suis sortie, je l'ai appelée, et n'obtenant pas de réponse, je me suis mise à la chercher dans tout le quartier. J'ai fini par la trouver dans un tunnel, avec un jeune garçon. C'était une gamine qui savait ce qu'elle voulait et avait l'esprit curieux, et au moment où je l'ai découverte, elle se montrait très intéressée par l'anatomie de son petit camarade. L'attrapant par le bras, je l'ai brutalement remise sur ses pieds ; le garçon s'est sauvé comme un animal apeuré. Pendant tout le trajet jusqu'à la maison, j'ai frappé ma cousine avec une baguette, car je n'avais jamais été aussi choquée par le comportement d'une enfant.

Le soir, quand ma tante est rentrée, sa fille s'est plainte d'avoir été battue. Tante L'uul était furieuse.

– Pourquoi as-tu frappé cette enfant ? Je t'interdis de lever la main sur elle.

Elle s'est mise à crier en venant vers moi d'un air menaçant :

– Je vais moi aussi te donner une correction pour voir si tu aimes ça !

– Tu ne me demandes même pas ce qui s'est passé ; tu préfères peut-être ne pas le savoir. Si tu avais vu agir ta fille, tu l'aurais reniée ! Cette enfant est déchaînée, elle est comme un animal !

Ma tentative d'explication n'a pas amélioré les choses. Après m'avoir laissée, moi, une fille de treize ans, m'occuper de ses trois enfants, ma tante s'inquiétait soudain du sort de sa fille. Elle s'est avancée vers moi, brandissant le poing, menaçant de me frapper pour ce que j'avais fait à son petit ange. Mais j'en avais assez, non seulement d'elle, mais du monde entier. J'ai hurlé :

– Si seulement tu essaies de me toucher, je t'arrache tous les cheveux !

Cela a mis un point final à la discussion, mais je savais qu'il fallait que je parte. Chez qui aller cette fois ?

Au moment de frapper à la porte de tante Sahru, j'ai pensé : « Et voilà, Waris, ça recommence ! » Quand elle m'a ouvert, je lui ai dit bonjour d'un air penaud. Tante Sahru avait cinq enfants, et cela ne me paraissait pas de bon augure. Mais je n'avais pas d'autre choix à part celui de me faire pickpocket ou de mendier dans les rues. Sans expliquer en détail mon départ de chez tante L'uul, je lui ai demandé si je pouvais habiter chez elle pendant quelque temps. A ma grande surprise, elle m'a répondu :

– Tu as frappé à la porte d'une amie. Tu peux rester avec nous si tu veux. Si tu as envie de parler de quoi que ce soit, je suis là.

Les choses commençaient mieux que je ne l'avais imaginé. Comme je m'y attendais, j'ai dû aider au ménage, mais Fatima, la fille aînée de ma tante, âgée de dix-neuf ans, assumait la plus grande partie des corvées.

Ma pauvre cousine travaillait comme une esclave. Elle se levait tôt chaque matin pour aller au collège, revenait à la maison vers midi et demi et préparait le déjeuner, puis retournait à l'école avant de rentrer à six heures pour s'occuper du dîner. Après le repas du soir, elle devait nettoyer la cuisine, et elle étudiait jusque tard dans la nuit. Pour une raison que j'ignore, sa mère exigeait beaucoup plus d'elle que de ses frères et sœurs. Mais Fatima était très bonne pour moi ; elle me considérait comme une amie et, à cette époque de ma vie, c'était certainement ce dont j'avais le plus besoin. La façon dont sa mère se comportait avec elle me semblait injuste, et j'essayais de l'aider à préparer le dîner. Je ne savais pas cuisiner, mais je m'efforçais d'apprendre en l'observant. Les premières pâtes que j'aie jamais mangées ont été préparées par Fatima, et je les ai trouvées délicieuses.

La plus grande partie de l'entretien de la maison m'incombait et, aujourd'hui encore, tante Sahru affirme que je suis la meilleure femme de ménage qu'elle ait eue. Frotter et briquer la maison n'était pas un travail facile, mais je préférais cela plutôt que de m'occuper des enfants, surtout après les mésaventures que je venais de connaître.

Tout comme Aman, tante Sahru s'inquiétait pour Maman qui n'avait plus ses filles aînées pour la seconder dans son travail. Mon père l'aiderait peut-être en se chargeant des animaux, mais il ne lèverait pas le petit doigt s'il s'agissait de cuisiner, de confectionner des vêtements, de tisser des paniers, ou de s'occuper des enfants. Ce n'étaient là que des tâches féminines, et elles concernaient uniquement Maman. Après tout, n'avait-il pas fait sa part en ramenant une autre épouse pour aider ma mère ? Oui, effectivement, il l'avait fait. Je m'inquiétais moi aussi depuis ce petit matin où j'avais vu Maman pour la dernière fois. Lorsque je pensais à elle, je revoyais son visage éclairé par la lumière du feu, la veille de mon départ, et je me rappelais combien elle avait l'air fatigué. Tandis que je courais à travers le désert, cherchant à atteindre Mogadiscio, je ne pouvais pas chasser cette image de mon esprit. Cette traversée du désert m'avait semblé sans issue, comme le dilemme qui s'imposait à moi. Comment choisir entre mon désir de prendre soin de ma mère et celui d'être débarrassée de ce vieil homme ? Je me souviens m'être effondrée sous un arbre, au crépuscule, en pensant : « Qui va prendre soin de Maman, à présent ? Elle s'est toujours occupée de tout le monde, mais qui va veiller sur elle ? »

Pourtant, il m'était impossible de revenir en arrière. Cela aurait signifié que j'avais enduré toutes ces épreuves pour rien. Si je rentrais chez moi, il ne s'écoulerait pas un mois avant que mon père ne ramène tous les éclopés des environs, tous les abrutis du désert qui possédaient un chameau, dans l'espoir de me marier. Et non seulement je serais encombrée d'un époux, mais je ne pourrais pas rester auprès de ma mère pour prendre soin d'elle.

Un jour, j'ai cru trouver une solution partielle à mon problème. Si je gagnais un peu d'argent, je l'enverrais à Maman, et elle pourrait ainsi acheter certaines choses dont la famille avait besoin et n'aurait plus à travailler aussi dur. Je me suis donc mise à la recherche d'un travail. Un matin, ma tante m'ayant envoyée faire des courses au marché, je suis passée devant un chantier de construction. J'ai regardé les ouvriers transporter des briques et préparer du mortier en ajoutant des pelletées de sable à du ciment, puis en mélangeant le tout avec de l'eau. J'ai demandé à l'un d'eux :

– Hé, est-ce que vous avez du boulot ?

Le gars qui posait les briques s'est arrêté de travailler et m'a regardée en riant :

– Qui t'envoie pour savoir s'il y a du boulot ?

– Personne ; c'est moi qui ai besoin de travailler.

– Non, il n'y a rien pour une fille aussi maigrichonne que toi ! Je ne pense pas que tu sois maçon...

Il a de nouveau éclaté de rire.

– Hé, vous vous trompez, je suis très forte. Vraiment !

Les ouvriers qui préparaient le mortier m'observaient, le pantalon pendant sur les fesses. En les montrant du doigt, j'ai dit :

– Je pourrais les aider en apportant le sable, et je suis capable de mélanger tout ça aussi bien qu'eux !

– D'accord, d'accord ! Quand veux-tu commencer ?

– Demain matin.

– Bon, sois là à six heures, et on verra ce que tu peux faire.

En rentrant chez tante Sahru, j'avais l'impression de flotter au-dessus du sol. J'avais un travail, et j'allais gagner de l'argent ! J'épargnerais tous mes pence pour les envoyer à Maman. Elle serait drôlement surprise.

En arrivant à la maison, j'ai appris la nouvelle à ma tante.

– Où as-tu trouvé du travail ?

Elle ne me croyait pas. Il lui était impossible d'imaginer qu'une fille ait envie de faire ce genre de boulot.

– Et en quoi ça consiste exactement ?

Elle avait du mal à admettre que le chef de chantier ait bien voulu embaucher une enfant, surtout quelqu'un à l'air aussi famélique. Mais j'ai tellement insisté qu'elle a fini par me croire.

Elle s'est alors mise en colère parce que tout en habitant chez elle je préférais travailler à l'extérieur plutôt que de l'aider à assumer les tâches ménagères.

– Écoute, il faut que j'envoie un peu d'argent à Maman, et pour ça je dois avoir un travail. Alors, celui-ci ou un autre, c'est pareil. Il faut que je le fasse. D'accord ?

– C'est bon !

Ma carrière d'ouvrier du bâtiment a débuté le lendemain matin. Et de façon horrible ! J'ai porté des seaux de sable toute la journée ; j'étais éreintée et, comme je n'avais pas de gants, l'anse des seaux me coupait les mains. D'énormes ampoules sont apparues sur mes paumes ; à la fin de la journée, elles ont éclaté et mes mains se sont mises à saigner. Tout le monde a cru que je m'arrêterais là, mais j'étais bien décidée à revenir le matin suivant.

J'ai tenu bon un mois entier, jusqu'à ce que mes mains soient si abîmées et douloureuses que je pouvais à peine plier mes doigts. Quand j'ai arrêté, j'avais gagné l'équivalent de soixante dollars. J'étais fière d'annoncer à ma tante que j'allais envoyer tout cet argent à Maman. Un homme que tante Sahru connaissait était récemment venu nous voir, et il devait repartir bientôt pour le désert avec toute sa famille. Il a offert d'apporter cet argent à ma mère. Ma tante m'a dit :

– Je connais sa famille ; ce sont des gens bien, tu peux leur faire confiance.

Plus tard, j'ai appris que ma mère n'avait jamais reçu un seul penny.

Après avoir renoncé à mon travail d'ouvrier du bâtiment, j'ai repris mes tâches domestiques chez tante Sahru. Quelque temps plus tard, alors que je travaillais comme d'habitude, un visiteur très distingué s'est présenté à la maison : Mohammed Chama Farah, l'ambassadeur de Somalie à Londres. Il était marié à Maruim, une autre sœur de ma mère. Tout en époussetant les meubles dans la pièce voisine, j'ai entendu l'ambassadeur discuter avec tante Sahru. Il était venu à Mogadiscio afin de trouver une domestique avant d'aller prendre ses fonctions à Londres pour une durée de quatre ans. J'ai tout de suite su que c'était enfin la chance que j'attendais depuis si longtemps.

Faisant irruption dans la pièce, j'ai appelé tante Sahru :

– Tante, j'ai absolument besoin de te parler.

Elle m'a regardée, l'air exaspéré ;

– Qu'y a-t-il, Waris ?

– S'il te plaît, viens ici !

Quand elle a franchi la porte et s'est trouvée hors de vue de son visiteur, je l'ai brutalement attrapée par le bras.

– Je t'en prie, s'il te plaît, dis-lui de m'emmener. Je veux être sa domestique.

Elle a paru blessée. Je n'étais qu'une enfant volontaire et je ne pensais qu'à ce que je désirais, oubliant tout ce que ma tante avait fait pour moi.

– Toi ? Mais tu ne sais rien de rien. Qu'est-ce que tu ferais à Londres ?

– Je peux faire le ménage ! Dis-lui de m'emmener à Londres, ma tante. Je veux partir !

– Je ne pense pas que ce soit une bonne idée. Maintenant, arrête de m'ennuyer et reprends ton travail.

Elle a rejoint son beau-frère et s'est assise à côté de lui. Je l'ai entendue dire doucement :

– Pourquoi ne l'engageriez-vous pas ? Vous savez, elle est réellement très bien. C'est une excellente femme de ménage.

Tante Sahru m'a appelée, et j'ai bondi dans la pièce. Je

suis restée plantée là, le plumeau à la main, mâchant mon chewing-gum.

– Je m'appelle Waris. Vous êtes marié à ma tante, n'est-ce pas ?

L'ambassadeur m'a regardée de travers :

– Cela ne te ferait rien d'ôter ce chewing-gum de ta bouche ?

Je l'ai craché dans un coin. Mon oncle s'est tourné vers tante Sahru :

– Il s'agit de cette fille ? Oh, non, non et non !

– Je suis vraiment très bien ! Je peux faire le ménage et la cuisine, et je m'occupe parfaitement des enfants !

– Oh, j'en suis sûr.

J'ai regardé tante Sahru :

– Dis-lui...

– Waris, ça suffit. Retourne travailler.

– Dis-lui que je suis la meilleure !

– Waris ! Chut...

Elle a ajouté :

– Elle est encore très jeune, mais c'est une grosse travailleuse. Croyez-moi, elle sera très bien...

L'oncle Mohammed m'a observée un moment, l'air dégoûté, puis il a dit :

– D'accord, je viendrai te chercher demain. Je serai là dans l'après-midi avec ton passeport, et nous partirons pour Londres.

8

Le départ pour Londres

Londres ! J'ignorais tout de cette ville, mais le son de ce nom me plaisait. J'ignorais même où elle se situait. Je savais seulement qu'elle était très loin ; et très loin, c'était exactement là où je voulais aller. J'aurais pu voir dans ce départ une réponse à mes prières mais, en même temps, cela me paraissait trop beau pour être vrai. J'ai demandé à ma tante d'un ton plaintif :

– Je vais vraiment partir ?

Elle m'a répondu, l'air sévère :

– Oh, toi ! Tais-toi ! Ne commence pas...

Mais quand elle a vu l'expression de panique qui passait sur mon visage, elle a souri :

– Oui ! Oui, tu vas vraiment aller à Londres.

Terriblement excitée, j'ai couru annoncer la nouvelle à ma cousine Fatima qui préparait le dîner :

– Je pars à Londres ! Je pars à Londres !

Je criais, et j'ai commencé à danser en rond tout autour de la cuisine.

– Quoi ? Londres ?

M'ayant attrapée par le bras, Fatima m'a obligée à tout lui raconter, puis elle a déclaré d'un ton neutre :

– Tu vas devenir blanche.

– Qu'est-ce que tu dis ?

– Tu vas devenir blanche, tu sais bien... blanche.

Non, je ne savais pas. Je ne voyais vraiment pas de quoi elle voulait parler puisque je n'avais encore jamais rencontré de Blancs ; j'ignorais même leur existence. Pourtant, sa réflexion ne m'a pas troublée le moins du monde, et je lui ai dit en prenant de grands airs :

– Oh, tais-toi, s'il te plaît. Tu es simplement jalouse parce que je vais à Londres et pas toi !

J'ai recommencé à danser en tapant des mains, comme si je célébrais la venue de la pluie, puis je me suis mise à chanter :

– Je vais à Londres ! Oh ! Yééé ! Je vais à Londres !

– Waris !

Tante Sahru m'appelait, et le ton de sa voix était menaçant.

Ce soir-là, elle m'a équipée pour le voyage, et j'ai enfin eu ma première paire de chaussures, de belles sandales en cuir. Pour prendre l'avion, elle m'a offert une longue robe aux couleurs éclatantes, que je devais porter sous une ample robe africaine.

Le lendemain, quand l'oncle Mohammed est venu me chercher, je n'avais pas de valise, mais cela m'était égal puisque je n'avais rien à emporter. Avant de partir pour l'aéroport, j'ai serré contre moi et embrassé tante Sahru et ma chère Fatima, et dit au revoir à tous mes petits cousins. Fatima s'était montrée si gentille envers moi que j'aurais bien aimé l'emmener ; mais je savais qu'il n'y avait du travail que pour une seule personne, et j'étais heureuse que ce soit pour moi. Oncle Mohammed m'a remis mon passeport, et je l'ai examiné avec curiosité – ma première pièce d'identité – car je n'avais jamais eu d'acte de naissance ni aucun autre papier officiel à mon nom. En montant dans la voiture, je me sentais quelqu'un de très important, et j'ai agité la main pour dire adieu à toute la famille.

J'avais déjà observé des avions dans le ciel ; il y en avait qui survolaient le désert tandis que je gardais mes chèvres. Je savais donc bien qu'ils existaient, mais je n'en avais jamais vu d'aussi près avant cet après-midi-là. J'ai traversé tout l'aéroport avec l'oncle Mohammed, puis nous nous sommes arrêtés devant une porte ouvrant sur l'extérieur. Sur la piste, un énorme jet d'une compagnie britannique scintillait sous le soleil, attendant le moment du décollage. C'est alors que j'ai entendu mon oncle marmonner quelque chose :

– ... et ta tante Maruim t'attend à Londres. Je vous rejoindrai dans quelques jours, j'ai encore deux ou trois affaires à régler avant de partir.

Je l'ai regardé, bouche bée. Il m'a fourré mon billet d'avion dans la main.

– Et ne le perds pas ; ton passeport non plus. Ce sont des papiers très importants, Waris ; fais-y bien attention.

J'ai réussi à murmurer, d'une voix étranglée :

– Vous ne venez pas avec moi ?

Il a répondu, d'un ton impatient :

– Non, je dois rester ici quelques jours de plus.

Je me suis mise à pleurer, effrayée à l'idée de partir seule.

Au moment de quitter la Somalie, je n'étais plus tout à fait sûre que l'idée soit si bonne. Malgré tous les problèmes que j'avais rencontrés, mon seul foyer était ici, et ce qui m'attendait me paraissait tellement mystérieux.

– Vas-y, tout se passera bien. Quelqu'un t'attendra à l'aéroport de Londres. On t'expliquera quoi faire à ton arrivée.

J'ai reniflé, soupiré, et mon oncle m'a poussée doucement vers la porte :

– Il faut y aller maintenant, l'appareil va décoller... Monte dans cet avion, Waris !

Morte de peur, je me suis avancée sur la piste brûlante. J'ai observé le personnel au sol qui s'activait autour du jet, en vue du décollage. Je me suis alors demandé comment j'étais censée entrer dans cette chose-là, et j'ai levé les yeux vers la passerelle. Me décidant enfin, j'ai commencé à grimper les marches. N'ayant pas l'habitude de porter des chaussures, j'ai dû faire très attention de ne pas trébucher ni me prendre les pieds dans ma robe. Une fois à bord, je ne savais plus du tout où aller et je devais avoir l'air d'une parfaite idiote. Tous les passagers occupaient déjà leur siège et me regardaient, intrigués. Je pouvais lire dans leurs yeux : « Mais qui est donc cette gourde qui arrive de la campagne ? Elle n'a jamais pris l'avion ? » Je me suis vite assise sur un siège vide, à côté de la porte.

C'est alors que, pour la première fois de ma vie, j'ai vu un homme blanc. Il était installé à côté de moi et m'a dit :

– Ce n'est pas votre place.

Je crois du moins que c'est ce qu'il m'a dit, puisque je ne parlais pas un mot d'anglais. Je l'ai observé, effrayée, et j'ai pensé : « Oh, mon Dieu, qu'est-ce que cet homme me raconte ? Et pourquoi est-il si pâle ? » Il a répété sa phrase, et j'étais de plus en plus paniquée. Heureusement, une hôtesse est arrivée à ce moment-là et m'a pris mon billet des mains. Voyant que j'étais totalement perdue, elle m'a attrapée par le bras et m'a accompagnée jusqu'à ma place – qui bien évidemment ne se trouvait pas en première classe où je m'étais tout d'abord installée. Tous les passagers se sont retournés sur mon passage pour me dévisager. L'hôtesse a souri en me désignant mon siège. Je me suis affalée, heureuse de me cacher de tous ces gens, et avec un sourire niais, j'ai hoché la tête pour la remercier.

Peu de temps après le décollage, l'hôtesse est revenue avec une petite corbeille remplie de bonbons qu'elle m'a gentiment tendue. J'ai relevé un pan de ma robe pour en faire une poche comme si j'allais cueillir des fruits, et j'ai pris une pleine poignée de friandises. J'étais affamée et bien décidée à faire des provisions. J'ignorais quand je pourrais manger. Lorsque j'ai tendu la main pour me resservir, l'hôtesse a essayé de mettre la corbeille hors d'atteinte, mais j'avais déjà eu le temps de la saisir. L'expression de son visage disait clairement : « Mais comment vais-je m'en sortir avec celle-là ? »

Tout en sortant mes bonbons de leurs papiers et en les dévorant, j'observais les quelques personnes à la peau blanche qui m'entouraient. Elles me paraissaient souffreteuses et froides. Si j'avais su parler l'anglais, je leur aurais dit : « Vous avez besoin de soleil. » Je pensais que cette couleur n'était que momentanée. Ces gens-là ne pouvaient pas rester comme ça ! Ils devaient être devenus blancs parce qu'ils n'avaient pas vu le soleil depuis trop longtemps.

J'aurais voulu en toucher un, car je me disais que le blanc risquait de s'effacer. Peut-être étaient-ils noirs dessous ?

Après neuf ou dix heures de vol, j'avais horriblement envie de faire pipi. J'étais sur le point d'éclater, mais je ne savais pas où aller. Puis je me suis dit : « Waris, tu peux bien trouver ça toute seule ! » J'ai donc observé attentivement tous les gens qui m'entouraient et qui, par moments, quittaient leur siège pour disparaître derrière une porte. J'en ai conclu : « Ça ne peut être que là ! » Je me suis levée et, juste au moment où j'arrivais devant la porte, quelqu'un sortait. Une fois à l'intérieur, je me suis soigneusement enfermée et j'ai regardé autour de moi. J'étais certainement dans le lieu qui convenait, mais où se trouvait donc l'endroit exact ? J'ai étudié le lavabo, mais sans m'y attarder, puis j'ai examiné le siège, je l'ai reniflé et j'en ai conclu que c'était bien l'endroit qu'il me fallait. Tout heureuse, je me suis assise et... Ouf !

Je me suis sentie terriblement soulagée jusqu'à ce que je réalise que mon urine ne s'écoulait pas. Bon, alors maintenant, qu'est-ce que je devais faire ? Je ne voulais pas quitter les lieux en laissant la personne qui entrerait après moi découvrir cela. Mais comment le faire disparaître ? Je ne savais ni parler ni lire l'anglais, et le mot « chasse d'eau » imprimé au-dessus d'un bouton ne signifiait rien pour moi. Et en admettant même que j'aie compris ce mot, je n'avais jamais vu de chasse d'eau de ma vie. J'ai étudié chaque levier, chaque poignée, chaque boulon, cherchant à découvrir lequel me permettrait de faire disparaître ces traces, mais je revenais toujours au bouton de la chasse d'eau qui me paraissait être le bon. Pourtant j'avais très peur en le poussant de faire exploser l'avion. A Mogadiscio j'avais entendu dire que de telles choses arrivaient parfois ; nous vivions constamment au milieu de luttes politiques, et les gens parlaient sans cesse de bombes et d'explosions, de tel ou tel bâtiment qui avait sauté. Si je touchais à ce bouton, nous serions tous tués. Ce qui était écrit dessus voulait peut-être dire : « N'appuyez pas ou l'avion sautera ! » Il valait mieux ne pas courir ce risque pour un petit pipi. Cependant, je ne voulais pas laisser ces traces derrière moi parce qu'on saurait forcément à qui les attribuer puisque, à présent, il y avait plusieurs personnes qui frappaient à la porte.

Dans un moment d'inspiration, j'ai saisi un gobelet en papier usagé et je l'ai rempli au robinet du lavabo qui gouttait. En le vidant dans les toilettes, je me disais que si je diluais suffisamment ce qui s'y trouvait, la personne suivante penserait que la cuvette était remplie d'eau. Je me suis résolument mise au travail, remplissant et vidant, remplissant et vidant...

A présent les gens ne se contentaient plus de frapper à la porte, ils commençaient à crier. Et je ne pouvais même pas leur répondre : « Une petite minute... » Alors j'ai continué à travailler en silence, remplissant mon gobelet détrempé au robinet qui coulait goutte à goutte... Je me suis enfin arrêtée lorsque le niveau de l'eau a atteint le bord de la cuvette. Une goutte de plus, et tout débordait. Maintenant, cela ressemblait vraiment à de l'eau. Je me suis redressée et j'ai défroissé ma robe avant d'ouvrir la porte. Les yeux baissés, je me suis frayé un chemin parmi la cohue, heureuse d'avoir seulement eu envie de faire pipi.

Quand nous avons approché de Heathrow, ma peur d'affronter ce pays nouveau a largement été compensée par le soulagement que j'éprouvais à l'idée de quitter cet avion. Ma tante devait venir me chercher, et je lui en étais reconnaissante. Lorsque l'appareil a entamé sa descente, les nuages blancs et mousseux se sont transformés en une masse confuse et grise. En voyant les autres passagers se lever, j'en ai fait autant et je me suis laissé emporter par la marée des corps qui sortaient de l'avion. Je n'avais aucune idée de l'endroit où je devais aller ni de ce que je devais faire. La foule m'a portée jusqu'à ce que nous arrivions au bas d'une série d'escaliers. Il n'y avait qu'un problème : ces escaliers bougeaient. Je me suis figée sur place. A présent, la marée humaine me contournait, passant à ma droite ou à ma gauche, et je voyais les gens s'engager doucement sur ces escaliers mouvants et s'élever lentement. Je les ai imités, mais j'ai perdu une de mes sandales neuves qui est restée au pied de l'escalier. J'ai crié en somali : « Ma sandale, ma sandale ! » et je me suis précipitée pour la récupérer, mais je n'ai pas pu traverser la cohue dense des gens qui me suivaient.

Parvenue en haut de l'escalator, j'ai boitillé au milieu de la foule, et nous sommes arrivés à la douane. J'ai vu des hommes blancs dans des uniformes très stricts, mais je n'avais aucune idée de qui ils étaient. L'un d'entre eux s'est adressé à moi en anglais, et j'ai saisi ma chance, espérant qu'il m'aiderait. Montrant l'endroit où se trouvaient les escalators, je lui ai dit en somali : « Ma sandale ! »

Il m'a observée avec une expression ennuyée et infiniment patiente, et a répété sa question. J'ai été prise d'un fou rire nerveux qui m'a fait oublier momentanément mes ennuis. L'homme a tendu le doigt vers mon passeport et je le lui ai donné. Après l'avoir examiné avec soin, il l'a tamponné et m'a fait signe de passer.

Une fois la douane franchie, j'ai vu un homme en tenue de chauffeur s'approcher de moi. Il m'a demandé en somali :

– Etes-vous venue travailler pour M. Farah ?

J'étais tellement soulagée d'entendre quelqu'un parler ma langue que j'ai crié, ravie :

– Oui ! Oui ! C'est moi ! Je suis Waris !

Le chauffeur s'apprêtait à quitter l'aéroport quand je l'ai retenu :

– Ma sandale ! Nous devons redescendre les escaliers pour récupérer ma sandale.

– Votre sandale ?

– Oui, oui, elle est là-bas !

– Où ça ?

– Au pied de ces escaliers qui bougent ! Je l'ai perdue en montant.

Il a regardé mes pieds, l'un chaussé d'une sandale et l'autre nu.

Heureusement, il parlait l'anglais et nous avons eu la permission de repasser la porte pour aller chercher ma sandale. Mais lorsque nous sommes arrivés au bas de l'escalator, elle n'y était plus. Je ne pouvais pas croire à une pareille malchance. Je me suis déchaussée et pendant que nous remontions, j'ai bien regardé partout.

Il nous fallait maintenant repasser par la douane. Le

même homme m'a posé les mêmes questions en se servant du chauffeur comme interprète.

– Combien de temps comptez-vous rester ?

J'ai haussé les épaules.

– Où allez-vous ?

J'ai répondu fièrement :

– Chez mon oncle, l'ambassadeur !

– D'après votre passeport, vous avez dix-huit ans, est-ce exact ?

– Quoi ? Je n'ai pas dix-huit ans !

J'ai vivement protesté et le chauffeur a traduit.

– Avez-vous quelque chose à déclarer ?

Je n'ai pas compris cette question, et le chauffeur m'a expliqué :

– Apportez-vous quelque chose dans ce pays ?

J'ai montré mon unique sandale. L'homme l'a regardée une minute, puis il a légèrement secoué la tête et nous a fait signe de passer.

Tandis que nous traversions la foule de l'aéroport, le chauffeur m'a dit :

– Votre passeport mentionne que vous avez dix-huit ans, et c'est ce que j'ai confirmé à cet homme. Si quelqu'un vous pose cette question, vous devez répondre que vous avez dix-huit ans.

– Mais je n'ai pas dix-huit ans !

– Quel âge avez-vous ?

– Je ne sais pas, peut-être quatorze ans, mais je ne suis pas si vieille !

J'étais très en colère.

– Écoutez, c'est ce qui est écrit sur votre passeport, et c'est donc l'âge que vous avez à présent.

– Mais qu'est-ce que vous racontez ! Je me fiche de ce qui est écrit sur mon passeport puisque ce n'est pas vrai !

– C'est ce que leur a dit M. Farah.

– Et bien, il est fou ! Il n'y connaît rien !

Lorsque nous avons atteint la sortie, le ton avait encore monté, et une franche antipathie s'était déclarée entre le chauffeur et moi.

Tandis que je me dirigeais, pieds nus, vers la voiture, il neigeait sur Londres. J'ai remis ma sandale et, frissonnant, j'ai serré autour de moi ma robe de coton léger. Bien sûr, je n'avais jamais vu de neige auparavant.

– Oh, mon Dieu ! Il fait vraiment froid, ici.

– On s'y habitue.

Alors que la voiture quittait l'aéroport et s'engageait dans la circulation matinale de Londres, un sentiment de tristesse et de solitude m'a envahie ; je me sentais perdue dans ce pays totalement étranger, entourée de tous ces visages blanchâtres. Allah ! Oh, Dieu ! Maman ! Où suis-je ? En cet instant, ma mère me manquait terriblement. Le chauffeur de l'oncle Mohammed, le seul autre visage noir, ne m'était d'aucun réconfort ; de toute évidence, il me considérait comme une inférieure.

Tout en conduisant, il a jugé bon de m'informer sur la maisonnée que j'allais rejoindre. Je vivrais avec mon oncle, ma tante, la mère de l'oncle Mohammed, un autre de mes oncles – un frère de Maman et de tante Maruim – que je ne connaissais pas, et mes sept cousins. Il m'a ensuite appris l'heure à laquelle je devrais me lever, celle à laquelle j'irais me coucher, épuisée par ma journée de travail. Puis il m'a confié d'un ton neutre :

– Vous savez, la maîtresse de maison, votre tante, dirige

tout son monde avec une poigne d'acier. Je vous préviens, elle nous mène tous la vie dure.

– Elle *vous* mène peut-être la vie dure, mais c'est *ma* tante.

Je me disais qu'après tout elle était une femme, et la sœur de ma mère. Je pensais à quel point Maman me manquait, et combien tante Sahru et Fatima avaient été bonnes pour moi. Même Aman s'était bien comportée à mon égard, mais nous n'étions pas faites pour nous entendre. Les femmes de la famille prenaient toujours soin les unes des autres. Je me suis appuyée contre le dossier du siège, soudain très fatiguée par mon long voyage.

Je regardais le ciel par la portière, essayant de voir d'où venaient tous ces flocons. La neige blanchissait les trottoirs tandis que nous roulions lentement dans l'élégante partie résidentielle de Harley Street. Lorsque nous nous sommes arrêtés devant la maison de mon oncle, j'ai ouvert de grands yeux, réalisant que j'allais vivre là. Je n'avais jamais vu d'endroit pareil. La résidence de l'ambassadeur était un hôtel particulier de quatre étages ; et il était jaune, ma couleur préférée. Nous nous sommes avancés vers une porte d'entrée impressionnante, surmontée d'un imposte. Dans le vestibule, un immense miroir au cadre doré réfléchissait les innombrables livres de la bibliothèque qui lui faisait face.

Tante Maruim est venue m'accueillir. C'était une femme un peu plus jeune que ma mère, vêtue à la mode occidentale. J'ai crié :

– Ma tante !

– Entre, m'a-t-elle dit avec froideur, et ferme la porte.

Je pensais me précipiter vers elle et la serrer dans mes

bras, mais la façon dont elle se tenait, les mains jointes l'une contre l'autre, m'a glacée.

– Je vais te montrer la maison et t'expliquer ce que tu auras à faire.

J'ai senti la dernière étincelle d'énergie s'éteindre en moi :

– Oh, ma tante, je suis si fatiguée. Je voudrais m'allonger. Est-ce que je pourrais aller dormir tout de suite ?

– Oui, viens avec moi.

Elle a traversé le séjour et tandis que nous montions les escaliers, j'ai remarqué l'élégant mobilier, le lustre, le divan blanc couvert de douzaines de coussins, les peintures abstraites pendues au mur, les bûches qui flambaient dans la cheminée. Tante Maruim m'a emmenée dans sa chambre et a dit que je pouvais dormir dans son lit. Le lit à baldaquin avait à peu près les dimensions de notre hutte familiale. J'ai éprouvé un grand plaisir à promener mes mains sur le tissu soyeux qui recouvrait la très belle couette de plumes.

– Quand tu te seras reposée, je te ferai visiter la maison.

– Est-ce que vous me réveillerez ?

– Non, tu te réveilleras toute seule. Dors autant que tu voudras.

Je me suis glissée sous la couette ; je n'avais jamais rien senti d'aussi merveilleusement doux de toute ma vie. Ma tante a fermé doucement la porte, et je me suis endormie avec la sensation de tomber dans un tunnel, un très long tunnel obscur.

9

La domestique

En ouvrant les yeux, j'ai pensé que je faisais un rêve, un bien joli rêve. J'avais du mal à croire que je me trouvais dans cet immense lit, au milieu de cette très belle chambre. Tante Maruim avait dû dormir auprès de l'un de ses enfants car je ne me suis réveillée que le lendemain matin. Mais en mettant le pied par terre, j'ai repris contact avec la réalité.

Je suis sortie de la chambre, située au premier étage, et j'errais à travers la maison quand je suis tombée sur ma tante.

– Bien, tu es réveillée. Allons à la cuisine, je vais te montrer ce que tu auras à faire.

Un peu étourdie, je l'ai suivie dans la pièce qu'elle appelait la cuisine ; elle ne ressemblait en rien à celle de ma tante, à Mogadiscio. Elle était meublée de placards blanc crème, et décorée de carreaux de céramique bleue ; au centre, trônait une monstrueuse cuisinière à six feux. Ma tante ouvrait et fermait des tiroirs tout en m'expliquant :

– ... ici se trouvent les ustensiles, là les couverts et le linge de maison...

Je ne comprenais absolument rien à ce qu'elle me racontait, je ne savais pas du tout à quoi pouvaient bien servir tous ces objets et encore moins comment les utiliser.

– Chaque matin, tu serviras le petit déjeuner de ton oncle à six heures et demie ; il part à l'ambassade très tôt. Il est diabétique, et tu devras faire très attention à son régime. Il prend toujours la même chose : du thé et deux œufs pochés. J'aimerais avoir mon café dans ma chambre à sept heures. Ensuite, tu feras des pancakes pour les enfants. Ils mangent à huit heures car il faut qu'ils soient à l'école à neuf heures. Après le petit déjeuner...

– Ma tante, je ne sais pas faire toutes ces choses. Qui va m'apprendre ? Je ne sais pas préparer des... comment vous dites... pancakes. C'est quoi des pancakes ?

Avant que je ne l'interrompe, tante Maruim venait juste de prendre une grande inspiration et avait tendu le bras vers la porte. Elle a retenu son souffle un moment, le bras toujours levé, puis m'a regardée, l'air paniqué. Elle a expiré lentement en baissant le bras et a joint ses mains l'une contre l'autre comme la première fois où je l'avais vue.

– Je le ferai devant toi, Waris, mais il faudra que tu sois bien attentive. Observe très soigneusement, écoute et apprends.

J'ai hoché la tête ; elle a de nouveau soufflé et a continué à me donner ses instructions.

A la fin de la première semaine, et après quelques petits désastres mineurs, tout cela n'était plus pour moi qu'une routine que j'ai suivie quotidiennement, trois cent soixante-cinq jours par an, durant quatre années consécutives. N'ayant jamais eu la notion du temps, j'ai dû très vite apprendre à lire l'heure et à respecter un horaire. Lever à six heures ; petit déjeuner de l'oncle à six heures et demie ; café de la tante à sept heures ; pancakes des enfants à huit heures. Ensuite, je nettoyais la cuisine. Après avoir conduit mon oncle à l'ambassade, le chauffeur revenait chercher les enfants pour les emmener à l'école. Je m'occupais alors de la chambre de ma tante et de sa salle de bains, puis je faisais le ménage de chaque pièce des quatre étages de la maison, époussetant, balayant, frottant et cirant. Et, croyez-moi, si mon travail ne convenait pas à quelqu'un de la famille, on me le faisait savoir :

– Tu n'as pas bien nettoyé la salle de bains, Waris. Fais en sorte qu'elle soit plus propre la prochaine fois. Ces carreaux blancs doivent être impeccables, étincelants !

A part le chauffeur et le cuisinier, j'étais la seule domestique. Ma tante estimait qu'il n'était pas nécessaire d'engager du personnel supplémentaire pour une maison aussi petite. Le cuisinier ne travaillait que six jours par semaine, et le dimanche, son jour de congé, j'étais chargée de préparer les repas. En quatre ans, je n'ai pas eu un seul jour de repos. Les rares fois où j'ai osé en parler, ma tante a piqué une telle colère que j'y ai renoncé.

Je ne mangeais pas avec le reste de la famille. J'avalais quelque chose en vitesse, quand j'en avais l'occasion, et je continuais à travailler jusqu'au moment où je tombais dans mon lit, morte de fatigue, vers minuit. Les repas familiaux ne me manquaient pas car, selon moi, le cuisinier était très mauvais. Il était somalien, mais d'une autre tribu que la mienne. Pontifiant, méchant et paresseux, il adorait s'en prendre à moi. Chaque fois que ma tante entrait dans la cuisine, il ne manquait jamais d'entonner son refrain favori :

– Waris, lorsque je suis arrivé lundi, j'ai retrouvé la cuisine dégoûtante, et il m'a fallu des heures pour la nettoyer.

Évidemment, ce n'étaient que des mensonges. Il essayait toujours de se faire valoir aux yeux de ma tante ou de mon oncle, et il savait qu'il n'y parviendrait pas avec ses talents culinaires. Quand j'ai dit à tante Maruim que je ne voulais pas manger ce que préparait son cuisinier, elle m'a répondu :

– Très bien, fais ce que tu veux !

C'est alors que j'ai vraiment été heureuse d'avoir regardé ma cousine Fatima cuisiner à Mogadiscio. J'avais un talent inné pour la cuisine, et j'ai commencé à me faire des pâtes et à inventer toutes sortes de plats, laissant libre cours à mon imagination. Quand les autres membres de la famille ont vu ce que je mangeais, ils en ont tous voulu. Très vite ils m'ont demandé ce que j'aimerais préparer, de quels ingrédients j'avais besoin... Mais cela n'a pas amélioré mes rapports avec le cuisinier.

Dès la fin de ma première semaine à Londres, j'ai réalisé que mon oncle et ma tante avaient une idée très différente de la mienne sur la place que je tenais dans leur vie.

Il est courant, presque partout en Afrique, que les membres les plus influents d'une famille prennent auprès d'eux les enfants de leurs parents les plus pauvres, et en retour ces enfants se rendent utiles pour participer à leur entretien. Parfois, la famille d'accueil éduque et traite ces enfants comme les siens. De toute évidence ce n'était pas le cas pour moi, et j'ai vite compris que mon oncle et ma tante avaient autre chose en tête que de s'occuper d'une enfant ignorante, venue du désert, et censée leur servir de domestique. Mon oncle était très pris par son travail et ne se préoccupait absolument pas de ce qui se passait à la maison. Ma tante, dont j'avais rêvé qu'elle serait une seconde mère pour moi, n'avait aucune envie de me considérer comme sa troisième fille. J'étais simplement une domestique. Cette prise de conscience brutale – ajoutée aux longues journées de travail – a vite eu raison de ma joie de me trouver à Londres. J'ai découvert que ma tante était obsédée par les conventions et les règlements ; chaque jour, tout devait être fait exactement comme elle l'avait dit, à l'heure précise qu'elle avait fixée, sans aucune exception. Peut-être éprouvait-elle le besoin de se montrer rigide pour parvenir à s'intégrer à une culture si différente de la sienne. Heureusement, je me suis fait une amie dans cette maison, ma cousine Basma.

Basma était la fille aînée de mon oncle et ma tante, et nous avions le même âge. Elle était d'une beauté éblouissante, et tous les garçons lui faisaient la cour, mais ils ne l'intéressaient pas. Elle allait à l'école et le soir, en rentrant, elle n'aimait qu'une chose : lire. Elle montait dans sa chambre, s'allongeait sur son lit et lisait des heures durant. Très souvent, elle était tellement absorbée par sa lecture qu'elle en oubliait de manger, parfois durant une journée entière, et il fallait alors que quelqu'un l'oblige à descendre.

Je m'ennuyais beaucoup, et je me sentais très seule. Quelquefois, j'allais voir Basma dans sa chambre, je m'asseyais sur un coin de son lit et lui demandais :

– Qu'est-ce que tu lis ?

Sans même me regarder, elle murmurait :

– Laisse-moi tranquille !

– Je ne peux pas te parler ?

Les yeux toujours fixés sur son livre, elle me répondait

d'une voix morne, articulant à peine les mots, comme si elle était endormie :

– De quoi veux-tu parler ?

– Qu'est-ce que tu lis ?

– Hum ?

– Qu'est-ce que tu lis ? Ça parle de quoi ?

Quand j'avais enfin réussi à attirer son attention, elle m'expliquait ce que racontait son livre. Elle lisait la plupart du temps des romans sentimentaux où, après plusieurs ruptures et malentendus, un homme et une femme finissaient par s'embrasser. Ayant toute ma vie adoré les histoires, je prenais grand plaisir à ces moments-là ; je restais assise, fascinée, tandis qu'elle me narrait toute l'intrigue en détail avec de grands gestes, les yeux brillants. En l'écoutant, j'avais très envie d'apprendre à lire afin de pouvoir profiter de ces histoires quand je le voudrais.

L'oncle Abdullah, le frère de Maman et de tante Maruim qui vivait avec nous, était venu à Londres pour suivre des cours à l'université. Un jour, il m'a demandé si je voulais aller à l'école.

– Tu sais, Waris, il faut que tu apprennes à lire ; si tu veux, je peux t'aider.

Il m'a indiqué où se trouvait l'école, quels étaient les horaires des cours, et surtout il m'a appris qu'il n'y avait rien à payer. L'idée que je pouvais étudier ne me serait jamais venue à l'esprit. Mon oncle me donnait chaque mois un peu d'argent de poche, mais certainement pas suffisamment pour m'offrir des cours. Très excitée par cette perspective, je suis allée voir tante Maruim et je lui ai dit que j'aimerais apprendre à lire, à écrire et à parler l'anglais. Je vivais à Londres, mais à la maison nous ne parlions que le somali et, n'ayant aucun contact avec le monde extérieur, je ne connaissais que quelques mots d'anglais.

Tante Maruim m'a répondu :

– Bon, je vais y réfléchir.

Mais lorsqu'elle en a parlé à l'oncle Mohammed, il a refusé. Je ne cessais de la harceler, mais elle ne voulait rien faire contre la volonté de son mari. J'ai finalement décidé de me passer de leur permission. Les cours avaient lieu le soir, trois fois par semaine, de neuf heures à onze heures. La première fois, oncle Abdullah a accepté de m'accompagner. J'avais alors quinze ans et je n'étais jamais entrée dans une salle de classe. Il y avait beaucoup de gens de tous les âges et de tous les coins du monde. Par la suite, un vieux monsieur italien venait me chercher chaque fois que je me glissais hors de la maison de mon oncle et il me raccompagnait après les cours. J'étais si avide d'apprendre que le professeur m'a dit :

– Waris, vous êtes une bonne élève, mais n'allez pas trop vite.

J'ai appris l'alphabet et je commençais à connaître les rudiments de l'anglais quand mon oncle s'est aperçu que je sortais le soir. Il était furieux que je lui aie désobéi et m'a interdit de retourner à l'école après seulement deux semaines de cours.

J'ai alors emprunté les livres de ma cousine pour essayer d'apprendre à lire toute seule. Je n'avais pas la permission de regarder la télévision avec le reste de la famille, mais quelquefois je traînais derrière la porte pour saisir deux ou trois mots d'anglais et me familiariser avec cette langue.

La routine a repris jusqu'au jour où tante Maruim m'a appelée alors que je faisais le ménage :

– Waris, tu descendras lorsque tu auras fini. J'ai quelque chose à te dire.

J'ai fait les lits et, une fois mon travail terminé, j'ai rejoint ma tante qui se tenait dans le séjour, près de la cheminée.

– J'ai reçu un coup de téléphone de Mogadiscio aujourd'hui. Ah... quel est le nom de ton petit frère ?

– Ali ?

– Non, le plus jeune, celui aux cheveux gris.

– Vieil Homme ? Vous voulez parler de Vieil Homme ?

– Oui, de Vieil Homme et d'Aman, ta sœur aînée. Je suis désolée. Ils sont morts tous les deux.

J'avais du mal à croire ce que je venais d'entendre. J'ai observé le visage de tante Maruim, pensant qu'elle plaisantait, ou plutôt qu'elle était en colère contre moi et essayait de me punir en me racontant cette horrible histoire. Mais son visage était totalement inexpressif, ne laissant rien paraître qui aurait pu me donner une indication. Elle devait donc être sérieuse, mais comment croire une chose pareille ? Je suis restée figée sur place, incapable de faire le moindre mouvement jusqu'à ce que, mes jambes se dérobant, je sois obligée de m'asseoir sur le divan blanc. Je n'ai même pas songé à demander ce qui s'était passé. Ma tante a sans doute dû me parler, m'expliquer comment cette affreuse chose était arrivée, mais je n'entendais rien, sinon une voix qui hurlait dans mes oreilles. Hébétée, marchant comme un zombie, je suis montée dans ma chambre, au quatrième étage.

J'ai passé là le reste de la journée, bouleversée, allongée

sur mon lit, dans la minuscule chambre sous les toits que je partageais avec ma cousine Shukree. Vieil Homme et Aman, morts tous les deux ! C'était impossible ! Je m'étais enfuie, sans saisir la chance qui m'était offerte de passer un peu de temps avec eux, et à présent je ne les reverrais plus jamais, ni l'un ni l'autre. Aman, la plus forte d'entre nous ; Vieil homme, le plus sage. Comment pouvaient-ils être morts ? Et s'ils l'étaient vraiment, qu'est-ce que cela signifiait pour nous qui n'avions ni leur force ni leur sagesse ?

Ce soir-là, j'ai décidé que je ne voulais plus souffrir. Depuis le matin où j'avais fui mon père, rien dans ma vie ne s'était passé comme je l'avais espéré. Deux ans plus tard, ma famille me manquait terriblement, et je ne pouvais pas supporter l'idée que mon frère et ma sœur aient disparu pour toujours. Je suis descendue dans la cuisine, j'ai ouvert un tiroir pour y prendre un couteau bien aiguisé, et je suis remontée dans ma chambre. Mais tandis que j'étais allongée, m'efforçant de trouver le courage de m'ouvrir les veines, je ne cessais de penser à ma mère. Pauvre Maman... je venais de perdre deux êtres chers, elle risquait d'en perdre trois. Cela me semblait injuste pour elle. J'ai reposé le couteau sur la table de nuit, à côté de mon lit. Je l'avais oublié quand, un peu plus tard, Basma est venue me voir. Effarée, elle m'a dit :

– Qu'est-ce que tu veux faire avec ça ?

Je n'ai même pas essayé de répondre, et Basma est sortie en emportant le couteau.

Quelques jours plus tard, ma tante m'a appelée :

– Waris, descends !

Je n'ai pas bougé, feignant de ne pas avoir entendu. Elle a crié :

– Waris ! Veux-tu venir !

Je suis descendue et je l'ai vue qui m'attendait au pied de l'escalier.

– Dépêche-toi, un appel pour toi.

Cette nouvelle m'a sidérée parce que personne ne m'avait jamais téléphoné. En fait, je ne m'étais même jamais servie d'un téléphone. J'ai murmuré :

– Pour moi ?

– Oui, viens vite répondre, prends l'appareil !

J'ai saisi le combiné et je l'ai regardé comme s'il allait me mordre. En le tenant à une trentaine de centimètres de mon oreille, j'ai chuchoté :

– Oui ?

– Parle... Parle dans l'appareil !

Levant les yeux au ciel, elle a mis le combiné dans la bonne position et l'a collé contre mon oreille.

– Allô...

J'ai alors entendu quelque chose d'étonnant : la voix de ma mère.

– Maman ! Maman ? Oh, mon Dieu, c'est vraiment toi ?

Un sourire a éclairé mon visage, le premier depuis longtemps.

– Maman, est-ce que ça va ?

– Non, et j'ai vraiment été très mal...

Elle m'a raconté qu'après la mort d'Aman et de Vieil Homme, elle avait failli devenir folle. J'ai été heureuse de ne pas avoir ajouté à son chagrin en me tuant. Elle s'était enfuie dans le désert pour être seule, ne voir personne, ne parler à personne. Puis elle s'était rendue à Mogadiscio, toujours seule, auprès de sa famille. Elle était en ce moment chez tante Sahru, d'où elle m'appelait.

Elle a essayé de m'expliquer ce qui s'était passé, mais je n'arrivais toujours pas à comprendre. Vieil Homme était tombé malade. Bien sûr, menant une existence de nomade dans le désert, Maman n'avait pas pu faire appel à un médecin. Tout le monde ignorait de quoi souffrait Vieil Homme, et personne ne savait quoi faire. Chez nous, il n'existe qu'une alternative : vivre ou mourir, rien d'autre. Tant qu'on est vivant, tout va bien ; personne ne se soucie beaucoup de la maladie puisque sans docteur ni médicaments il n'y a pas grand-chose à faire. Lorsque quelqu'un meurt, c'est bien aussi, car la vie continue pour les autres. Nous obéissons toujours à la philosophie du *Inch'Allah*, « si Dieu le veut ». Nous acceptons la vie comme un cadeau, et la mort comme l'incontestable volonté de Dieu.

Mais quand Vieil Homme était tombé malade, mes parents avaient eu vraiment très peur car ce n'était pas un enfant ordinaire. Impuissante, Maman avait fait parvenir un message à Aman, lui demandant son aide. Ma sœur avait toujours été la plus forte d'entre nous, elle saurait quoi faire. Et Maman avait eu raison car Aman était venue à pied de Mogadiscio pour chercher Vieil Homme et l'emmener chez le médecin. J'ignore où ma famille campait à ce moment-là et à quelle distance elle se trouvait de la capitale. Mais en envoyant son message, Maman ne pouvait pas savoir qu'Aman était enceinte de huit mois. Vieil Homme était mort dans ses bras tandis qu'elle l'emmenait vers l'hôpital. Terriblement bouleversée, Aman était morte quelques jours plus tard, et son bébé aussi. Je n'ai jamais vraiment su où ils se trouvaient à ce moment-là, mais en apprenant la nouvelle, Maman, dont la résistance avait toujours été inébranlable, s'était effondrée. Elle était le lien qui unissait toute notre famille, et j'ai eu beaucoup de peine en pensant à ce que devait être la vie de ceux qui restaient. Plus que tout, j'étais désespérée d'être bloquée à Londres et incapable d'aider ma mère au moment où elle en avait le plus besoin.

Pourtant, la vie a continué pour nous tous, et de mon côté, à Londres, j'essayais d'en profiter le plus possible. Je m'acquittais de mes travaux ménagers et plaisantais avec mes cousins et les amis qui venaient leur rendre visite.

Un soir, j'ai fait appel à Basma afin qu'elle m'aide pour ma première « présentation de mode ». Depuis mon arrivée à Londres, mon attirance pour les vêtements n'avait cessé de croître. Je ne tenais pas particulièrement à en posséder, mais je trouvais amusant de les essayer. C'était un peu comme jouer la comédie ; je pouvais prétendre être quelqu'un d'autre. Alors que toute la famille regardait la télévision, je me suis glissée dans la chambre de l'oncle Mohammed et j'ai fermé la porte. J'ai sorti de l'armoire l'un de ses plus beaux costumes, en laine, à rayures bleu marine. Je l'ai étalé sur le lit, ainsi qu'une chemise blanche, une cravate en soie, des chaussettes sombres, d'élégantes chaussures anglaises noires et un chapeau feutre. J'ai ensuite enfilé le tout, m'efforçant de nouer la cravate comme j'avais vu mon oncle le faire, puis j'ai enfoncé le chapeau sur mes yeux. Ainsi vêtue, je suis allée voir Basma. Elle s'est tordue de rire.

– Va dire à ton père qu'un monsieur veut le voir.

– Ce sont ses vêtements ? Oh, mon Dieu, il va te tuer...

– Vas-y, fais-le !

Je l'ai suivie et je suis restée dans le vestibule, tendant l'oreille et attendant le bon moment pour faire mon entrée.

– Papa, il y a un monsieur qui désire te voir.

– A cette heure-ci ?

L'oncle Mohammed ne paraissait pas très content.

– Qui est-ce ? Tu l'as déjà vu ? Que veut-il ?

Basma a balbutié :

– Je, euh... Je ne sais pas... Je crois... je crois que tu le connais !

– Bien, dis-lui...

– Pourquoi ne pas le recevoir ? Il est juste là, derrière la porte.

Lassé, mon oncle a fini par accepter :

– D'accord...

C'était le signal que j'attendais. J'ai rabattu mon chapeau sur les yeux, enfoncé mes mains dans les poches, et je suis entrée dans la pièce d'un pas décidé en lançant d'une voix de baryton :

– Salut ! Vous ne vous rappelez pas de moi ?

Mon oncle a écarquillé les yeux et s'est baissé pour voir le visage qui se dissimulait sous le chapeau. Quand il m'a reconnue, il a éclaté de rire. Ma tante et tous les autres membres de la famille ont eux aussi hurlé de rire.

L'oncle Mohammed a agité le doigt dans ma direction :

– Est-ce que je t'ai donné la permission de...

– Oh, il fallait que j'essaie, mon oncle. C'est drôle, non ?

– Oh, Allah !

J'ai réitéré cet exploit à plusieurs reprises, attendant toujours suffisamment longtemps entre mes apparitions pour éviter que mon oncle ne se méfie. Il me disait invariablement :

– Ça suffit à présent, Waris. Je ne veux pas que tu mettes mes vêtements, d'accord ? N'y touche plus !

Je savais qu'il parlait sérieusement, mais il trouvait pourtant cela amusant. Plus tard, je l'ai entendu raconter en riant à des amis :

– Elle est allée dans ma chambre et a passé mes vêtements. Puis Basma est venue me dire : « Papa, il y a un monsieur qui veut te voir. » Elle est alors entrée, vêtue de mes affaires de la tête aux pieds. Vous auriez dû voir ça...

Ma tante a dit que ses amies pensaient que je devrais peut-être essayer d'être mannequin, mais elle leur avait répondu :

– Nous ne faisons pas ce genre de chose. Nous sommes somaliens et musulmans, vous comprenez...

Cependant, elle ne semblait pas désapprouver la carrière de mannequin d'Iman, la fille de sa vieille amie. Ma tante connaissait la mère d'Iman depuis de longues années, et chaque fois que sa fille ou elle venaient à Londres, tante Maruim insistait pour qu'elles habitent à la maison. C'était en surprenant les conversations d'Iman et de mon oncle ou de ma tante que j'avais entendu parler pour la première fois du métier de modèle.

J'avais découpé plusieurs photos d'Iman dans des magazines que me donnait ma cousine, et je les avais collées au mur de ma petite chambre. Puisqu'elle était somalienne et pouvait faire ce métier, pourquoi pas moi ?

Chaque fois qu'Iman venait, j'essayais désespérément de trouver un moment favorable pour lui parler. Je voulais lui demander comment faire pour être mannequin. Si je savais à peine ce que signifiait « être mannequin », j'ignorais totalement comment on le devenait. Mais à chacune de ses visites, Iman passait la soirée à discuter avec mon oncle et ma tante qui n'auraient certainement pas apprécié que j'interrompe leur conversation pour poser une question pareille. Un soir, enfin, l'occasion s'est présentée. Iman lisait dans sa chambre, et je suis allée frapper à sa porte :

– Est-ce que je peux vous apporter quelque chose avant que vous ne vous endormiez ?

– Oui, j'aimerais une infusion.

Je suis vite descendue à la cuisine. En remontant, j'ai posé mon plateau sur la table de nuit et je me suis lancée :

– Vous savez, j'ai beaucoup de photos de vous dans ma chambre.

J'entendais le tic-tac du réveil et je me sentais parfaitement idiote.

– J'aimerais bien être mannequin moi aussi... Est-ce que c'est très difficile ?... Comment avez-vous commencé ?

Elle a continué à feuilleter son magazine, feignant de ne pas m'entendre. Je ne sais pas ce que j'attendais qu'elle me réponde, j'espérais peut-être qu'elle me transformerait en Cendrillon d'un coup de baguette magique. Mais mon rêve de devenir mannequin était totalement abstrait, et cette idée me semblait si saugrenue que je n'y pensais pas souvent. Après ce soir-là, j'ai repris mes corvées, me concentrant sur mon travail quotidien : petit déjeuner, vaisselle et ménage.

Cela faisait deux ans que je vivais à Londres et je devais avoir environ seize ans. Je m'étais suffisamment adaptée à la vie occidentale pour savoir que nous étions en 1983.

Cet été-là, une sœur de l'oncle Mohammed est morte en Allemagne, laissant une petite fille. Sophie est venue vivre avec nous, et mon oncle l'a inscrite à la All Souls Church School. Chaque matin, en plus de mon travail quotidien, j'accompagnais Sophie à l'école qui se trouvait à quelques rues de là.

Un jour, nous nous dirigions tranquillement vers le vieux bâtiment de brique quand j'ai remarqué un homme étrange qui me regardait. C'était un Blanc d'une quarantaine d'années coiffé avec une queue de cheval. Il m'observait sans se cacher et avait l'air assez sûr de lui. Après avoir quitté Sophie à la porte de l'école, il est venu vers moi et m'a parlé. Je ne comprenais pas l'anglais et je n'avais pas la moindre idée de ce qu'il me racontait. Effrayée, sans même lui jeter un regard, j'ai couru jusqu'à la maison. Le même manège s'est répété souvent : je quittais Sophie, l'homme à la queue de cheval m'attendait, essayait de me parler, et je m'enfuyais.

L'après-midi, lorsque j'allais chercher Sophie, elle me parlait souvent d'une nouvelle amie, une petite fille de sa classe, mais cela ne m'intéressait pas vraiment. Un jour que j'étais arrivée un peu en retard, Sophie m'attendait devant l'école en compagnie d'une autre fillette. Elle m'a dit fièrement :

– Waris, c'est mon amie !

A côté d'elles se tenait l'homme à la queue de cheval, celui qui m'ennuyait obstinément depuis presque un an.

Sans le quitter des yeux, j'ai dit vivement à Sophie :

– Viens vite, partons !

Mais l'homme s'est penché vers elle et lui a murmuré

quelque chose à l'oreille. Sophie comprenait l'anglais, l'allemand et le somali. Je lui ai pris la main :

– Allons, Sophie, viens ! Ne restons pas à côté de cet homme.

Elle s'est tournée vers moi et m'a répondu en riant :

– Il veut savoir si tu parles l'anglais !

Elle a secoué la tête en le regardant, et il lui a dit quelques mots que Sophie m'a aussitôt traduits :

– Il veut te demander quelque chose.

J'ai répondu, hautaine :

– Dis-lui que je refuse de lui parler. Il peut partir. Il peut aller...

J'ai préféré ne pas finir ma phrase parce que sa fille nous écoutait, et Sophie aurait immédiatement traduit mes paroles.

– Oublie ça ! Viens, partons maintenant.

Et, l'attrapant par la main, je l'ai entraînée.

Un matin, peu de temps après cette rencontre, alors que j'avais accompagné Sophie à l'école comme d'habitude, que j'étais rentrée à la maison et que je me trouvais au premier étage, en train de faire le ménage, on a sonné à la porte d'entrée. Je descendais déjà les escaliers, quand tante Maruim est allée ouvrir. Cachée derrière la rampe, j'avais du mal à croire ce que je voyais : M. Queue-de-cheval se tenait sur le pas de la porte. Il devait m'avoir suivie. J'ai tout de suite pensé qu'il était venu raconter des histoires à ma tante, lui dire par exemple que j'avais fait quelque chose de mal : volé, flirté ou même couché avec lui. Ils ont parlé un moment, et j'ai vu que tante Maruim avait l'air furieuse.

En remontant les escaliers, je me sentais malade et je

me demandais ce qu'il pouvait bien lui dire mais, très vite, j'ai entendu la porte d'entrée claquer. Je me suis précipitée vers ma tante qui partait comme une flèche en direction de la cuisine.

– Qui était cet homme ?

– Je ne sais pas. Il m'a dit qu'il t'avait suivie et m'a raconté une histoire absurde... il voulait prendre une photo de toi.

Elle m'a observée attentivement.

– Ma tante, je ne lui ai pas dit de faire ça ! Je ne lui ai jamais parlé...

– Je le sais, et c'est pourquoi il est venu ici. Retourne travailler et ne pense plus à tout ça. Je me suis occupée de lui.

Elle s'est éloignée, refusant de me donner plus de détails sur leur conversation, mais le fait de la voir tellement en colère m'a fait croire que cet homme avait de mauvaises intentions. J'étais bouleversée, et je n'ai plus reparlé de cet incident.

A partir de ce moment-là, l'homme à la queue de cheval ne m'a plus adressé la parole. Quand je le rencontrais devant l'école, il se contentait de me sourire poliment et s'éloignait. Pourtant, un jour, alors que je venais chercher Sophie, il m'a fait sursauter en apparaissant soudain à côté de moi, et m'a tendu une carte. Sans cesser de le dévisager, j'ai enfoui ce bout de papier au fond de ma poche. Je l'ai regardé faire demi-tour, puis je l'ai insulté en somali :

– Tire-toi, vicieux, espèce de sale cochon !

En arrivant à la maison, j'ai vite grimpé les escaliers et je me suis précipitée au dernier étage. Tous les enfants dormaient là, c'était notre sanctuaire, loin des adultes. Je me suis rendue dans la chambre de Basma, interrompant, comme d'habitude, sa lecture, et je lui ai dit en tirant la carte de ma poche :

– Tu te souviens de l'homme dont je t'ai parlé, celui qui m'ennuyait toujours et m'a suivie jusqu'ici ? Il m'a donné ça aujourd'hui. Qu'est-ce qu'il y a d'écrit ?

– Il s'appelle Malcolm Fairchild, et il est photographe.

– Photographe ?

– Il prend des photos !

– Oui, mais quel genre de photos ?

– Sur la carte il y a écrit : « photographe de mode ».

– Photographe de mode ! Tu veux dire qu'il photographie des vêtements ? Il voudrait prendre des photos de moi portant des vêtements ?

– Je ne sais pas, Waris, je n'en sais rien.

J'ai compris que je l'ennuyais et qu'elle aurait aimé reprendre sa lecture. En la quittant, je suis allée cacher la carte dans ma chambre. Une petite voix me disait de la garder bien soigneusement.

Ma cousine Basma était la seule à me donner des conseils, et elle était toujours là lorsque j'avais besoin d'elle. Je ne lui ai jamais été aussi reconnaissante que quand elle m'a aidée à régler mon problème avec son frère Haji.

Haji, le fils cadet de mon oncle, était âgé de vingt-quatre ans. Tout le monde le trouvait très brillant et, comme l'oncle Abdullah, il était inscrit à l'université de Londres. Il s'était toujours montré très amical envers moi. Lorsque je faisais le ménage, il me disait :

– Hé, Waris, tu as fini la salle de bains ?

– Non, mais si tu veux, vas-y, je la nettoierai plus tard.

– Oh, non ! Je voulais simplement savoir si tu avais besoin d'aide.

Ou bien alors il me demandait :

– Je descends chercher à boire. Tu veux quelque chose ?

J'étais très heureuse que mon cousin se montre gentil envers moi. Nous discutions et plaisantions souvent ensemble.

Quelquefois, lorsque je sortais de la salle de bains, il me barrait le passage, je me baissais, et il en faisait autant. Quand je le repoussais en criant : « Écarte-toi de mon chemin, gros lourdaud ! » il éclatait de rire. Ces petits jeux se répétaient, et même si je m'efforçais de les prendre pour des plaisanteries un peu stupides, j'étais gênée. Quelque chose dans son comportement me rendait nerveuse. Il me regardait curieusement, avec des yeux rêveurs, ou s'approchait un peu trop de moi. Quand je me sentais mal à l'aise en sa présence, je me disais : « Allons, Waris, Haji est comme un frère pour toi ; ce que tu imagines là est dégoûtant. »

Un jour, en quittant la salle de bains avec mon seau et mes chiffons, je l'ai trouvé sur le pas de la porte. Il m'a attrapé le bras et s'est collé contre moi, son visage à un cheveu du mien. Je me suis mise à rire nerveusement :

– Qu'est-ce qui te prend ?

– Oh, rien, rien !

Il m'a aussitôt lâchée. Je me suis éloignée avec mon seau, très naturellement, mais mon esprit tournait à toute vitesse et, à partir de ce moment-là, je ne me suis plus posé de questions : j'ai su qu'il se passait entre nous quelque chose de pas très clair.

La nuit suivante, je dormais dans ma chambre ; ma cousine Shukree, la jeune sœur de Basma, était couchée à côté de moi, dans son lit. J'ai le sommeil très léger et, vers trois heures du matin, j'ai entendu quelqu'un grimper les escaliers. J'ai pensé que ce devait être Haji puisque sa chambre se trouvait de l'autre côté du palier. Il venait juste de rentrer à la maison et, à la façon dont il trébuchait, j'ai compris qu'il avait bu. Mon oncle ne tolérait pas ce genre de comportement sous son toit ; personne ne rentrait à cette heure-là, et encore moins ivre. Notre famille étant musulmane, la consommation d'alcool était totalement interdite. Je suppose que Haji se jugeait suffisamment âgé pour être un homme libre et faire ses propres expériences.

La porte de la chambre s'est ouverte doucement, et j'ai senti mon corps se raidir. Nos deux lits étaient posés sur une petite plate-forme, et il fallait monter deux marches pour les atteindre. J'ai vu Haji s'avancer sur la pointe des pieds pour ne pas réveiller ma cousine dont le lit était le plus proche de la porte. Il a raté une marche, trébuché, puis a continué à quatre pattes vers mon lit. Je l'ai vu tendre le cou pour essayer de me voir dans le noir. Il murmurait :

– Hé, Waris... Waris...

Son haleine empestait l'alcool, confirmant mon impression. Je suis restée totalement immobile dans le noir, feignant de dormir. Il a tendu la main et l'a promenée sur l'oreiller. J'ai pensé : « Oh, mon Dieu, faites que ça n'arrive pas ! » Je me suis tournée sur le côté en grommelant comme si je rêvais, espérant faire suffisamment de bruit pour réveiller Shukree. Alors Haji s'est découragé, et il est retourné silencieusement dans sa chambre.

Le lendemain, je suis allée voir Basma.

– J'ai besoin de te parler.

En voyant mon expression de panique, elle a tout de suite compris qu'il ne s'agissait pas d'une visite ordinaire, pour passer le temps.

– Entre et ferme la porte.

– C'est ton frère, Haji...

Je ne savais pas comment le lui dire et j'ai prié pour qu'elle me croie. Elle a paru inquiète :

– Qu'est-ce qui se passe ?

– Il est venu dans ma chambre hier, à trois heures du matin.

– Qu'est-ce qu'il t'a fait ?

– Il a essayé de me caresser le visage, et il murmurait mon nom.

– Oh, non ! Tu en es sûre ? Tu n'as pas rêvé ?

– Je vois bien la façon dont il me regarde quand je suis seule avec lui ! Je ne sais pas quoi faire.

– Merde, oh, merde ! Prends une batte de cricket et cache-la sous ton lit. Ou un balai... Non, prends plutôt un rouleau à pâtisserie dans la cuisine, mets-le sous ton lit et quand il viendra, file-lui un grand coup sur la tête. Et puis mets-toi à hurler. Hurle de toutes tes forces pour que tout le monde entende.

Dieu merci, cette fille était vraiment de mon côté.

Toute la journée, j'ai prié intérieurement : « Ne m'obligez pas à faire une chose pareille. S'il vous plaît, faites qu'il ne vienne pas... »

Je ne voulais pas faire d'histoires. J'avais peur que Haji raconte des mensonges à ses parents pour expliquer sa conduite, et qu'ils me jettent dehors. J'aurais voulu que tout s'arrête : plus de plaisanteries, plus de visites nocturnes, plus de mains baladeuses. Je savais où cela nous mènerait. Pourtant mon instinct me disait d'être prête à me battre au cas où ma prière ne serait pas exaucée.

Ce soir-là, je suis descendue à la cuisine, j'ai pris le rouleau à pâtisserie et, une fois dans ma chambre, je l'ai caché sous mon lit. Plus tard, quand ma cousine a été endormie, je l'ai mis à côté de moi, et j'ai gardé la main crispée dessus. Répétant ses prouesses de la veille, Haji est rentré vers trois heures du matin. Il s'est arrêté dans l'embrasure de la porte et les lumières du palier ont fait briller ses lunettes. J'étais étendue, un œil ouvert, et je le surveillais. Il s'est approché de mon lit, s'est penché sur l'oreiller et m'a tapoté le bras. Son haleine empestait tellement le scotch que j'en ai eu un haut-le-cœur, mais je n'ai pas bougé d'un centimètre. Il s'est ensuite agenouillé, a tâtonné un moment avant de glisser sa main sous les couvertures, atteignant ma jambe et remontant ensuite le long de ma cuisse jusqu'à mon slip.

Je me disais : « Il faut que je casse ses lunettes, pour qu'il y ait une preuve qu'il était bien dans ma chambre. » J'ai serré le rouleau à pâtisserie et je lui en ai donné un bon coup sur la figure. J'ai entendu un bruit affreux, puis je me suis mise à hurler :

– Sors de ma chambre, espèce de salaud !

Shukree s'est assise sur son lit en criant :

– Qu'est-ce qu'il y a ?

Quelques secondes plus tard, j'ai entendu des gens courir partout dans la maison. Je lui avais cassé ses lunettes, et Haji ne voyait plus rien ; il a dû marcher à quatre pattes jusqu'à sa chambre. Il s'est couché tout habillé, feignant de dormir.

Basma est arrivée et a allumé la lumière. Elle était complice, mais elle a fait semblant de tout ignorer :

– Qu'est-ce qui se passe ici ?

Shukree lui a expliqué :

– Haji était là, il marchait à quatre pattes.

Quand tante Maruim est entrée dans la chambre, serrant son peignoir autour d'elle, je me suis mise à crier :

– Il était là ! Il était dans la chambre, et il est venu hier aussi ! Je l'ai frappé !

J'ai montré les lunettes cassées à côté de mon lit.

Ma tante a dit sèchement :

– Chut... Je ne veux rien entendre, pas maintenant. Retournez dans vos chambres ; allez vous coucher.

10

Enfin libre

Après la nuit où j'avais assené un bon coup de rouleau à pâtisserie sur la tête de Haji, personne dans la maison n'a fait allusion à l'incident. J'aurais pu penser que ces visites nocturnes n'avaient été qu'un mauvais rêve, s'il n'y avait eu cet énorme changement : quand je croisais Haji dans le hall, son regard n'était plus chargé de désir, mais de haine à l'état pur. Grâce à Dieu, mes prières allaient être exaucées, et cette désagréable période de ma vie touchait à sa fin ; mais j'eus bientôt d'autres raisons de m'inquiéter.

L'oncle Mohammed nous a annoncé que nous devions repartir pour la Somalie quelques semaines plus tard. Ses quatre années à l'ambassade étant terminées, nous allions rentrer chez nous. A notre arrivée, j'avais eu l'impression que ces quatre ans dureraient une éternité, mais à présent je ne pouvais pas croire que le temps avait passé si vite. Je n'étais pas très heureuse à l'idée de retourner en Somalie. Comme tous les Africains vivant dans un pays riche tel que l'Angleterre, j'avais rêvé de revenir chez moi fortune faite. Dans un pays aussi pauvre que le mien, les gens cherchent constamment une porte de sortie, un moyen d'émigrer en Arabie Saoudite, en Europe ou aux États-Unis, afin de gagner un peu d'argent pour aider leur famille sans ressources.

Et voilà que j'étais sur le point de rentrer chez moi sans rien, après quatre années passées à l'étranger. Que dire à ma mère, à mon retour ? Que j'avais appris à cuisiner les pâtes ? Là-bas, en gardant mon troupeau de chameaux, je ne verrais probablement plus jamais de pâtes. Est-ce que je dirais à mon père que je savais récurer des toilettes ? Il me répondrait : « Quoi ? Qu'est-ce que c'est, des toilettes ? » Alors que l'argent, c'était quelque chose qu'il pouvait comprendre – un langage universel – et ma famille n'en avait jamais eu beaucoup.

Au moment où mon oncle et ma tante furent sur le point de rentrer en Somalie, je n'avais réussi à économiser qu'une misère sur mes gages de domestique, ce qui n'avait pas été facile vu la minceur de mon salaire. J'avais rêvé de mettre suffisamment d'argent de côté pour acheter une maison à ma mère, un endroit où elle pourrait vivre sans avoir à se déplacer constamment, ni à travailler aussi dur pour survivre. Ce n'était pas une idée si farfelue que ça : étant donné le taux de change, il était possible de trouver une maison en Somalie pour deux mille dollars. Pour y parvenir, je voulais demeurer en Angleterre et gagner un peu plus d'argent. Si je partais, je ne pourrais certainement pas revenir. Mais comment réussir à rester, je n'en savais rien. J'étais persuadée que les choses s'arrangeraient une fois que je ne serais plus obligée de travailler comme une esclave pour mon oncle et ma tante. Bien sûr, ils n'ont pas été d'accord.

– Qu'est-ce que tu pourrais bien faire ici ? s'est exclamée

ma tante. Une jeune fille de dix-huit ans, sans logement, sans argent, sans travail, sans permis de travail, et qui ne parle pas l'anglais ! C'est ridicule ! Tu rentres avec nous.

L'oncle Mohammed nous avait prévenus longtemps à l'avance de la date et de l'heure de l'avion pour Mogadiscio, et nous avait demandé de nous assurer que nos passeports étaient bien en règle. C'est ce que j'ai fait ; je suis descendue à la cuisine et j'ai enveloppé le mien dans un sac en plastique avant d'aller l'enterrer dans le jardin.

J'ai attendu la veille du départ pour annoncer que je ne retrouvais plus mon passeport. Mon plan était simple : sans passeport, ils ne pourraient pas m'emmener avec eux. Flairant quelque chose de louche, mon oncle m'a demandé :

– Eh bien, Waris, où pourrait être ton passeport ? Où es-tu allée ? Où l'aurais-tu oublié ?

Il connaissait manifestement les réponses à ces questions, dans la mesure où je n'avais pratiquement pas quitté la maison pendant quatre ans.

– Je n'en sais rien. Je l'ai peut-être jeté à la poubelle en faisant le ménage.

Je m'efforçais de garder mon sérieux. Il était encore ambassadeur et pouvait m'aider s'il le voulait. J'espérais qu'il réaliserait à quel point j'avais envie de rester, qu'il ne me forcerait pas à rentrer, mais m'aiderait au contraire à obtenir un visa.

– Alors, Waris, qu'allons-nous faire ? Nous ne pouvons tout de même pas te laisser là !

Il était furieux que je l'aie mis dans cette situation. Pendant les vingt-quatre heures qui ont suivi, nous avons joué à la guerre des nerfs, attendant de voir qui céderait le premier. Je soutenais que j'avais perdu mon passeport, il continuait d'affirmer qu'il ne pouvait rien faire pour moi.

Tante Maruim avait sa petite idée :

– Nous allons te ficeler, te mettre dans un sac, et te faire passer en fraude ! Il y a des tas de gens qui le font !

Sa menace m'a alarmée. J'ai dit calmement :

– Si vous faites ça, je ne vous le pardonnerai jamais. Écoutez, laissez-moi ici. Je me débrouillerai.

– Oui, oui, tu te débrouilleras, a-t-elle répondu sur un ton sarcastique. Non, tu ne vas pas te débrouiller.

J'ai lu sur son visage qu'elle était très inquiète, mais l'était-elle suffisamment pour m'aider ? Elle avait un tas d'amis à Londres et mon oncle avait toutes ses relations de l'ambassade. Il leur aurait suffi d'un coup de téléphone pour me procurer un moyen de survie ; mais tant qu'ils penseraient avoir une chance de me convaincre de rentrer en Somalie, je savais qu'ils ne se donneraient pas cette peine.

Le lendemain matin, les quatre étages de la maison étaient un véritable chaos. Tout le monde était occupé à faire les bagages, le téléphone sonnait et une foule de gens n'arrêtaient pas d'entrer et de sortir précipitamment. Au dernier étage, je me préparais à quitter ma petite chambre sous les toits, fourrant dans un sac bon marché les quelques affaires que j'avais acquises durant mon séjour en Angleterre. J'ai fini par jeter à la poubelle la plupart de mes vêtements d'occasion, décidant qu'ils étaient trop moches et faisaient trop démodés. Pourquoi traîner avec moi un ballot de vieilles frusques ? J'étais encore une nomade, je n'emporterais qu'un sac léger.

A onze heures, nous nous sommes tous rassemblés au salon tandis que le chauffeur chargeait les bagages dans la voiture. Tout cela me rappelait le jour de mon arrivée, il y avait si longtemps : le chauffeur, la voiture ; j'étais entrée dans cette même pièce, j'avais découvert le divan blanc et la cheminée, et fait la connaissance de ma tante. Ce matin-là, ce matin gris, j'avais vu la neige tomber pour la première fois. Tout dans ce pays me paraissait alors si bizarre.

J'ai accompagné ma tante Maruim jusqu'à la voiture. Elle a murmuré, affligée :

– Qu'est-ce que je vais dire à ta mère ?

– Dites-lui que je vais bien et qu'elle aura bientôt de mes nouvelles.

Elle a secoué la tête avant de monter dans la voiture. Je suis restée sur le trottoir, leur faisant au revoir de la main, puis je me suis avancée jusqu'au milieu de la rue pour regarder la voiture s'éloigner et disparaître.

Je n'ai pas l'intention de mentir : j'avais peur. Jusque-là, je ne pensais pas réellement qu'ils me laisseraient comme ça, livrée à moi-même. Mais là, au beau milieu de Harley Street, je me retrouvais vraiment toute seule. Malgré tout, je n'en veux pas à mon oncle et à ma tante, je les considère toujours comme ma famille. Ils m'ont donné ma chance en m'emmenant à Londres, et je leur en serai éternellement reconnaissante. Quand ils sont partis, je pense qu'ils se sont dit : « Si tu veux rester, c'est l'occasion ou jamais. Vas-y, fais ce qui te plaît. Mais nous n'avons pas l'intention de te faciliter les choses, parce que nous pensons que tu devrais rentrer avec nous. » A leurs yeux, c'était une honte pour une jeune fille de vivre seule en Angleterre. Quoi qu'il en soit, j'avais pris ma décision, et puisque j'avais choisi de rester, il fallait que je l'assume.

Luttant contre le sentiment de panique qui menaçait de me submerger, je suis rentrée dans la maison. J'ai refermé la porte d'entrée et je suis allée dans la cuisine pour parler à la seule personne qui était encore là : mon vieil « ami » le chef cuisinier. Il m'a accueillie très froidement :

– Vous devez partir aujourd'hui, vous savez. Je suis le seul à rester. Il faut vous en aller, a-t-il ajouté en me montrant la porte.

Mon oncle venait à peine de partir que déjà il s'en prenait à moi. Son air suffisant montrait à l'évidence qu'il éprouvait beaucoup de plaisir à me donner des ordres. Je suis restée un instant appuyée contre le chambranle de la porte, à me dire que la maison était vraiment calme maintenant que tout le monde s'en était allé.

– Waris, vous devez partir à présent. Je veux que vous fichiez le camp...

– Oh, la ferme ! Je m'en vais. D'accord ? Je suis juste revenue prendre mon sac.

Il est devenu odieux, et s'est mis à aboyer comme un chien :

– Dépêche-toi d'aller le chercher. Vite. Grouille-toi, il faut que...

J'étais déjà en train de monter les escaliers, ne prêtant plus attention à ses aboiements. Mon oncle était parti, et jusqu'à l'arrivée du nouvel ambassadeur, il était le maître des lieux. J'ai erré dans les pièces vides, pensant aux bons et aux mauvais moments que j'avais passés là, me demandant où j'allais habiter désormais.

J'ai pris mon sac et, après avoir jeté mon duffle-coat sur mes épaules, j'ai redescendu les quatre étages et franchi la porte d'entrée. Contrairement au jour de mon arrivée, il faisait un temps magnifique, le soleil brillait et l'air était frais comme au printemps. Dans le minuscule jardin, je me suis servie d'une pierre pour déterrer mon passeport ; je l'ai sorti du sac en plastique et mis dans une poche de mon duffle-coat. J'ai ratissé la terre avec mes mains pour effacer les traces, et j'ai gagné la rue. Je ne pouvais pas m'empêcher de sourire tout en marchant : j'étais enfin libre. J'avais toute la vie devant moi, nulle part où aller et personne à qui rendre des comptes. Et je savais que les choses allaient s'arranger.

L'ambassade de Somalie se trouvait à deux pas de la maison de mon oncle. J'ai frappé à la porte. Le concierge qui est venu m'ouvrir connaissait très bien ma famille. Il avait même servi parfois de chauffeur à mon oncle.

– Hello, mademoiselle. Qu'est-ce que vous faites là ? M. Farah est encore à Londres ?

– Non, il est parti. Je voudrais voir Anna pour savoir si je pourrais travailler à l'ambassade.

Il a éclaté de rire avant de retourner s'asseoir sur sa chaise. Il a mis les mains derrière la tête et s'est penché en arrière jusqu'à s'appuyer contre le mur. J'étais plantée au milieu du hall, et il ne faisait pas mine de bouger. Comme il avait toujours été poli avec moi, son attitude m'intriguait. Puis j'ai réalisé que son comportement avait changé subitement. Mon oncle parti, je n'étais plus personne ; j'étais même moins que rien, et il prenait plaisir à me le faire sentir.

– Anna est bien trop occupée pour vous recevoir, a-t-il grimacé.

– Écoutez, j'ai absolument besoin de lui parler.

Anna était la secrétaire de mon oncle, et elle avait toujours été très gentille avec moi. Heureusement, elle m'avait entendue et elle est sortie de son bureau pour voir ce qui se passait.

– Waris ! Que faites-vous là ?

– Je ne voulais vraiment pas retourner en Somalie avec mon oncle. Je n'avais pas l'intention de rentrer. Je ne peux plus habiter à la maison, et je me demandais si vous connaîtriez quelqu'un qui pourrait peut-être... Quelqu'un pour qui je pourrais travailler. Je n'ai pas de préférences. Je suis prête à faire n'importe quoi.

– Eh bien, ma chérie, vous me prenez un peu de court. Où allez-vous habiter ?

– Oh, je n'en sais rien, mais ne vous inquiétez pas.

– Donnez-moi un numéro de téléphone où je pourrai vous joindre.

– Je ne sais pas encore où je vais m'installer. Pour ce soir, je vais trouver un hôtel pas trop cher.

Je savais qu'elle m'aurait invitée chez elle si son appartement n'avait pas été aussi minuscule.

– Mais je reviendrai vous donner mon numéro de téléphone plus tard pour que vous me préveniez si vous entendez parler de quelque chose.

– D'accord, Waris. Faites bien attention à vous. Vous êtes sûre que ça va aller ?

– Oui, je vais me débrouiller.

Du coin de l'œil, je voyais le concierge rire comme un fou.

– Merci. Je reviendrai vous voir.

Je suis sortie et j'ai retrouvé le soleil avec soulagement. J'ai alors décidé d'aller faire du shopping. Jusqu'à ce que je trouve du travail, je n'avais pour vivre que les maigres économies que j'avais péniblement réalisées sur mes gages de domestique. Maintenant que j'étais vraiment une fille de cette ville, j'avais besoin d'acheter quelque chose de sympa à porter, une nouvelle robe pour me remonter le moral. Je suis allée de l'ambassade à Oxford Circus, le quartier des grands magasins. J'y étais déjà allée une fois, avec ma cousine Basma, à mon arrivée à Londres. Tante Maruim m'y avait envoyée faire quelques achats, car je n'avais pas de vêtements pour l'hiver – en fait, je ne possédais que la tenue et une des sandales en cuir que je portais pour prendre l'avion.

Tandis que je flânais entre les présentoirs, l'énormité et la variété du choix qui m'était offert me fascinaient. A la pensée que je pouvais rester là aussi longtemps que je le désirais, et essayer tous ces vêtements de toutes les couleurs, de tous les styles, de toutes les tailles, la tête me tournait. L'idée que, pour la première fois de ma vie, j'étais responsable de mon existence me grisait. Il n'y avait plus personne pour me crier de traire les chèvres, de nourrir les bébés, de faire le thé, de frotter les parquets, de récurer les toilettes.

J'ai passé les heures qui ont suivi dans une cabine d'essayage à comparer toutes sortes de vêtements avec l'aide de deux vendeuses. Utilisant mes quelques mots d'anglais et le langage des signes, je leur faisais comprendre que je préférais quelque chose de plus long, de plus court, de plus moulant, de plus vif. A la fin de mon marathon, les vêtements s'entassaient par douzaines devant la cabine. L'une des vendeuses m'a dit en souriant :

– *Well, love,* qu'est-ce que vous décidez ?

J'étais incapable de faire un choix, et la pensée qu'il pourrait y avoir quelque chose de beaucoup mieux dans le magasin d'à côté me rendait encore plus hésitante. Avant de me séparer de quelques-unes de mes précieuses livres sterling, il fallait que j'en aie le cœur net. J'ai dit d'un air affable :

– Je n'achèterai rien aujourd'hui, merci.

Les bras chargés de robes, les deux pauvres vendeuses m'ont fixée, incrédules, puis elles se sont regardées, l'air écœuré. Je suis passée devant elles d'un pas majestueux, et j'ai poursuivi ma mission qui consistait à explorer Oxford Street centimètre par centimètre.

Après avoir fait plusieurs magasins, je n'avais toujours pas acheté de vêtements, car mon plaisir consistait simplement à les essayer. En sortant d'une énième boutique, je me suis rendu compte que la belle journée printanière était en train de céder la place à un soir d'hiver, et j'ai réalisé que je ne savais toujours pas où passer la nuit. Je suis entrée dans le magasin suivant avec cette pensée en tête. J'ai aperçu une grande et belle jeune femme africaine qui examinait des pulls empilés sur un comptoir. Elle avait l'air d'être somalienne. Tout en l'observant de plus près, je me suis demandé comment l'aborder. Dépliant un des pulls, je lui ai souri et j'ai dit en somali :

– J'aimerais bien acheter quelque chose, mais je n'arrive pas à me décider ; et pourtant, croyez-moi, j'ai vu pas mal de vêtements aujourd'hui.

Nous avons engagé la conversation. Elle m'a dit qu'elle se prénommait Halwu. Elle était très sympathique et riait beaucoup.

– Où habites-tu, Waris ? Qu'est-ce que tu fais dans la vie ?

– Oh, tu vas rire. Je suis sûre que tu vas me prendre pour une folle, mais je n'habite nulle part. Je n'ai plus de logement depuis que ma famille m'a abandonnée ce matin. Ils sont repartis en Somalie.

J'ai lu de la sympathie dans son regard. Comme je l'ai appris par la suite, elle en avait pas mal bavé, elle aussi.

– Tu ne veux pas retourner en Somalie, c'est ça ?

Nous nous sommes comprises sans dire un mot : notre pays et nos familles nous manquaient, mais que pouvions-nous espérer là-bas ? Etre échangées contre des chameaux ? Devenir la propriété d'un homme ? Lutter quotidiennement simplement pour survivre ?

– C'est ça. Seulement je ne sais pas non plus où aller. Mon oncle était ambassadeur, mais il vient de partir et on attend son remplaçant. Alors, ce matin ils m'ont virée, et à cette heure-ci, je ne sais pas où coucher.

J'ai ri. Elle a fait un geste comme si le mouvement de sa main pouvait balayer mes problèmes.

– Écoute, j'habite à deux pas, au foyer de la YMCA [1]. C'est tout petit, mais je peux te loger pour la nuit. Je n'ai qu'une chambre, si tu veux faire de la cuisine tu devras changer d'étage.

1. YMCA : Young Men's Christian Association. A l'époque, les foyers londoniens de la YMCA et de la YWCA (Young Women's Christian Association) étaient mixtes. *(N.d.T.)*

– Ooohh, ce serait merveilleux, mais tu es sûre que... ?

– Oui, sûre. Allons ! Qu'est-ce que tu vas faire sinon ?

Nous sommes allées jusqu'à sa chambre. Le foyer de la YMCA était situé dans un grand immeuble moderne en brique. Destinées à des étudiants, les chambres étaient simplement meublées de deux lits jumeaux et d'une bibliothèque. Halwu avait en plus un gros et magnifique poste de télévision :

– Oh ! Je peux regarder la télé ?

Elle m'a dévisagée comme si j'étais une extraterrestre.

– Oui, bien sûr. Allume-la.

Je me suis laissée tomber par terre et j'ai regardé avidement. Au bout de quatre heures, personne ne m'avait encore chassée de la pièce comme un chat errant. Curieuse, Halwu m'a demandé :

– Tu ne regardais pas la télé chez ton oncle ?

– Tu plaisantes ? Parfois, j'arrivais à jeter un œil en cachette, mais je me faisais toujours attraper : « Encore devant la télé, Waris ? »

Imitant la voix arrogante de ma tante, j'ai claqué des doigts :

– « Allez, retourne immédiatement à ton travail. Nous ne t'avons pas fait venir pour que tu passes ton temps devant la télévision. »

Nous sommes devenues très amies, et Halwu a commencé à faire mon éducation, à m'initier à la vie londonienne. J'ai passé la première nuit dans sa chambre, et la suivante, et encore celle d'après. Puis elle a suggéré :

– Pourquoi tu ne prendrais pas une chambre ici ?

– Je n'ai pas les moyens, et comme j'ai besoin d'aller à l'école, je n'aurai pas beaucoup de temps pour travailler.

Puis je lui ai demandé timidement :

– Tu sais lire et écrire ?

– Oui.

– Et tu parles anglais ?

– Oui.

– Moi, je ne sais rien faire de tout ça. Il faut que j'apprenne. C'est ma première priorité.

– Pourquoi tu ne travaillerais pas à mi-temps ? Tu pourrais étudier le reste de la journée. Prends n'importe quel job en attendant de parler anglais.

– Tu m'aideras ?

– Bien sûr que je t'aiderai.

J'ai essayé d'avoir une chambre à la YMCA. Non seulement le foyer était complet, mais il y avait une liste d'attente. Tous les jeunes voulaient habiter là. C'était bon marché et très convivial ; il y avait une piscine olympique et une salle de gymnastique. J'ai ajouté mon nom au bas de la liste ; mais en attendant, je ne pouvais pas continuer à encombrer la pauvre Halwu. De l'autre côté de la rue, il y avait le foyer de la YWCA. Les pensionnaires étant principalement des personnes âgées, l'ambiance était un peu déprimante, mais j'y ai tout de même pris une chambre, temporairement, et je me suis mise à la recherche d'un travail. Ma nouvelle amie m'a dit :

– Pourquoi ne pas commencer à chercher ici ?

– Ici ? Qu'est-ce que tu veux dire ?

Elle a fait un geste de la main.

– Il y a un McDo juste à côté.

– Je ne peux pas y travailler. Je ne pourrai pas servir les

gens. Tu oublies que je ne parle pas anglais et que je ne sais pas lire. En plus, je n'ai même pas de permis de travail.

Halwu connaissait toutes les ficelles. J'ai suivi ses conseils et je me suis fait engager pour nettoyer la cuisine. J'ai tout de suite compris qu'elle avait raison. Tous ceux qui travaillaient là avaient les mêmes problèmes que moi. La direction profitait de notre situation irrégulière pour nous payer au rabais et ne pas nous accorder les mêmes avantages qu'aux autres. Ils savaient qu'en tant qu'étrangers sans permis de travail nous devions passer inaperçus aux yeux des autorités, et que nous ne porterions pas plainte contre eux pour infraction à la législation sur les salaires. Du moment qu'on travaillait dur, ils ne cherchaient pas à savoir qui on était, ni d'où on venait. Tout se passait dans la plus stricte illégalité.

Dans mon nouvel emploi d'aide de cuisine chez McDonald's, je pouvais tirer parti de ce que j'avais appris en tant que domestique : je lavais la vaisselle, essuyais les comptoirs, récurais les grills, lessivais les sols, m'efforçant constamment de faire disparaître toute trace de la graisse des hamburgers. Quand je rentrais chez moi, le soir tard, j'étais grasse de la tête aux pieds et j'empestais le graillon. En cuisine, nous n'étions jamais assez nombreux, mais je n'osais pas me plaindre. Rien de tout cela n'avait d'importance ; au moins, je gagnais ma vie. J'étais contente d'avoir un travail, et je savais que je n'étais pas là pour longtemps. En attendant mieux, j'étais prête à tout pour survivre.

J'ai commencé à fréquenter les cours de langue gratuits pour les étrangers, améliorant mon anglais et apprenant à lire et à écrire. C'était la première fois depuis bien des années que ma vie n'était pas entièrement consacrée au travail. Parfois, Halwu m'emmenait dans des boîtes de nuit où tout le monde semblait la connaître. Elle parlait, riait, était irrésistiblement drôle et si pleine de vie que tous voulaient l'approcher. Une fois, nous sommes sorties et nous avons dansé pendant des heures, jusqu'à ce que je réalise que nous étions entourées d'hommes. J'ai chuchoté à l'oreille d'Halwu :

– Mince ! Tous ces admirateurs pour nous ?

– Oh, oui, a-t-elle grimacé, nous leur plaisons beaucoup !

Cela m'a étonnée. J'ai scruté leurs visages et j'en ai déduit qu'elle avait raison. Je n'avais encore jamais eu de petit ami, j'avais seulement attiré l'attention de quelques types bizarres dans le genre de mon cousin Haji – ce qui n'était pas très flatteur pour moi. Depuis quatre ans, je me considérais comme Miss Nobody [1], la boniche. Et voilà que tous ces hommes faisaient la queue pour danser avec nous. Je me suis dit : « Waris, ma fille, tu y es finalement arrivée ! »

Chose curieuse, alors que j'étais attirée par les Noirs, c'étaient les Blancs qui s'intéressaient le plus à moi. Oubliant mon éducation africaine très stricte, je devenais bavarde, me forçant à parler à tout le monde : Noirs et Blancs, hommes et femmes. Je me raisonnais. Si je devais me débrouiller seule, il fallait que je connaisse les techniques de survie propres à ce nouveau monde, qui étaient forcément différentes de celles qu'on m'avait enseignées dans le désert. J'avais besoin d'apprendre l'anglais et la façon de communiquer avec toutes sortes de gens. Mes

1. Mademoiselle Personne. *(N.d.T.)*

connaissances relatives aux chameaux et aux chèvres ne m'aideraient pas à demeurer en vie à Londres.

Le lendemain, Halwu complétait ces leçons nocturnes par des commentaires. Elle passait en revue la liste des personnes que nous avions rencontrées la nuit précédente, décortiquant leurs motivations, leur personnalité, me donnant un cours accéléré sur la nature humaine. Elle me parlait de sexe, me disait ce que les hommes avaient dans la tête, ce à quoi je devais faire attention, et les problèmes particuliers qui se posaient aux jeunes femmes africaines. Personne ne m'avait jamais parlé de ces choses-là :

– Amuse-toi, Waris, parle, ris et danse avec ces types, et puis rentre chez toi. Ne les laisse pas te convaincre de faire l'amour avec eux. Ils ne savent pas que tu es différente d'une jeune femme anglaise ; ils ignorent que tu as été excisée.

Après avoir attendu plusieurs mois d'obtenir une chambre au foyer de la YMCA, j'ai appris qu'une jeune femme désirait partager la sienne. Elle était étudiante et n'avait pas les moyens de payer la totalité du loyer. Pour moi qui avais les mêmes problèmes financiers, c'était parfait, car la chambre était assez grande pour deux. Halwu est restée ma grande amie, mais je m'en suis fait d'autres parmi tous les jeunes qui habitaient le foyer. J'allais encore à l'école, progressant dans ma connaissance de l'anglais, et j'avais toujours ce job puant chez McDonald's. Ma vie se déroulait tranquillement et régulièrement, et je ne pouvais pas imaginer qu'elle était sur le point de changer de façon aussi spectaculaire.

Un après-midi, mon travail chez McDonald's terminé, et toute couverte de graisse, j'ai décidé de sortir par le comptoir où les clients passaient leurs commandes. En tête d'une des files, attendant son Big Mac, j'ai vu l'homme à la queue de cheval, celui de la All Souls Church School, et sa petite fille. Je leur ai dit bonjour en passant.

– Hé, c'est bien vous !

J'étais visiblement la dernière personne qu'il s'attendait à rencontrer chez McDonald's. Il a ajouté avec empressement :

– Comment allez-vous ?

– Bien, bien.

Je me suis penchée vers la petite amie de Sophie.

– Comment vas-tu ?

Je prenais plaisir à faire étalage de mon anglais. Son père a répondu pour elle :

– Elle va bien.

– Elle grandit vite, n'est-ce pas ? Bon, il faut que je file. Bye-bye.

– Attendez ! Où habitez-vous ?

– Bye-bye.

Je lui ai souri. Je n'avais pas envie de lui parler. Je ne lui faisais toujours pas confiance.

De retour au foyer de la YMCA, j'ai décidé de consulter Halwu-je-sais-tout au sujet de cet homme mystérieux. J'ai sorti mon passeport d'un tiroir et j'en ai retiré la carte de visite de Malcolm Fairchild. Puis je suis descendue voir Halwu et je lui ai demandé :

– Dis-moi, que fait cet homme ? J'ai sa carte de visite depuis longtemps. Il y a marqué « photographe de mode », mais qu'est-ce que ça signifie au juste ?

Halwu m'a pris la carte des mains.

– C'est un photographe qui travaille avec des mannequins.

– Tu sais, j'aimerais beaucoup être mannequin.

– Qui est ce gars ? Comment tu as eu cette carte ?

– Oh, c'est quelqu'un que j'ai rencontré, mais qui ne m'inspire pas confiance. Un jour, il m'a donné sa carte et m'a suivie jusque chez mon oncle. Il a parlé à ma tante, mais elle s'est mise en colère contre lui. Je n'ai pas compris ce qu'il voulait exactement.

– Pourquoi ne pas lui téléphoner et le lui demander ?

J'ai fait la grimace.

– Tu es sûre ? Tu crois que je devrais ? Pourquoi tu ne viendrais pas avec moi ? Tu pourrais lui parler et voir de quoi il s'agit. Mon anglais est loin d'être parfait.

– D'accord, appelons-le.

Il m'a fallu vingt-quatre heures pour trouver le courage de me décider. Tandis que nous descendions à la cabine téléphonique, mon cœur battait à tout rompre, faisant résonner mes tympans comme des tambours. Halwu a mis une pièce dans le monnayeur et j'ai entendu un déclic. Tenant la carte de visite d'une main, elle a composé le numéro de l'autre. Elle avait du mal à le déchiffrer car le hall était sombre. Puis il y a eu un moment de silence.

– Pourrais-je parler à M. Malcolm Fairchild ?

Après quelques mots d'introduction, elle est allée droit au but :

– Comment savoir si vous n'êtes pas un obsédé sexuel ? Si vous n'avez pas l'intention de tuer mon amie ?... Oui, mais nous ne savons rien de vous. Où habitez-vous ?... Oui oui, hmm hmm... Oui.

Halwu griffonnait sur un bout de papier et j'essayais de lire par-dessus son épaule.

– Qu'est-ce qu'il dit ?

Elle m'a fait signe de me taire.

– Eh bien, d'accord. Ça va... On fait comme ça.

Elle a raccroché et repris son souffle.

– Il a dit : « Si vous n'avez pas confiance, pourquoi ne pas venir toutes les deux à mon studio ? Vous verrez où je travaille. Si vous ne voulez pas, je ne peux pas vous y obliger. »

J'ai appuyé mes deux poings sur ma bouche.

– Et alors ? On y va ?

– Tu parles qu'on va y aller !

11

Mannequin

Le lendemain, nous sommes allées « inspecter » le studio de Malcolm Fairchild. Je ne savais pas du tout ce que j'allais découvrir mais, lorsque la porte s'est ouverte, j'ai eu l'impression de pénétrer dans un autre monde. Les murs étaient couverts de posters et d'affiches représentant des femmes très belles. J'ai fait le tour de la pièce en regardant tous ces visages si élégants, avec des murmures d'étonnement. J'ai su tout de suite – comme ce jour à Mogadiscio où j'avais entendu l'oncle Mohammed dire à la tante Sahru qu'il voulait emmener une jeune fille avec lui à Londres – qu'il me fallait saisir ma chance, que l'occasion ne se représenterait pas et que c'était exactement ce que je voulais faire, l'endroit où je me sentais à ma place.

Malcolm est arrivé et nous a dit bonjour. Il a servi le thé et nous a conseillé de nous détendre. Une fois assis, il s'est adressé à Halwu :

– Je veux que vous sachiez que je désire seulement la photographier.

Il m'a montrée du doigt.

– J'ai suivi cette jeune fille pendant plus de deux ans, et je n'ai jamais eu autant de mal à prendre une photo.

Je l'ai regardé bouche bée.

– C'est tout ? Vous voulez seulement me photographier ? Faire une photo comme celles-ci ?

J'ai désigné les posters et les affiches. Il s'est tourné vers moi.

– Oui, vous pouvez me croire. C'est tout.

Avec son index, il a effleuré l'arête de son nez.

– Je veux seulement la moitié de votre visage.

Puis il a dit à Halwu.

– Elle a un très beau profil.

J'ai pensé : « Tout ce temps perdu ! Il m'a suivie pendant deux ans alors qu'il lui a suffi de deux secondes pour me dire qu'il voulait simplement me prendre en photo. »

– Je suis d'accord.

Brusquement, je me suis souvenue de ce qui m'était arrivé lorsque je m'étais retrouvée seule avec des hommes.

– Mais je veux que Halwu soit présente !

J'ai posé ma main sur son bras, et elle a approuvé d'un signe de tête.

– Je veux qu'elle soit là quand vous me prendrez en photo.

Il m'a regardée, perplexe.

– Bon, d'accord. Elle peut venir elle aussi...

J'étais tellement excitée que j'avais l'impression de ne plus toucher mon fauteuil.

– Venez après-demain, à dix heures, il y aura quelqu'un pour vous maquiller.

Nous sommes revenues chez Malcolm Fairchild deux jours plus tard. La maquilleuse m'a fait asseoir et s'est mise au travail avec du coton, des pinceaux, des éponges, des crèmes, des fards de couleur et des poudres, me tapotant le visage du bout des doigts et me tirant la peau. J'ignorais ce qu'elle était en train de faire, mais je restais assise sans bouger et je la regardais accomplir son étrange travail avec son matériel tout aussi étrange. Appuyée contre le dossier de son fauteuil, Halwu grimaçait. De temps à autre, je lui jetais un coup d'œil et je haussais les épaules ou répondais à ses grimaces, mais la maquilleuse me rappelait à l'ordre, me demandant de ne pas bouger.

Au bout d'un moment, elle s'est reculée d'un pas et, les mains sur les hanches, a contemplé son œuvre avec une évidente satisfaction.

– Regardez-vous dans le miroir.

Je me suis levée pour me rendre compte. Une moitié de mon visage, transformée par le maquillage, était dorée, soyeuse et claire. De l'autre côté, c'était la Waris de tous les jours.

– Wow ! Génial ! Tu as vu ça ? Mais pourquoi un seul côté ?

– Parce qu'il ne veut utiliser que ce profil-là.

– Ah bon...

Elle m'a conduite jusqu'au studio où Malcolm m'a installée sur un tabouret. J'ai pivoté sur mon siège pour étudier la pièce aveugle remplie d'objets qui m'étaient inconnus : l'appareil photo, les projecteurs, les accumulateurs, et les fils qui traînaient partout, comme autant de serpents. Malcolm m'a fait tourner jusqu'à ce que je présente à l'appareil mon profil droit, celui qui était maquillé.

– OK, Waris. Ferme la bouche et regarde droit devant toi. Lève le menton. C'est ça... Magnifique...

J'ai entendu un déclic suivi d'un bruit d'éclatement qui m'a fait sursauter. Durant une fraction de seconde, la lumière des flashes m'a éblouie, me donnant l'impression d'être quelqu'un d'autre. Soudain, je me suis imaginée être l'une de ces stars de cinéma que j'avais vues, à la télévision, sourire aux caméras en sortant de leur limousine, les soirs de première. Ensuite, Malcolm a retiré un rectangle de papier de l'appareil, et il a surveillé sa montre.

– Qu'est-ce que vous faites ?

– Je chronomètre le temps de développement.

Il s'est avancé vers moi, dans les lumières, et il a doucement dédoublé le rectangle de papier. J'ai vu le visage d'une femme apparaître progressivement. Lorsqu'il m'a tendu le Polaroïd, j'ai eu du mal à croire que ce profil était le mien. Je ne ressemblais plus à Waris la boniche, j'étais devenue Waris le mannequin. Maquilleuse et photographe m'avaient transformée en une créature fascinante, semblable à celles que l'on voyait sur les posters et les affiches du salon de Malcolm.

Plus tard dans la semaine, lorsque la pellicule a été développée, Malcolm m'a montré le produit fini. Il a disposé les diapositives sur une table lumineuse ; je les ai trouvées très belles. Je lui ai demandé s'il pourrait faire d'autres photos de moi, mais il m'a répondu que cela revenait trop cher et qu'il ne pouvait malheureusement pas se le permettre. Par contre, il a proposé de m'offrir des tirages de la meilleure des photos qu'il avait prises.

Deux mois plus tard, Malcolm m'a téléphoné au foyer de la YMCA :

– Je ne sais pas si cela vous intéresse de devenir modèle, mais je connais des gens qui voudraient vous rencontrer. Les responsables d'une agence ont vu votre photo dans mon book. Ils aimeraient que vous les appeliez. Si vous voulez, vous pourrez signer un contrat avec eux, et ils vous trouveront du travail.

– D'accord... à condition que vous veniez avec moi... sinon je n'aurai jamais le courage d'y aller toute seule. Vous viendrez ?

– Non, ce n'est pas possible. Je vais vous donner leur adresse.

J'ai réfléchi soigneusement à la façon de m'habiller pour me rendre à cet important rendez-vous à l'agence Crawford. Comme c'était l'été et qu'il faisait chaud, j'ai choisi une robe à manches courtes et à encolure en V. Ni courte ni longue, elle m'arrivait à mi-mollets et était affreusement moche.

J'ai fait mon entrée dans l'agence, affublée de ma robe rouge bon marché, et chaussée de tennis blanches, et je me suis dit : « Cette fois, ça y est. J'y suis arrivée ! » En fait, j'avais l'air complètement tarte. Mais même si j'ai envie de rentrer sous terre chaque fois que je repense à ce jour-là, il a mieux valu que je ne réalise pas à quel point mon look était ringard, car à l'époque c'était ma plus belle robe et je n'avais vraiment pas les moyens d'en acheter une autre.

La réceptionniste m'a demandé si j'avais des photos, et je lui ai répondu que je n'en avais qu'une. Elle m'a présentée à une femme d'une beauté classique, élégamment habillée et prénommée Veronica, qui m'a fait entrer dans son bureau et m'a priée de m'asseoir en face d'elle.

– Quel âge avez-vous, Waris ?

– Je suis jeune !

C'étaient les premiers mots qui m'étaient venus à l'esprit et ils m'avaient échappé.

– Vraiment, je suis jeune. Ces rides-là (je lui ai montré le coin de mes yeux), je les avais en naissant.

Elle a souri.

– C'est parfait.

Elle a commencé à remplir des formulaires en notant mes réponses au fur et à mesure.

– Où habitez-vous ?

– A la Y.

Elle a froncé les sourcils.

– Où cela ?

– Au foyer de la YMCA.

– Avez-vous un emploi ?

– Oui.

– Quel genre de travail ?

– McDonald's.

– OK. Avez-vous une certaine expérience du métier de modèle ?

– Oui.

– Laquelle ?... Une longue expérience ?

– Non. Je sais que c'est ce que j'ai envie de faire.

J'ai répété cette phrase à plusieurs reprises pour bien insister.

– OK. Avez-vous un book ?... Des photos ?

– Non.

– Avez-vous de la famille en Angleterre ?

– Non.

– Où se trouve votre famille ?

– En Afrique.

– Est-ce là que vous êtes née ?

– Oui, en Somalie.

– OK. Vous n'avez donc personne ici, en Angleterre ?

– Non, personne de ma famille.

– Bien. Il y a un casting en ce moment même, et il faut que vous y alliez.

J'avais beaucoup de mal à la comprendre. J'ai pris le temps d'essayer de saisir le sens de sa dernière phrase, en vain.

– Excusez-moi, je n'ai pas compris.

– Un casting, c-a-s-t-i-n-g.

– Un casting ?

– C'est un entretien, une entrevue... Quand vous postulez pour un emploi et que l'on vous interviewe... OK ? Une entrevue ? Vous comprenez ?

J'ai répondu oui, mais c'était un mensonge. Je n'avais absolument aucune idée de ce dont elle parlait. Elle m'a donné l'adresse et m'a dit d'y aller au plus vite.

– Je vais les appeler et leur dire que vous arrivez. Vous avez de quoi payer un taxi ?

– Non, mais je peux marcher.

– Non, non, c'est beaucoup trop loin. Trop loin. Il faut que vous preniez un taxi. Taxi. OK ? Tenez, voilà dix livres. Appelez-moi dès que vous aurez fini. OK ?

Dans le taxi qui me conduisait à l'autre bout de la ville, j'étais en pleine euphorie. « C'est parti ! Je vais être modèle. » Et puis, j'ai réalisé que j'avais oublié une chose : je n'avais pas demandé à Veronica en quoi consistait le job ; mais ça n'avait pas d'importance. Je me débrouillerais puisque j'étais jolie fille !

En arrivant à l'adresse indiquée, j'ai découvert un autre studio de photographe. J'ai poussé la porte ; l'endroit grouillait de mannequins professionnels. Toutes les pièces étaient bondées de femmes aux jambes longues comme des journées sans soleil. Elles se pavanaient telles des lionnes qui se préparent à l'attaque, elles se faisaient belles devant des miroirs, se penchaient en avant pour mieux secouer leur crinière, enduisaient leurs jambes de fond de teint pour paraître bronzées. Je me suis laissée tomber sur une chaise, j'ai salué ma voisine d'un signe de tête et j'ai bafouillé :

– Heu... C'est quoi le job ?

– Le calendrier Pirelli.

– Ah, oui. Le calendrier Prulli. Merci.

Je n'avais pas la moindre idée de ce que pouvait bien être ce fichu « calendrier Prulli ». J'avais les nerfs en pelote, j'étais incapable de me tenir tranquille, croisant et décroisant les jambes et me tortillant sur ma chaise jusqu'au moment où une assistante est venue me dire que c'était mon tour.

Je suis restée paralysée quelques secondes puis, me tournant vers ma voisine, je lui ai proposé :

– Allez-y. J'attends une amie.

Le même manège s'est répété jusqu'à ce que toutes les autres candidates soient passées devant moi et reparties chez elles. Alors l'assistante s'est appuyée contre le mur et m'a dit :

– Allez. C'est à vous à présent.

Je l'ai dévisagée et je me suis dit : « Maintenant, ça suffit, Waris. Est-ce que tu vas te décider, oui ou non ? Allez, lève-toi et vas-y. »

J'ai suivi l'assistante jusqu'au studio. Un homme dont la tête était dissimulée sous le drap noir d'une chambre photographique a agité une main et crié :

– Là-bas. Il y a une marque.

– Une marque ?

– Oui, place-toi sur la marque.

J'ai fini par comprendre ce qu'il voulait.

– OK. Reste là... OK. Enlève le haut.

Je me suis dit que j'avais sûrement mal entendu.

– Le haut ?

Le photographe a émergé de sous le drap noir, m'a dévisagée comme si j'étais complètement idiote et s'est énervé :

– Oui. Enlève le haut. C'est pour ça que tu es là, non ?

– Mais je n'ai pas de soutien-gorge.

– C'est parfait, comme ça on pourra voir tes seins.

– Non !

Qu'est-ce que c'était que cette histoire ? Mes seins ! De toute manière, je n'avais pas de haut à enlever, tout ce que j'avais sur moi, c'était ma robe rouge. Qu'est-ce que cet imbécile pensait que j'allais faire, l'enlever et me retrouver en petite culotte et en tennis ?

– Non ? Elles meurent toutes d'envie de participer à ce casting, et toi tu me réponds non ?

– Non, non, je suis désolée. Une erreur... c'est une erreur. Je me suis trompée.

Le photographe est resté bouche bée pendant quelques secondes avant de laisser tomber :

– Mon Dieu, c'est la meilleure !

Puis il a tourné la tête et appelé quelqu'un par-dessus son épaule :

– Terence ! Nous avons un petit problème.

Un homme corpulent et robuste aux cheveux drus et gris, aux joues roses, est entré dans le studio, m'a regardée avec curiosité et a souri.

– Oui ? Que se passe-t-il ?

Prise de panique, je me suis dirigée vers la porte. En passant à côté d'une série de Polaroïds qui jonchaient le sol, je me suis penchée pour les examiner. Lorsque je me suis redressée en montrant du doigt la photo d'une jeune femme nue jusqu'à la ceinture, des larmes me sont venues aux yeux.

– Non. Je ne peux pas faire ça.

J'ai commencé par être déçue. Ils avaient douché mon enthousiasme et brisé mon beau rêve. C'était le premier travail que l'on me proposait, et ils voulaient que je me déshabille. Puis la colère est montée en moi. Je suis devenue furieuse et je me suis mise à les injurier en somali :

– Vous n'êtes que des putains de salauds de mecs ! Des merdes ! Des cochons ! Gardez-la votre saloperie de travail !

– Qu'est-ce que tu dis ? Écoute, je n'ai pas de temps à perdre pour le moment...

J'ai franchi la porte en courant et je l'ai claquée à la faire sortir de ses gonds. J'ai pleuré pendant tout le trajet de retour au foyer, me répétant sans cesse : « Je savais bien qu'il y avait quelque chose de profondément dégoûtant dans le métier de mannequin. »

Ce soir-là, j'étais allongée sur mon lit, accablée par ma détresse, lorsque la jeune femme avec laquelle je partageais ma chambre est venue me dire que l'on me demandait au téléphone. C'était Veronica de l'agence Crawford. J'ai hurlé :

– C'est vous ! Je ne veux plus vous parler ! Vous m'avez...

J'aurais voulu lui dire : « Vous m'avez trompée », mais je ne trouvais plus mes mots.

– C'était terrible ! C'était très mal ! Je ne veux pas faire ça. Je ne veux plus vous voir !

– OK, Waris, maintenant, calmez-vous. Savez-vous qui était le photographe que vous avez rencontré ?

– Non...

– Est-ce que le nom de Terence Donovan vous dit quelque chose ?

– Non.

– Bien. Avez-vous des amis anglais ?

– Oui.

– Tous les Anglais savent qui est Terence Donovan. Il photographie la famille royale, la princesse Diana, et tous les top-models. Il veut vous revoir, il aimerait vous photographier.

– Il m'a demandé de me déshabiller ! Vous ne m'aviez pas prévenue avant de m'envoyer chez lui !

– Je sais, Waris ; nous étions très pressées. J'ai seulement pensé que c'était un job pour vous. J'ai expliqué à Donovan que vous ne parliez pas très bien l'anglais et que votre culture vous interdisait ce genre de chose. Mais il s'agit du calendrier Pirelli, Waris ; dès qu'il sera publié vous croulerez sous les propositions de travail. Est-ce que vous achetez des magazines de mode, comme *Vogue* ou *Elle* ?

– Non, c'est trop cher pour moi. Je les regarde chez le marchand de journaux et je les repose.

– OK. Vous savez donc de quoi il s'agit. Vous pourriez travailler pour ce genre de magazines. Terence Donovan est le meilleur. Si vous voulez devenir modèle, il faut que vous décrochiez ce job. Après ça vous ferez ce que vous voudrez et vous gagnerez énormément d'argent.

– Je ne veux pas me déshabiller.

Je l'ai entendue soupirer.

– Waris, où travaillez-vous déjà ?

– Chez McDonald's.

– Combien vous payent-ils ?

Je le lui ai dit.

– Pour ce job, Donovan vous payera mille cinq cents livres par jour.

– Tout ça pour moi ?

– Oui. Et en plus, il vous fera voyager. Les prises de vue se dérouleront à Bath. Je ne sais pas si y vous êtes déjà allée, mais c'est un endroit magnifique. Vous serez logée au Royalton.

Ça ne me disait absolument rien.

– Alors, êtes-vous prête à le faire ou non ?

Elle m'avait convaincue. Si je gagnais autant d'argent, j'économiserais rapidement de quoi aider ma mère.

– OK. Quand veut-il me revoir ?

– Que diriez-vous de demain matin ?

– Il suffira que j'enlève le haut ? C'est tout ? Vous êtes sûre ? Pour mille cinq cents livres je ne devrai pas coucher avec ce monsieur ?

– Non, j'en suis sûre. Il ne se passera rien de pareil. Il n'y a pas de piège.

– Il ne me demandera pas d'écarter les jambes ou de faire d'autres cochonneries du même genre ? Si c'est ça, dites-le-moi tout de suite.

– Vous devrez seulement enlevez le haut. Mais n'oubliez pas : demain, il fera seulement un Polaroïd ; ensuite, il vous dira si vous êtes choisie pour ce job. Alors, montrez-vous sous votre meilleur jour...

Le lendemain matin, lorsque je suis arrivée à son studio, Terence Donovan m'a regardée et s'est mis à rire.

– Oh, vous revoilà. Venez par là. Comment vous appelez-vous ?

Terence s'est montré très patient avec moi. Il était père de famille et avait compris que je n'étais qu'une enfant apeurée qui avait besoin d'aide. Il m'a apporté du thé et présenté quelques-unes des photos qu'il avait faites avec les plus belles femmes du monde.

– Suivez-moi. Je vais vous montrer d'autres photos.

Nous sommes passés dans une pièce voisine, garnie d'étagères et de classeurs à tiroirs. Sur une table, il y avait un calendrier. Terence l'a feuilleté. Chaque page présentait la photo d'une femme différente et étonnamment belle.

– C'est le calendrier Pirelli de l'année dernière. Je le fais tous les ans, mais cette année il sera différent : il ne présentera que des jeunes femmes africaines. Sur certaines photos, les mannequins seront habillés, sur d'autres, non.

Il m'a parlé de tout, m'expliquant comment le travail se déroulerait, de A jusqu'à Z ; et j'ai compris que je n'avais pas affaire à un personnage louche, ni à un vieux vicieux.

– OK. Maintenant, nous allons faire ce Polaroïd. Vous êtes prête ?

Depuis que Veronica m'avait dit combien je pouvais espérer être payée, j'étais prête ; mais à présent, je me sentais également détendue.

– Oui, allons-y.

A partir de ce moment-là, je suis devenue un vrai mannequin professionnel. J'ai pris place sur la marque. Hop ! J'ai enlevé le haut, et j'ai regardé droit dans l'objectif en toute confiance.

– Parfait !

Lorsque Terence m'a montré le Polaroïd, j'ai eu l'impression d'être revenue chez moi, en Afrique. La photo était en noir et blanc, très simple et très honnête, ni vulgaire ni tarte, et absolument pas pornographique. C'était la Waris qui avait grandi dans le désert, une jeune fille exposant ses petits seins au soleil.

Lorsque je suis rentrée au foyer ce soir-là, j'ai trouvé un message de l'agence me disant que j'avais été choisie et que je partais pour Bath la semaine suivante. Veronica avait laissé son numéro de téléphone personnel. Je l'ai appelée pour lui dire que je ne pouvais pas me permettre de quitter mon emploi chez McDonald's dans la mesure où je ne savais pas quand Terence Donovan me paierait. Elle m'a sauvé la vie en me répondant que si j'avais besoin d'argent, l'agence pouvait me consentir une avance.

Depuis ce jour, je n'ai plus jamais remis les pieds dans un McDonald's. Après ma conversation avec Veronica, j'ai parcouru tout le foyer pour parler de mon nouveau job non seulement à mes amis mais à toutes celles et tous ceux qui voulaient bien m'écouter. Halwu m'a dit :

– Oh, arrête ! Pour l'amour de Dieu, arrête de frimer ! Tout ça parce que tu vas montrer tes nénés...

– Oui, mais pour mille cinq cents livres par jour !

– Pour ces insignifiantes petites choses ?

Elle a ri.

– Tu devrais avoir honte !

– Mais il ne s'agit pas de ça. C'est vraiment chouette ! Rien de moche dans tout ça... nous allons à Bath et nous descendrons dans un grand hôtel.

– Très bien, mais je ne veux plus en entendre parler et arrête de raconter ça à tout le monde, d'accord ?

La nuit qui a précédé le départ, je n'ai pas pu fermer l'œil. J'aurais voulu que le jour se lève plus vite. J'avais préparé mon sac et mon duffle-coat avant de me coucher, et je les avais posés devant la porte. Terence Donovan avait prévu une limousine pour me conduire à Victoria Station. C'était là que l'équipe – les photographes, les assistants, le directeur artistique, quatre autres mannequins, la maquilleuse, le coiffeur et moi – devait se regrouper afin de prendre le train pour Bath. Je suis arrivée la première à la gare. La deuxième fut Naomi Campbell.

En arrivant à Bath, nous sommes allés directement au Royalton, un véritable palace, et j'ai été stupéfaite de constater que j'avais une immense chambre pour moi toute seule... ou presque, car le premier soir, Naomi est venue me voir pour me demander si elle pouvait dormir avec moi. Elle était très jeune – environ seize ou dix-sept ans –

Photo de Gerry Pomeroy

Waris et sa mère, retrouvailles à Galadi, en Ethiopie, à proximité de la frontière somalienne, 1995.

En vacances à St John, îles Vierges, Noël 1997.

Waris, lors d'une séanc

Photo de Gerry Pomeroy

hoto au Mali, 1994.

Waris, lors d'une séance photo, Iles Vierges britanniques, 1995.

Waris en vacances
au Gabon, 1996.

Waris enceinte
de neuf mois,
de son fils Aleeke.

Waris et Dana en vacances au Gabon, 1996.

Dana et Aleeke, à la maison, Brooklyn, janvier 1998.

Waris photographiée par Koto Bolofo pour l' édition italienne
de *Marie Claire*, printemps 1997.

et adorable, et elle avait peur de se retrouver seule. Je lui ai répondu :

– Bien sûr !

J'étais ravie d'avoir de la compagnie.

– Tu ne leur diras rien, OK ? S'ils apprenaient qu'ils gaspillent leur argent en payant une chambre dans laquelle je ne dors pas, ils seraient furieux.

– Ne crains rien, et reste ici.

Mon expérience personnelle m'a conduite naturellement à jouer les mères. En fait, mes amis me surnomment Maman, parce que j'ai tendance à materner tout le monde.

– Je ne dirai rien, Naomi.

Lorsque nous commencions à travailler le matin, deux filles passaient au maquillage et à la coiffure puis, tandis qu'elles allaient sur le plateau, deux autres prenaient leur place. La première fois, j'ai demandé au coiffeur de me couper les cheveux très court. A cette époque-là, j'étais plutôt bien en chair pour un mannequin parce que je me nourrissais depuis plusieurs mois de la bonne viande bien juteuse de McDonald's. C'est pourquoi j'avais envie d'avoir les cheveux courts pour paraître plus à la mode. Le coiffeur a coupé et coupé jusqu'à ce qu'il ne me reste plus que deux ou trois centimètres. Quelqu'un a dit :

– Ooohh, tu es si différente !

Je voulais vraiment choquer les gens. J'ai dit au coiffeur :

– Vous savez ce que nous allons faire ? Vous allez me décolorer.

– Mon Dieu, non ! Pas question. Ça vous donnerait l'air méchant ou cinglé.

Naomi Campbell a ri.

– Waris, tu sais quoi ? Un jour, tu seras célèbre. Ce jour-là, ne m'oublie pas, OK ?

Bien sûr, c'est le contraire qui s'est produit, c'est elle qui est devenue célèbre.

Nous avons travaillé ainsi pendant six jours, et je n'arrivais pas à croire que je puisse être payée pour ça. Chaque soir, après le travail, on me demandait ce que j'aimerais faire, et je répondais invariablement : du shopping. On mettait la limousine à ma disposition et le chauffeur me conduisait où je voulais ; puis il revenait me chercher.

Finalement, c'est une de mes photos qui a été choisie pour faire la couverture du calendrier, et ce surprenant honneur m'a valu un surcroît de publicité.

A mon retour à Londres, j'ai sauté dans la limousine qui m'attendait à la gare et j'ai demandé au chauffeur de me conduire à l'agence Crawford. Lorsque j'ai franchi la porte de son bureau, Veronica m'a dit :

– Devinez ! Il y a un autre casting pour vous, et c'est juste au coin de la rue. Mais dépêchez-vous, il faut y aller tout de suite.

J'ai protesté, prétextant que j'étais fatiguée.

– J'irai demain.

– Non, non. Ce sera trop tard. C'est à côté. Ils cherchent des James Bond girls pour le nouveau film de James Bond, *The Living Daylights*, avec Timothy Dalton. Laissez votre sac ici et allez-y. Quelqu'un va vous accompagner.

Un des gars de l'agence m'a conduite jusqu'au coin d'une rue voisine et m'a montré un immeuble.

– Vous voyez cette porte là-bas, où il y a beaucoup de monde ? C'est là.

C'était une réplique du casting chez Terence Donovan, mais en pire. A l'intérieur de l'immeuble il y avait une armée de jeunes femmes, debout, penchées, assises, qui bavardaient, frimaient et prenaient des poses.

Un assistant m'a annoncé :

– Nous demandons à toutes les candidates de dire quelques mots.

Cette mauvaise nouvelle m'a fait l'effet d'une bombe, mais je me suis répété que j'étais désormais un mannequin professionnel, que je venais de faire le calendrier Pirelli avec Terence Donovan, et que je pouvais donc me tirer de n'importe quelle situation. Lorsque mon tour est venu, l'assistant m'a fait entrer dans un studio où l'on m'a demandé de me placer sur une marque. J'ai pris les devants :

– Il faut que je vous dise que je ne parle pas très bien l'anglais.

Quelqu'un m'a tendu une feuille de papier.

– Pas de problème, lisez seulement ces quelques lignes.

Oh, mon Dieu, non ! Je devais aussi leur avouer que je ne savais pas bien lire ! Mais ça, c'était trop humiliant.

– Excusez-moi, je dois aller... Je reviens tout de suite.

J'ai quitté le studio et je suis retournée à l'agence. Dieu seul sait combien de temps les personnes chargées du casting du James Bond m'ont attendue avant de comprendre que je ne reviendrais pas. J'ai expliqué à Veronica que je n'avais pas encore fait mon bout d'essai, mais que je voulais récupérer mes affaires car ça menaçait d'être très long. Il était alors treize ou quatorze heures. Je suis rentrée chez moi pour y poser mon sac, et je me suis mise à la recherche d'un salon de coiffure. J'en ai trouvé un à proximité du foyer de la YMCA. En entrant, j'ai été accueillie par un monsieur charmant qui m'a demandé ce que je désirais.

– Une décoloration.

Le coiffeur a froncé les sourcils.

– Eh bien, c'est possible, mais cela va prendre du temps et nous fermons à vingt heures.

– Nous avons donc tout l'après-midi.

– Oui, mais nous avons aussi plusieurs rendez-vous.

Je l'ai supplié jusqu'à ce qu'il se laisse fléchir, mais quand il a appliqué la couche de peroxyde, j'ai tout de suite regretté d'avoir insisté. J'avais les cheveux si courts que les produits chimiques me brûlaient la tête. J'ai eu l'impression que la peau de mon crâne allait partir en lambeaux, mais j'ai serré les dents et attendu que ça passe. Quand le coiffeur m'a rincé les cheveux, ils sont devenus orange. Il a donc fallu faire d'autres applications. A la deuxième, mes cheveux ont viré au jaune ; à la troisième, j'étais enfin blonde.

Je me trouvais très bien, mais lorsque je suis sortie dans la rue, deux petits garçons se sont agrippés à la main de leur mère en criant :

– Maman, maman, qu'est-ce que c'est que ça ? Un homme ou une femme ?

Je me suis dit : « Zut alors ! J'ai peut-être eu tort ? Voilà que je fais peur aux gamins. » Et puis j'ai décidé que je n'en avais rien à faire. Je ne m'étais pas décoloré les cheveux pour plaire aux petits enfants. J'avais envie d'être blonde depuis longtemps et je trouvais le résultat absolument fabuleux.

Une pile de messages en provenance de l'agence m'attendaient au foyer : « Où êtes-vous ? On vous attend au casting ! Allez-vous revenir ? Ils veulent toujours vous voir... » L'agence étant fermée, j'ai appelé Veronica chez elle.

– Waris ! Où diable étiez-vous passée ? Ils croyaient que vous étiez aux toilettes ! Promettez-moi d'y retourner demain matin.

J'avais omis de dire à Veronica que je n'étais plus une jeune femme noire comme les autres, mais une Somalienne blonde. Le lendemain, bien sûr, les gens du casting n'ont vu que ça. Ils se sont tous arrêtés de travailler pour me regarder.

– Wow ! C'est étonnant ! Vous avez fait ça hier soir ?

– Oui.

– Ça par exemple ! J'aime. J'aime beaucoup. Surtout ne changez rien. D'accord ?

– Croyez-moi, je ne suis pas près de recommencer. C'est une vraie torture. La peau de mon crâne est devenue toute blanche.

Nous avons repris le bout d'essai là où nous l'avions laissé la veille.

– Vous vous inquiétez pour votre anglais ; c'est ça votre problème ?

– Oui.

Je n'arrivais toujours pas à leur avouer que je ne lisais pas couramment.

– OK. Placez-vous là ; regardez à droite, regardez à gauche, dites votre nom, votre pays d'origine, le nom de votre agence et ça suffira.

C'était dans mes cordes.

En sortant, comme j'étais à deux pas de l'agence, j'ai pensé que ce serait drôle d'aller leur montrer ma nouvelle tête. Ils sont devenus fous furieux.

– Qu'avez-vous fait à vos cheveux ?

– C'est joli, non ?

– Oh, mon Dieu, non, ce n'est pas joli du tout ! Nous ne pourrons plus vous trouver d'engagement ! Waris, vous auriez dû nous consulter avant de changer votre look à ce point-là. Le client doit savoir à quoi s'attendre. Ce ne sont plus seulement *vos* cheveux, et vous ne pouvez plus en faire ce que vous voulez.

Par contre, les producteurs et le réalisateur du James Bond ont beaucoup aimé mes cheveux blonds, et j'ai été choisie pour être l'une des James Bond girls.

A compter de ce jour, les gens de l'agence m'ont surnommée Guinness. Comme la bière irlandaise du même nom, j'étais brune avec une couronne blanche.

J'étais très excitée à l'idée de faire mes débuts au cinéma, jusqu'au jour où Veronica m'a annoncé :

– Waris, j'ai une bonne nouvelle pour vous. Le James Bond doit se tourner au Maroc.

Je suis restée clouée sur place.

– Veronica, il faut que je vous dise quelque chose. J'aurais préféré ne jamais avoir à le faire, mais malheureusement... Le jour où vous m'avez engagée, vous m'avez demandé si j'avais un passeport, vous vous souvenez ? Eh bien, j'en ai un, mais mon visa n'est plus valable ; si je quitte l'Angleterre, je ne pourrai plus y revenir.

– Waris, vous m'avez menti ! Pour être modèle, vous devez absolument avoir un passeport en règle sinon nous ne pourrons plus vous faire travailler. Vous êtes appelée à voyager constamment. Nous allons devoir résilier votre contrat.

– Non, non, ne faites pas ça ! Je vais réfléchir et trouver une solution.

Veronica m'a lancé un regard incrédule.

– Comme vous voulez.

Durant les deux ou trois jours qui ont suivi, je suis restée dans ma chambre, pensant et repensant à tout ça ; sans résultat. J'ai demandé conseil à tous mes amis, et ils n'ont trouvé qu'une seule solution : il fallait que je me marie ; mais je ne connaissais personne que j'aurais pu épouser. J'étais désolée, non seulement que ma carrière se termine ainsi, mais également d'avoir menti à Veronica et mis l'agence dans l'embarras.

Un soir, je suis descendue à la piscine. Mon amie Marilyn, une jeune femme noire née à Londres, y travaillait comme maître nageur. Dans les semaines qui avaient suivi mon installation au foyer de la YMCA, j'étais souvent descendue à la piscine, mais je me contentais de m'asseoir au bord de l'eau et de prendre plaisir à la regarder. Un jour, Marilyn m'a finalement demandé pourquoi je ne me baignais jamais et j'ai dû lui avouer que je ne savais pas nager.

– Je peux t'apprendre.

– D'accord.

Je suis allée à l'extrémité du bassin où l'eau était la plus profonde et, prenant ma respiration, j'ai plongé. Je me disais qu'il ne pouvait rien m'arriver puisque le maître nageur me surveillait. Et puis, une fois sous l'eau, je me suis mise à nager comme un poisson et j'ai traversé la piscine dans toute sa longueur. Comme j'avais pied, j'ai pu refaire surface, avec un grand sourire.

– J'y suis arrivée ! Je n'arrive pas à le croire ! J'y suis arrivée !

Marilyn était en colère.

– Pourquoi m'avoir dit que tu ne savais pas nager ?

– Je n'avais encore jamais essayé !

Après cet épisode, nous sommes devenues très amies. Marilyn était généreuse et très gentille. Elle habitait avec sa mère à l'autre bout de Londres, et parfois, quand elle finissait tard le soir, elle n'avait pas le courage de rentrer chez elle et couchait dans ma chambre.

Tout en nageant dans la piscine ce soir-là, pour tenter d'oublier mes ennuis, j'ai eu subitement une idée. J'ai rejoint le bord, relevé mes lunettes et haleté :

– Marilyn, j'ai besoin de ton passeport.

– Quoi ? Qu'est-ce que tu racontes ?

Je lui ai expliqué mon problème.

– Waris, tu es complètement dingue ! Tu sais ce qui va arriver ? Ils vont t'arrêter, t'expulser et t'interdire de séjour à vie, et moi, je vais finir en prison. Et tout ça pour quoi ? Pour que tu puisses figurer dans un stupide film de James Bond ? Je ne suis pas d'accord.

– Allons, Marilyn. C'est marrant de prendre des risques, c'est ça l'aventure. Je vais faire une demande de passeport à ton nom, j'y collerai ma photo et j'imiterai ta signature. Il ne me reste pas beaucoup de temps, mais je peux obtenir un passeport temporaire. S'il te plaît, Marilyn... Ne m'oblige pas à laisser passer ma chance de faire du cinéma !

Je l'ai suppliée et implorée pendant des heures, et elle a

finalement cédé la veille de mon départ pour le Maroc. Munies de photos d'identité, nous sommes allées déposer la demande ; une heure après j'avais mon passeport britannique. Comme Marilyn était malade d'inquiétude, je me suis efforcée de la rassurer tandis que nous revenions au foyer.

– Un peu de courage, Marilyn. Arrête, tout se passera bien. Fais-moi confiance.

– Confiance, tu parles ! Je suis sûre que cette idée stupide va gâcher ma vie.

Nous avons décidé d'aller passer la nuit chez sa mère. J'ai proposé de louer des cassettes vidéo, d'acheter des plats chinois à emporter, et je lui ai conseillé de se détendre ; mais lorsque nous sommes arrivées à destination, elle m'a dit :

– Waris, je ne peux pas faire ça. C'est trop risqué. Rends-moi le passeport.

– OK, Marilyn. Si ça doit te mettre dans cet état-là, je ne veux pas continuer à te torturer. Si tu penses que ça va mal tourner, il ne faut pas le faire.

Je le lui ai tendu à regret, tirant du même coup un trait sur ma carrière cinématographique.

– Attends-moi ici, je vais aller le cacher dans ma chambre.

Cette nuit-là, j'ai attendu qu'elle s'endorme profondément avant de fouiller sa chambre. Elle avait une grande bibliothèque, et j'étais persuadée qu'elle avait caché le passeport entre les pages d'un livre. Je les ai feuilletés les uns après les autres. Il fallait que je fasse vite, car la voiture de production qui devait me conduire à l'aéroport d'Heathrow passerait me prendre à sept heures. Soudain, le passeport m'est tombé sur les pieds. Je l'ai ramassé doucement, je l'ai mis dans une poche de mon duffle-coat et je me suis recouchée.

J'ai réussi à me réveiller suffisamment tôt pour avoir le temps de me préparer, et d'être dans la rue avant sept heures, pour que le chauffeur n'ait pas besoin de sonner et de réveiller toute la maisonnée. Il faisait froid, mais je suis restée stoïquement sur le trottoir à grelotter, en attendant que la voiture arrive.

Quitter l'Angleterre n'a posé aucun problème. Au Maroc, ma carrière cinématographique s'est réduite à trois séquences : deux au cours desquelles j'étais censée être « une fille très belle, allongée au bord d'une piscine », et une troisième qui a été tournée dans une maison fantastique à Casablanca. Nous prenions le thé et, pour une raison non précisée, toutes les femmes étaient nues. James Bond faisait irruption au milieu de notre petite réunion en passant à travers le toit. Nous devions nous voiler la face et crier : « Ahhh ! Ohhh ! Mon Dieu ! »

Je ne me plaignais surtout pas. Mon rôle étant muet, je n'avais pas besoin de savoir bien lire.

Nous passions le reste du temps à ne rien faire, flânant dans la maison et le jardin, paressant au bord de la piscine, mangeant et mangeant encore. Je ne me lassais pas de lézarder au soleil, si émue de le revoir après toutes ces années dans les brumes londoniennes. Ne sachant trop comment me comporter avec les gens de cinéma, je restais le plus souvent seule dans mon coin ; ils étaient tous très beaux et intimidants, parlaient un anglais parfait, semblaient tous se connaître et cancanaient à propos des derniers films auxquels ils avaient participé. J'étais ravie d'être de retour en Afrique. Le soir, je sortais et j'allais m'asseoir en compagnie des femmes marocaines qui préparaient à l'extérieur de leurs maisons une cuisine familiale toujours très colorée. Je ne parlais pas leur langue, mais nous échangions des sourires, je leur disais deux mots d'arabe, elles me répondaient par deux mots d'anglais, et ça nous faisait rire.

Un jour, je suis allée à des courses de chameaux en compagnie de membres de l'équipe de tournage. Après avoir assisté à plusieurs courses, je me suis approchée d'un des « jockeys » pour lui demander si je pourrais participer à ces compétitions. Nous avons réussi à communiquer dans un mélange d'arabe et d'anglais, et il m'a fait comprendre que les femmes n'étaient pas autorisées à monter les chameaux.

– Je vous parie que je suis capable de vous battre. Allons-y, je vais vous montrer. Vous ne voulez pas me laisser monter parce que vous avez peur que je gagne.

Il était furieux qu'une gamine ose le défier ; c'est ce qui l'a décidé à me donner ma chance. Le bruit s'est répandu parmi les membres de l'équipe que Waris allait participer à la course suivante ; ils se sont tous rassemblés autour de moi et certains ont essayé de me dissuader. Je leur ai répondu de sortir leur argent et de parier sur moi, car j'allais donner une bonne leçon à ces Marocains. Nous étions une douzaine sur la ligne de départ. Au signal, nous avons filé à toute allure. Je ne connaissais pas le chameau que je montais, j'ignorais comment l'obliger à se surpasser, et la course a été terrifiante. Non seulement les chameaux sont très rapides mais, en courant, ils sautent et se balancent de droite à gauche ; aussi je me cramponnais de toutes mes forces. Je savais que si je tombais, je me ferais piétiner.

Finalement, j'ai terminé deuxième. Les membres de l'équipe étaient très étonnés, et j'ai compris que j'étais montée dans leur estime – surtout lorsqu'ils ont empoché leurs gains – tout en leur paraissant un peu plus étrange encore. Une jeune femme m'a demandé :

– Comment as-tu appris à faire ça ?

J'ai ri.

– C'est simple. Quand on est né sur un chameau, on sait forcément comment le monter.

La course de chameaux n'était qu'une bagatelle comparée à ce qui m'attendait à mon retour à Heathrow. En sortant de l'avion, nous nous sommes mis en rangs pour passer le contrôle des passeports. Les contrôleurs n'arrêtaient pas de crier : « Au suivant ! » Et chaque fois c'était pour moi une torture d'entendre ces deux mots, car ils signifiaient que je faisais un pas de plus vers l'arrestation.

Les fonctionnaires britanniques sont toujours assez durs avec les personnes qui désirent entrer en Grande-Bretagne, mais si vous êtes africain et noir, ils sont encore plus coriaces : vous pouvez vous attendre à ce qu'ils examinent votre passeport à la loupe. Je me sentais tellement mal que j'étais sur le point de m'évanouir, et j'ai songé à m'allonger par terre et à me laisser mourir pour être délivrée de cette angoisse. J'ai prié intérieurement : « Dieu, aide-moi, s'il te plaît. Si je survis à tout ça, je te promets de ne plus jamais agir aussi stupidement. »

A condition que mes jambes ne se dérobent pas sous moi, j'allais bientôt savoir à quoi m'en tenir ; c'est alors que Geoffrey, l'un des modèles, est venu m'arracher mon passeport des mains ! C'était un petit salaud qui prenait plaisir à martyriser les autres, et cette fois, il ne pouvait pas choisir une cible plus vulnérable.

– Je t'en prie... S'il te plaît...

Je m'efforçais de récupérer mon passeport, mais Geoffrey était beaucoup plus grand que moi et le tenait à bout de bras, hors de portée.

Durant le tournage, tout le monde m'avait appelée Waris, et ils me connaissaient tous sous le nom de Waris Dirie. En ouvrant mon passeport, Geoffrey a poussé un cri :

– Bon Dieu ! Écoutez ça, écoutez tous ! Vous ne devinerez jamais comment elle s'appelle : Marilyn Monroe !

– S'il te plaît, rends-le-moi...

Je tremblais. Il s'est mis à courir en rond, en se tordant de rire et en montrant mon passeport à tout le monde.

– Elle s'appelle Marilyn Monroe ! Regardez ça ! Qu'est-ce que c'est que cette histoire ? Pas étonnant que tu te décolores les cheveux !

J'ignorais l'existence d'une autre Marilyn Monroe. Pour moi, il n'y en avait qu'une : mon amie qui était maître nageur au foyer de la YMCA. Heureusement pour moi, je ne savais pas que j'avais pris encore plus de risques en voyageant avec un passeport sur lequel il y avait ma photo et le nom d'une célèbre star de cinéma. A ce moment-là, je m'inquiétais uniquement du fait que j'étais censée être née à Londres alors que je lisais mal l'anglais et que je ne le parlais pas très bien. Je transpirais à grosses gouttes et les mots « c'est fini, je suis fichue » résonnaient dans ma tête.

Toute l'équipe du film s'est prise au jeu.

– Mais alors, quel est ton vrai nom ?

– D'où viens-tu réellement ?

– Je ne savais pas que les Londoniens ne parlaient pas l'anglais !

Ils ne pensaient qu'à se moquer de moi. Finalement, Geoffrey m'a rendu mon passeport. Je suis allée me placer à l'extrémité de la file, les laissant tous passer devant moi, et espérant qu'ils seraient partis quand mon tour viendrait.

– Au suivant !

Au lieu de m'oublier et de se dépêcher d'aller récupérer leurs voitures immédiatement après avoir passé la douane, les membres de l'équipe m'ont attendue pour voir comment j'allais me tirer de ce mauvais pas.

Je me suis dit : « Ressaisis-toi, Waris, ma fille. Tu es capable d'y arriver. » Je me suis avancée et j'ai tendu mon passeport au fonctionnaire avec un sourire éblouissant.

– Hello !

J'ai retenu mon souffle, préférant ne pas prononcer un mot de plus, de peur qu'il ne se rende compte de la mauvaise qualité de mon anglais.

– Belle journée, n'est-ce pas ?

– Hmm.

J'ai fait oui de la tête et souri de nouveau. Il m'a rendu mon passeport, et j'ai franchi le contrôle, majestueuse. Les membres de l'équipe étaient tous plus stupéfaits les uns que les autres. J'ai manqué m'évanouir, mais j'ai réussi à passer devant eux en vitesse, sachant bien que je ne serais pas en sûreté tant que je n'aurais pas quitté l'aéroport. « Continue d'avancer, Waris. Il faut que tu sortes vivante de cet endroit. »

12

Les docteurs

Alors que j'habitais au foyer de la YMCA, j'ai passé, un jour, l'après-midi tout entier à la piscine, à faire des longueurs de bassin. A la sortie du vestiaire, tandis que je me dirigeais vers les escaliers, quelqu'un m'a appelée de la cafétéria. C'était William, un garçon que je connaissais. Il m'a fait signe de le rejoindre.

– Assieds-toi, Waris. Tu veux manger quelque chose ?

Il venait d'entamer un sandwich au fromage.

– Oui, merci, j'en prendrais bien un moi aussi.

Mon anglais était encore hésitant, mais je comprenais l'essentiel de ce que les autres me disaient. Tout en mangeant, il m'a demandé si je voulais aller au cinéma avec lui. Ce n'était pas la première fois qu'il me posait cette question. Il était blanc, jeune et beau, et toujours très gentil. Il a continué à me parler, mais je n'écoutais plus ce qu'il me disait. Je le regardais fixement, j'observais ses lèvres qui bougeaient, et mon cerveau s'est mis à fonctionner à la vitesse d'un ordinateur :

Aller au cinéma avec lui...

Imagine un peu...
Ce doit être sympa d'avoir un petit ami,
Quelqu'un à qui parler,
Quelqu'un qui t'aime...
Mais si je vais au cinéma avec lui,
Il va vouloir m'embrasser,
Et puis il va avoir envie de faire l'amour avec moi...
Si j'accepte,
Il découvrira que je ne suis pas comme les autres,
Que je suis abîmée...
Si je refuse,
Il se mettra en colère et nous nous disputerons...
N'y va pas.
Ça ne vaut pas la peine d'avoir du chagrin.
Réponds non...
Si seulement il était au courant de tes problèmes,
Il comprendrait les raisons de ton refus
Et saurait qu'il n'est pas en cause.

J'ai souri en secouant la tête.

– Non, merci. J'ai trop de travail.

Je prévoyais son regard peiné, et ça n'a pas manqué. J'ai haussé les épaules en pensant : « Je n'y peux rien. »

Mes problèmes s'étaient aggravés lorsque je m'étais installée au foyer de la YMCA. Quand je vivais avec mes parents, en Somalie, ou avec mon oncle et ma tante, à Londres, je ne m'étais jamais trouvée seule avec un homme étranger à la famille. Ceux que j'avais rencontrés alors connaissaient nos coutumes, et l'idée ne leur serait pas venue de me fixer un rendez-vous, sinon ils auraient eu affaire à mon père ou à mon oncle. Mais depuis que j'avais quitté la maison de Harley Street, j'étais seule et, pour la première fois de ma vie, il me fallait affronter ce genre de situation. Le foyer de la YMCA était bourré d'hommes jeunes et célibataires. En fréquentant les boîtes de nuit avec Halwu, j'en avais rencontré d'autres ; et d'autres encore en étant mannequin ; mais je ne m'étais sentie attirée par aucun d'eux. Il ne m'était jamais venu à l'idée de faire l'amour avec un homme, mais mes expériences les plus affreuses m'avaient appris que la réciproque n'était pas vraie.

Malgré tous mes efforts, je ne parviens pas à imaginer ce qu'aurait pu être ma vie si je n'avais pas été excisée. J'aime les hommes et je suis une femme sensible et affectueuse. A cette époque-là, cela faisait six ans que je m'étais sauvée de chez mon père, et la solitude me pesait énormément. Ma famille me manquait et j'espérais bien avoir un jour un mari et pouvoir fonder une famille à mon tour ; mais dans la mesure où j'étais excisée, je n'envisageais absolument pas d'avoir une liaison ; j'étais enfermée en moi-même. C'était comme si les points de suture empêchaient les hommes de me pénétrer sur le plan affectif comme sur le plan physique.

Mes problèmes avaient commencé lorsque j'avais réalisé que j'étais différente des autres filles de mon âge. Après mon arrivée à Londres j'avais découvert peu à peu que toutes n'avaient pas subi la même chose que moi. Vivant avec mes cousines dans la maison de mon oncle Mohammed, j'avais été stupéfaite d'entendre qu'elles urinaient bruyamment, rapidement et tout d'un trait, alors qu'il me fallait une dizaine de minutes pour y parvenir, le minuscule orifice laissé par la femme qui avait pratiqué mon excision permettant à l'urine de s'écouler seulement goutte à goutte.

– Waris, pourquoi tu fais pipi comme ça ? Qu'est-ce qui ne va pas ?

Pensant qu'elles seraient excisées à leur retour en Somalie, je me gardais bien de leur dire la vérité et je m'efforçais de tourner la chose en plaisanterie.

Mes règles, par contre, n'avaient rien de drôle. Depuis le début – alors que j'avais onze ou douze ans – c'était un véritable cauchemar. Elles étaient apparues tandis que je gardais seule mon troupeau de brebis et de chèvres. Ce jour-là, la chaleur étant accablante, je m'étais assise à l'ombre d'un arbre, sans énergie et souffrant de maux de ventre. Je me demandais : « Pourquoi cette douleur ? Je vais peut-être avoir un bébé ? Pourtant je ne peux pas être enceinte, aucun homme ne m'a touchée ! » La douleur est allée croissant, et ma peur également. Une heure plus tard, j'ai voulu faire pipi et j'ai vu du sang couler. J'ai cru que j'allais mourir.

Laissant les animaux brouter, j'ai couru jusqu'au campement et je me suis précipitée vers ma mère en hurlant :

– Je vais mourir ! Oh, maman, je vais mourir !

– Qu'est-ce que tu racontes ?

– Je saigne, maman, je vais mourir !

Elle m'a regardée droit dans les yeux.

– Non, tu ne vas pas mourir. Ne t'inquiète pas. Ce sont tes premières règles.

Je n'avais jamais entendu prononcer ce mot.

– S'il te plaît, tu peux me dire ce que c'est ?

Tandis que je me tordais de douleur, tenant mon ventre à deux mains, elle m'a expliqué tout le processus.

– Mais comment faire cesser la douleur ? Tu sais, j'ai vraiment l'impression que je vais mourir !

– Waris, tu ne peux rien y faire. Tu dois simplement attendre que ça passe.

Je n'avais pas l'intention de me résigner. Je suis revenue près du troupeau et je me suis mise à creuser un trou à l'ombre d'un arbre. L'exercice physique m'a fait du bien et m'a aidée à oublier momentanément la douleur. J'ai creusé jusqu'à obtenir un trou assez profond pour contenir la moitié inférieure de mon corps. J'ai sauté dedans et ramené le sable autour de moi ; celui que j'avais extrait du fond du trou était relativement frais et m'a fait un effet comparable à celui d'une poche de glace. Je suis restée là durant les heures chaudes de la journée.

Chaque mois, pour supporter plus facilement la douleur des règles, je creusais un trou. Par la suite, j'ai découvert que ma sœur Aman agissait de même. Mais ce remède avait des inconvénients. Un jour, mon père est venu me voir et m'a trouvée à demi ensevelie sous un arbre. Vue de loin, c'était comme si l'on m'avait coupée en deux au niveau de la taille et que l'on avait déposé la moitié supérieure sur le sable.

– Qu'est-ce qui se passe ?

En entendant sa voix, j'ai essayé de sortir de mon trou, mais comme le sable s'était tassé, j'ai eu toutes les peines du monde à me dégager. Tandis que je creusais pour libérer mes jambes, mon père a été pris d'un rire nerveux. J'étais trop timide pour lui expliquer pourquoi j'avais fait ça et il a continué à se moquer de moi :

– Si tu veux t'enterrer vivante, fais-le proprement. Continue, ne fais pas les choses à moitié !

Ce soir-là, il a parlé à ma mère de mon étrange comportement. Il craignait que sa fille ne soit en train de se transformer en une sorte d'animal fouisseur, une taupe qui ne pensait qu'à creuser des tunnels, mais maman lui a expliqué ce qui se passait.

Comme ma mère l'avait prédit, je ne pouvais rien contre la douleur. J'étais incapable de le comprendre à l'époque, mais le sang menstruel était refoulé à l'intérieur de mon corps – de la même façon que l'urine – et son écoulement étant continu pendant plusieurs jours, la pression qu'il exerçait était horrible. Comme l'urine, le sang menstruel n'était évacué que goutte à goutte, et mes règles duraient au moins dix jours.

Mes problèmes ont atteint leur paroxysme pendant que j'habitais chez mon oncle Mohammed. Tous les matins de bonne heure, je préparais son petit déjeuner. Un jour, alors que je portais le plateau de la cuisine à la salle à manger où il attendait d'être servi, je me suis trouvée mal, et la vaisselle s'est brisée par terre. Mon oncle s'est précipité à mon secours et s'est mis à me gifler pour tenter de me faire revenir à moi. Commençant à reprendre connaissance, je l'ai entendu crier, loin, très loin :

– Maruim ! Maruim ! Elle s'est évanouie !

Lorsque j'ai rouvert les yeux, tante Maruim m'a demandé ce qui n'allait pas et je lui ai répondu que j'avais eu mes règles le matin même.

– Ce n'est pas normal, il faut que je te conduise chez mon médecin. Je vais prendre un rendez-vous pour cet après-midi.

J'ai expliqué au docteur que mes règles étaient toujours

très douloureuses et qu'il m'arrivait souvent de m'évanouir. La douleur me paralysait et je ne savais pas quoi faire.

– Pouvez-vous quelque chose pour moi ? Je ne peux plus le supporter.

Je ne lui ai pas dit que j'avais été excisée. Je ne savais même pas comment aborder ce sujet. A cette époque, j'étais encore une toute jeune fille et, dans mon esprit, tout ce qui touchait aux fonctions de mon organisme était mêlé d'ignorance, de confusion mentale et de honte. Dans la mesure où je pensais que l'excision était le lot de toutes les femmes, je n'étais même pas sûre que ce soit la cause de mes problèmes. Comme ma mère ne connaissait que des femmes excisées qui enduraient le même calvaire – considéré comme partie intégrante de la nature féminine –, elle avait estimé que mes souffrances n'étaient pas anormales.

Ne m'ayant pas examinée, le docteur n'avait pas découvert mon secret.

– Tout ce que je peux faire, c'est vous ordonner des pilules contraceptives qui supprimeront vos règles, et donc la douleur.

J'ai pris les pilules indiquées, même si cette idée ne m'enchantait guère. J'avais entendu ma cousine Basma dire qu'elles étaient mauvaises pour la santé. Mais dans le mois qui a suivi, les saignements et les douleurs qui les accompagnaient ont cessé. Comme le médicament faisait croire à mon corps que j'étais enceinte, le traitement a eu des effets inattendus. Mes fesses et mes seins se sont développés, mon visage s'est rempli, et j'ai beaucoup grossi. Ces changements radicaux m'ont paru si peu naturels et si inquiétants que j'ai décidé d'arrêter de prendre ces pilules, préférant affronter la douleur. « Affronter la douleur », je ne pensais pas si bien dire, car tout est revenu aussitôt – les saignements et le reste, pire que jamais.

Plus tard, j'ai consulté un deuxième docteur, mais cette nouvelle expérience a été une répétition de la première : il voulait, lui aussi, m'ordonner des pilules contraceptives. Je lui ai expliqué que j'avais déjà essayé ce médicament et que je ne supportais pas ses effets secondaires. Malheureusement, quand j'arrêtais de prendre ces pilules, j'étais hors d'état de vivre pendant plusieurs jours chaque mois ; je restais au lit et je souhaitais mourir pour mettre fin à mes souffrances. Je lui ai demandé s'il existait une autre solution, et il m'a répondu :

– Qu'espérez-vous ? La plupart des femmes qui prennent des pilules contraceptives n'ont plus leurs règles. Quant à celles qui ont leurs règles, elles ont également des douleurs. Faites votre choix.

Après avoir entendu un troisième docteur me tenir le même discours, j'ai compris que j'avais besoin de m'y prendre autrement et j'en ai parlé à ma tante :

– Il faudrait peut-être que je voie un autre genre de docteur ?

Elle m'a foudroyé du regard.

– Non, absolument pas. A propos, que dis-tu à tous ces médecins ?

– Rien. Seulement que j'aimerais que ces douleurs cessent, c'est tout.

J'avais parfaitement compris ce qu'elle avait voulu insinuer en me posant cette question : l'excision est une de nos coutumes africaines, il n'était pas question d'en parler avec ces hommes blancs.

J'ai pensé que c'était pourtant ce que j'allais devoir faire si je voulais en finir avec mes souffrances et ne plus être une invalide pendant un tiers du temps. Je savais également que la démarche que j'étais sur le point d'entreprendre ne serait jamais acceptée par ma famille. Il fallait donc que je revoie, en secret, un des trois docteurs et que je lui explique que j'avais été excisée. Peut-être alors pourrait-il m'aider.

J'ai choisi le premier, le Dr Macrae, parce qu'il consultait également dans un grand hôpital, mais son carnet de rendez-vous étant très chargé, il m'a fallu patienter un mois ; un mois atroce. Le jour venu, j'ai trouvé une excuse pour justifier mon absence, et je suis allée à l'hôpital. Lorsque je me suis retrouvée en présence du Dr Macrae, je lui ai avoué que je ne lui avais pas tout dit la première fois :

– Je suis née en Somalie… et je… je…

C'était terrible de devoir lui révéler cet horrible secret avec les quelques mots d'anglais que je connaissais :

– J'ai été coupée et cousue.

Il m'a à peine laissé le temps de finir ma phrase.

– Déshabillez-vous, il faut que je vous examine.

Il a lu la terreur dans mes yeux.

– N'ayez pas peur.

Il a appelé l'infirmière pour qu'elle me montre où me déshabiller et comment enfiler la casaque blanche ouverte dans le dos.

Lorsque nous sommes revenues dans le cabinet du Dr Macrae, je me suis vraiment demandé dans quel guêpier je m'étais fourrée. Qu'une jeune fille de mon pays accepte de s'allonger sur cette table étrange, écarte les jambes et laisse un homme blanc examiner cette partie de son corps était bien la chose la plus honteuse que je pouvais imaginer. Le docteur a essayé d'écarter mes genoux.

– Détendez-vous. Il ne vous arrivera rien, je suis médecin et l'infirmière est là...

Je me suis tordu le cou pour regarder dans la direction qu'indiquait sa main tendue. L'infirmière m'a souri pour me rassurer, et j'ai fini par céder, me forçant à penser à autre chose, faisant comme si je n'étais pas là, comme si j'étais revenue en Afrique et que je marchais dans le désert en compagnie de mes chèvres, par une belle journée.

Après m'avoir examinée, le Dr Macrae a demandé à l'infirmière s'il y avait quelqu'un dans l'hôpital qui parlait le somali, et elle lui a répondu qu'une Somalienne travaillait à l'étage en dessous. Mais quand elle est revenue, elle était accompagnée d'un homme parce que la Somalienne n'était pas de service. Je me suis dit : « Magnifique ! Voilà bien ma veine. Il ne pouvait rien m'arriver de pire que d'avoir à parler de cette horrible chose par l'entremise d'un homme de chez moi ! »

Le Dr Macrae lui a dit :

– Expliquez-lui qu'elle est beaucoup trop fermée. Je ne comprends même pas comment elle a pu s'en tirer jusque-là. Il faut l'opérer le plus vite possible.

J'ai tout de suite vu que le Somalien n'était pas content. Il pinçait les lèvres en signe de désapprobation et lançait des regards furieux au docteur. Voyant son attitude et comprenant quelques mots d'anglais, j'ai senti que sa traduction ne serait pas très fidèle.

– Eh bien, si tu le désires vraiment, ils peuvent t'opérer ; mais sais-tu que c'est contraire à notre culture ? Est-ce que ta famille est au courant ?

– Non.

– Chez qui habites-tu ?

– Chez mon oncle et ma tante.
– Ils savent que tu es là ?
– Non.
– A ta place, je commencerais par leur en parler.

J'ai approuvé d'un signe de tête, mais je n'en pensais pas moins : « Voilà bien la réponse d'un Africain. Merci pour tes bons conseils, mon frère. Si j'agissais ainsi, ce serait la fin de tout. »

Le Dr Macrae a ajouté qu'il ne pouvait pas m'opérer tout de suite. Il fallait que je prenne rendez-vous. Je savais que c'était impossible, que ma tante finirait par être informée, mais je lui ai tout de même répondu :

– Oui, j'appellerai pour prendre rendez-vous.

Une année s'est écoulée, et je n'ai pas téléphoné. Tout de suite après le départ de mon oncle et ma tante, je me suis enfin décidée à le faire, mais la première date possible était deux mois plus tard. Pendant ces deux mois, j'ai eu tout le temps de réfléchir et de me souvenir de l'horreur qu'avait été mon excision. J'ai pensé que l'opération serait la répétition du même processus, et plus j'y pensais, plus je me disais que je ne pourrais pas supporter ça une seconde fois. Lorsque le jour est arrivé, je ne suis pas allée à l'hôpital et je n'ai pas téléphoné.

J'habitais alors au foyer de la YMCA et je travaillais chez McDonald's. Mes problèmes de règles ne s'étaient pas atténués, mais je devais gagner ma vie et je ne pouvais pas espérer garder un emploi si je m'absentais une semaine tous les mois. Il fallait donc que je me débrouille malgré tout, et seuls mes amis voyaient bien que je n'étais pas en forme. Dans ces moments-là, Marilyn ne cessait de me demander ce qui n'allait pas, et j'ai fini par lui expliquer que j'avais été excisée quand j'étais petite fille, en Somalie.

Marilyn était née et avait été élevée à Londres, elle ne pouvait donc pas comprendre de quoi je parlais.

– Pourquoi tu ne me montres pas, Waris ? Je ne sais vraiment pas de quoi il s'agit. Est-ce qu'ils t'ont coupée là ? Enlevé ça ? Qu'est-ce qu'ils t'ont fait ?

Un jour, j'ai finalement ôté ma culotte et je lui ai montré. Je n'oublierai jamais l'expression de son visage. Des larmes ont roulé sur ses joues, et elle a détourné la tête. Désespérée, je pensais : « Oh, mon Dieu, c'est vraiment si terrible ? » Les premiers mots de Marilyn ont été :

– Waris, est-ce que tu ressens quelque chose ?

– De quoi parles-tu ?

Elle s'est contentée de secouer la tête.

– Tu te souviens comment c'était quand tu étais petite fille ? Avant qu'ils ne te fassent ça.

– Oui.

– Eh bien, moi je suis toujours pareille. Toi, tu n'es plus la même.

A présent, j'étais sûre. Je n'avais plus besoin de me poser la question ni même de faire semblant de croire que toutes les femmes étaient mutilées comme moi. J'étais certaine d'être différente. Je ne pouvais souhaiter à personne de souffrir comme je l'avais fait, mais je ne voulais pas être seule.

– Vous n'avez pas connu ça, ta mère et toi ?

Elle a secoué la tête et s'est remise à pleurer.

– C'est horrible, Waris. Je n'arrive pas à croire que quelqu'un ait pu te faire ça.

– Oh, arrête, ne me rends pas triste, s'il te plaît.

– Moi, je suis triste. Triste et furieuse. Je pleure parce que je ne pensais pas qu'il y avait dans le monde des gens capables de faire ça à une petite fille.

Pendant un moment, nous sommes restées assises sans parler. Marilyn continuait de sangloter, et j'étais incapable de la regarder. Puis j'ai décidé que ça suffisait.

– Oh, et puis merde ! Je vais me faire opérer. Demain, je vais appeler ce docteur. Au moins, je prendrai plaisir à aller aux toilettes. C'est tout ce que je peux espérer éprouver, mais c'est mieux que rien.

– Je t'accompagnerai, Waris. Je serai là. Je te le promets.

Marilyn a appelé le cabinet du Dr Macrae et pris rendez-vous pour moi. Cette fois, il m'a fallu patienter un mois durant lequel je n'ai cessé de demander à Marilyn :

– Tu es sûre que tu viendras avec moi ?

– Ne t'inquiète pas. Je viendrai. Je serai là.

Le matin du jour prévu pour mon opération, elle m'a réveillée tôt et nous sommes allées ensemble à l'hôpital. L'infirmière nous a conduites à la salle d'opération. Lorsque j'ai vu la table, j'ai failli faire demi-tour et m'enfuir. C'était tout de même mieux qu'un rocher dans la brousse, mais j'avais peu d'espoir que ce soit beaucoup plus agréable.

Le Dr Macrae m'a injecté un anesthésique – produit qui m'aurait bien aidée quand la Tueuse m'avait charcutée – et Marilyn m'a tenu la main pendant que je m'endormais.

Quand je me suis réveillée, ils m'avaient installée dans une chambre à deux lits avec une femme qui venait juste d'accoucher, et la première question qu'elle m'a posée

– ainsi que tous les gens que je rencontrais à la cafétéria au moment des repas – a été :

– Pourquoi êtes-vous là ?

Que répondre ? « On m'a opéré du vagin. J'étais beaucoup trop étroite ! » Je n'ai jamais dit la vérité à personne. J'ai préféré parler d'ennuis gastriques.

Même si ma guérison a été beaucoup plus rapide qu'après mon excision, j'ai revécu certains de mes plus mauvais souvenirs de cette époque. Chaque fois que j'avais besoin de faire pipi, c'était le même cauchemar : j'avais l'impression que de l'acide brûlait ma plaie. Au moins, les infirmières m'ont autorisée à prendre un bain, et je me suis plongée avec délices dans l'eau chaude. Elles m'ont aussi donné des analgésiques pour que ce ne soit pas trop dur, mais j'ai tout de même été très contente d'en voir la fin.

Le Dr Macrae a fait du bon travail, et je lui en suis très reconnaissante. Il m'a dit :

– Vous savez, vous n'êtes pas la seule. Je peux même vous dire que je reçois beaucoup de femmes qui ont le même problème que vous. Elles sont originaires d'Égypte, du Soudan, de Somalie. Certaines sont enceintes et terrorisées, car il est très dangereux d'accoucher en étant cousue. Cela peut entraîner des tas de complications : le bébé peut s'étouffer en essayant de sortir par un orifice trop étroit, ou la mère peut avoir une hémorragie fatale. Alors, sans la permission de leurs maris ou de leurs familles, elles viennent me trouver, et je fais de mon mieux.

En deux ou trois semaines, je suis redevenue normale. Enfin presque. J'étais une nouvelle femme. Je pouvais m'asseoir sur les toilettes et uriner tout d'un trait : difficile d'expliquer le sentiment de liberté que cela me procurait !

13

Problèmes de passeport

En quittant l'aéroport d'Heathrow, à mon retour du Maroc, j'ai demandé au chauffeur de taxi de me conduire directement chez Marilyn Monroe. Lâchement, je ne lui avais pas téléphoné durant le tournage du James Bond, espérant que le temps apaiserait sa colère.

Plantée sur le pas de sa porte avec, à la main, un sac plein de cadeaux, j'ai appuyé nerveusement sur le bouton de la sonnette. Elle est venue ouvrir, son visage s'est épanoui de joie, et elle s'est précipitée pour m'embrasser.

– Tu t'en es tirée ! Petite garce, tu t'en es bien tirée !

Elle m'a volontiers pardonné d'avoir volé le faux passeport. Elle était tellement impressionnée que j'aie eu suffisamment d'audace pour réussir mon coup, qu'elle ne pouvait pas m'en vouloir. Je lui ai promis de ne plus utiliser son passeport, de ne plus nous faire courir de risques aussi insensés. Il m'était facile de lui faire cette promesse après les moments épouvantables que je venais de vivre.

J'étais heureuse que Marilyn se montre si magnanime car elle était vraiment ma meilleure amie. Je n'allais du reste pas tarder à devoir compter sur son amitié.

Après les deux succès consécutifs que je venais d'enregistrer – le calendrier Pirelli avec Terence Donovan et mes débuts cinématographiques comme James Bond girl – je pensais avoir de beaux jours devant moi ; mais ma carrière de mannequin a tourné court du jour au lendemain, s'interrompant aussi brusquement et mystérieusement qu'elle avait commencé.

Sans travail ni argent, je n'avais plus les moyens de garder ma chambre au foyer de la YMCA. Marilyn m'a proposé de m'installer dans la maison de sa mère, ce que j'ai accepté avec joie. J'étais très contente de retrouver une vraie maison et, d'une certaine manière, une famille. J'y suis finalement restée sept mois, et même si elles ne se sont jamais plaintes, j'ai eu peur d'abuser de leur hospitalité. J'avais réussi à retrouver des petits jobs comme modèle, mais pas suffisamment pour subvenir à mes besoins. J'ai donc accepté l'invitation d'un ami de mon coiffeur, un Chinois prénommé Frankie. Il était propriétaire d'une grande maison et m'a offert généreusement de m'héberger en attendant que ma carrière redémarre.

En 1987, peu après mon déménagement, *The Living Daylights* est sorti sur les écrans. Deux semaines plus tard, la veille de Noël, un autre ami m'a emmenée réveillonner dans un restaurant. Londres était en fête et, prise par l'ambiance, je suis rentrée me coucher très tard. J'avais à peine la tête sur l'oreiller que je me suis endormie ; mais j'ai été réveillée peu après par quelqu'un qui frappait avec insistance aux carreaux de la fenêtre de ma chambre. Je me suis levée et j'ai aperçu l'ami avec lequel j'avais passé la soirée et une bonne partie de la nuit. Il brandissait un journal et essayait de me dire quelque chose. Comme je n'entendais rien, je suis allée ouvrir la fenêtre.

– Waris ! Tu es en première page du *Sunday Times* !

– Oh... ! Vraiment ?

Je me suis frotté les yeux.

– Oui ! Regarde...

Il a déplié le journal ; mon portrait de trois quarts, plus grand que nature, occupait toute la première page. Mes cheveux blonds resplendissaient, et j'avais l'air déterminé.

– C'est sympa... Maintenant je retourne me coucher... dormir...

J'ai regagné mon lit en trébuchant. C'est seulement en me réveillant, vers midi, que j'ai réalisé l'effet que pourrait produire une telle publicité. Être en première page du *Sunday Times* de Londres ne pouvait manquer de faire bouger les choses. J'ai décidé de forcer la chance : j'ai couru dans tout Londres, participant à tous les castings ; j'ai harcelé mon agence ; j'ai même fini par en changer, mais la situation ne s'est pas améliorée.

Les responsables de ma nouvelle agence m'ont expliqué qu'il n'y avait pas beaucoup de travail à Londres pour un mannequin noir.

– Il faudrait que vous alliez participer à des castings à l'étranger : Paris, Milan, New York.

J'étais d'accord pour voyager, mais j'avais toujours le même problème : mon passeport. Ils m'ont répondu qu'ils avaient entendu parler d'un avocat nommé Harold Wheeler qui avait aidé plusieurs immigrants à régulariser leur situation. Pourquoi ne pas aller le voir ?

J'ai pris rendez-vous avec Harold Wheeler et découvert qu'il exigeait une somme exorbitante – deux mille livres –

pour m'aider. J'ai tout de même réfléchi : si j'avais la possibilité de voyager, je trouverais du travail à l'étranger et je n'aurais pas de mal à amortir cet investissement ; par contre ma situation actuelle aboutirait rapidement à une impasse. En réunissant tout l'argent dont je pouvais disposer, j'ai fini par rassembler la somme nécessaire, mais je craignais de confier toutes mes économies à cet avocat et de découvrir par la suite que c'était un escroc.

Laissant l'argent chez moi, je suis allée à un deuxième rendez-vous en compagnie de Marilyn, afin qu'elle me donne son avis sur le personnage lui-même et la transaction qu'il me proposait. J'ai appuyé sur le bouton de l'interphone ; la secrétaire de Wheeler nous a ouvert la porte. Marilyn m'a attendu au secrétariat pendant que Wheeler me recevait dans son cabinet. Je lui ai parlé franchement :

– Dites-moi la vérité. Je veux savoir si le passeport que vous me proposez vaut bien les deux mille livres que vous réclamez. Est-ce que je pourrai voyager dans le monde entier en toute légalité ? Je ne veux pas me retrouver bloquée dans un endroit perdu, ni me faire expulser. Et d'abord, comment l'obtiendrez-vous ?

– Je crains fort de ne pas pouvoir vous révéler ma façon de procéder. Vous devez vous en remettre à moi. Si vous désirez un passeport, je suis en mesure de vous en fournir un. Et vous pouvez me croire, il sera parfaitement en règle. L'ensemble du processus prendra deux semaines. Quand votre passeport sera prêt, ma secrétaire vous passera un coup de fil.

Génial ! Dans deux semaines, j'allais pouvoir partir où et quand je voudrais.

– Eh bien, d'accord, ça me paraît bien. Qu'est-ce qu'il faut que je fasse ?

Wheeler m'a alors expliqué que je devrais faire un mariage blanc avec un ressortissant irlandais ; il connaissait justement la personne adéquate. La quasi-totalité des deux mille livres irait à ce mari complaisant, Wheeler ne prélevant au passage que de modestes honoraires. J'aurais rendez-vous avec mon futur mari dans les bureaux de l'état civil et je devrais me munir de cent cinquante livres pour les frais supplémentaires. Il a noté sur un papier la date et l'heure de mon mariage et, tout en écrivant, il a ajouté avec son accent très british :

– Le gentleman que vous devrez épouser est un certain M. O'Sullivan.

Il m'a regardée en souriant légèrement.

– Au fait, permettez-moi de vous présenter mes félicitations.

Un peu plus tard, j'ai demandé à Marilyn comment elle trouvait ce type, et si elle pensait que je pouvais lui faire confiance. Elle m'a répondu :

– Il a un beau cabinet, dans un bel immeuble d'un beau quartier. Il a une plaque en cuivre à son nom et une secrétaire. Il me semble tout à fait sérieux.

Le jour de mon mariage, Marilyn m'a accompagnée pour me servir de témoin. Tandis que nous attendions devant l'immeuble où se trouvait le bureau de l'état civil, nous avons vu un vieil homme au visage flétri et rougeaud, aux cheveux en bataille, descendre la rue en titubant. Nous avons ri de lui jusqu'à ce qu'il s'arrête à notre hauteur et fasse mine d'emprunter l'escalier menant au bureau de l'état civil. Nous nous sommes regardées, atterrées.

– Vous êtes M. O'Sullivan ?

– En personne.

Il a baissé la voix :

– Vous êtes celle qui... ?

J'ai fait oui de la tête.

– Vous avez l'argent, jeune fille ?

– Oui.

– Cent cinquante livres ?

– Oui.

– Vous êtes une bonne fille. Eh bien alors, allons-y ; dépêchons-nous. Il n'y a pas de temps à perdre.

Mon futur époux empestait le whisky et était de toute évidence complètement soûl. Tout en le suivant dans l'escalier, j'ai murmuré à Marilyn :

– J'espère qu'il va tenir le coup jusqu'à ce que j'aie mon passeport !

L'employée de l'état civil a commencé à célébrer la cérémonie, mais j'avais beaucoup de mal à me concentrer. J'étais constamment distraite, car M. O'Sullivan ne cessait de tanguer dangereusement. Au moment où l'employée prononçait la formule consacrée : « Waris Dirie, acceptez-vous de prendre pour époux... » il s'est écroulé avec un bruit sourd. Sur le coup, j'ai pensé qu'il était mort, puis j'ai vu qu'il respirait péniblement, la bouche ouverte. Je me suis agenouillée, je l'ai secoué et je me suis mise à crier :

– Monsieur O'Sullivan, réveillez-vous !

Peine perdue. J'ai regardé Marilyn du coin de l'œil :

– Juste le jour de mon mariage !

Marilyn, appuyée contre le mur, se tenait le ventre à deux mains tellement elle riait.

– C'est bien ma chance ! Mon cher mari me claque dans les doigts au moment de dire oui.

Dans une situation aussi ridicule, j'ai pensé qu'il valait mieux rire. Les mains sur les genoux, l'employée s'est penchée pour examiner mon fiancé par-dessus ses petites lunettes en demi-lune.

– Est-ce que ça va aller ?

J'ai eu envie de lui répondre : « Comment voulez-vous que je le sache ? » Mais je me suis retenue pour ne pas vendre la mèche.

– Réveillez-vous ! Allons, réveillez-vous !

J'ai commencé à le gifler bruyamment.

– S'il vous plaît, donnez-moi un peu d'eau. Faites quelque chose !

J'ai ri nerveusement. L'employée m'a apporté un verre d'eau que j'ai jetée à la figure du vieil homme.

– Pouah !

Il a grogné et, reniflant bruyamment, il a ouvert les yeux. Tirant et poussant de toutes nos forces, nous avons réussi à le remettre sur pied. Craignant qu'il ne retombe dans les pommes, j'ai marmonné :

– Finissons-en vite.

Je l'ai pris dans mes bras, amoureusement mais fermement, jusqu'à ce que la cérémonie soit finie. Nous sommes redescendus dans la rue, M. O'Sullivan a réclamé ses cent cinquante livres, et j'ai noté son adresse, au cas où... Puis il s'est éloigné en fredonnant une chansonnette, avec, dans sa poche, mes dernières économies.

Une semaine plus tard, Harold Wheeler m'a appelée

personnellement pour me prévenir que mon passeport était prêt, et je me suis précipitée à son cabinet. Il s'agissait d'un passeport irlandais établi au nom de Waris O'Sullivan. Je n'étais pas experte en passeports, mais celui-ci avait l'air bizarre ; et même, à bien y regarder, très bizarre : aussi toc que si quelqu'un l'avait fabriqué dans son sous-sol.

– C'est ça ? Je veux dire : c'est un vrai passeport ? Je peux voyager avec ça ?

– Absolument. C'est un passeport irlandais.

Je l'ai tourné dans tous les sens en le feuilletant.

– S'il fait l'affaire, peu importe de quoi il a l'air.

Je n'ai pas eu à attendre longtemps avant de savoir à quoi m'en tenir. Ma nouvelle agence m'a pris des rendez-vous à Paris et à Milan, et nous avons préparé activement mon voyage sur le continent ; mais deux jours plus tard j'ai reçu une convocation en provenance du service de l'Immigration. Je me suis sentie mal et j'ai imaginé le pire, mais que faire d'autre sinon y aller, tout en sachant que je pouvais être expulsée séance tenante ou emprisonnée. Adieu Londres, Paris, Milan. Fini ma carrière de mannequin. Rebonjour les chameaux.

Le lendemain, je me suis rendue au service de l'Immigration en métro. En suivant les interminables couloirs du gigantesque bâtiment administratif, j'ai eu l'impression de pénétrer dans une nécropole. Entrant dans le bureau que l'on m'avait indiqué, je me suis trouvée face aux visages les plus mortellement sérieux que j'aie jamais vus. L'un des hommes au masque de pierre m'a ordonné de m'asseoir et mon interrogatoire a commencé :

– Comment vous appelez-vous ?
– Quel est votre nom de jeune fille ?
– Où êtes-vous née ?
– Comment avez-vous obtenu ce passeport ?
– Comment s'appelle la personne qui vous l'a fourni ?
– Combien avez-vous payé pour ça ?

Ils notaient tout ce que je leur disais, et je savais qu'une seule mauvaise réponse pourrait me valoir de me retrouver menottes aux mains. J'ai donc décidé de leur en dire le moins possible. Quand j'avais besoin de gagner du temps, de réfléchir à ce que je devais répondre, je mettais à profit mes dons de comédienne, je me réfugiais derrière la barrière linguistique.

Ils ont gardé mon passeport en m'expliquant qu'ils me le rendraient quand je reviendrais les voir en compagnie de mon mari. C'était bien la dernière chose que j'aurais aimé entendre, mais au moins, j'avais réussi à ne pas leur parler de Harold Wheeler. Il fallait absolument que je revoie ce voleur et que je récupère mon argent avant que la police ne mette la main sur lui, sinon je pouvais dire adieu à mes deux mille livres.

En quittant le service de l'Immigration, je suis allée tout doit à son cabinet et j'ai appuyé sur le bouton de l'interphone. Je me suis annoncée, disant que j'avais besoin de voir M. Wheeler de toute urgence, mais sa secrétaire m'a répondu qu'il était absent et a refusé de m'ouvrir la porte. Je suis revenue tous les jours et j'ai téléphoné plusieurs fois par jour, pour entendre chaque fois la même réponse. Jouant les détectives privés, j'ai passé une journée à surveiller son immeuble, mais cette ordure ne s'est pas montrée.

Par ailleurs, il fallait que je présente mon « mari » à ces

messieurs du service de l'Immigration. Il habitait Croydon, une banlieue du sud de Londres où les immigrés étaient nombreux et où vivait une importante colonie somalienne. J'ai pris un taxi en sortant de la gare car le train n'allait pas jusque chez lui. En descendant sa rue, seule, je ne cessais de regarder par-dessus mon épaule. Je n'étais pas très rassurée de me retrouver là. Son adresse correspondait à un immeuble délabré. Il occupait un appartement au rez-de-chaussée. J'ai frappé à sa porte. Pas de réponse. J'ai fait le tour de l'immeuble pour regarder par la fenêtre, mais je n'ai rien vu. Où pouvait-il bien être à cette heure de la journée, sinon au pub ? Je suis allée jusqu'au pub le plus proche et je l'ai trouvé assis au bar.

– Vous vous rappelez de moi ?

Le vieil homme a tourné la tête pour me regarder, puis a repris sa position initiale, s'absorbant de nouveau dans la contemplation des bouteilles rangées derrière le bar. Il fallait que je réfléchisse vite. Je devais lui apprendre la mauvaise nouvelle et lui demander de m'accompagner au service de l'Immigration, tout en sachant parfaitement qu'il ne serait pas d'accord.

– Voilà toute l'histoire, monsieur O'Sullivan. Les gens du service de l'Immigration ont gardé mon passeport. Ils désirent vous parler, juste deux ou trois petites questions avant de me le rendre. Ils veulent être sûrs que nous sommes vraiment mariés. Je n'ai pas pu trouver ce foutu avocat. Il a disparu et je n'ai plus personne pour m'aider.

Il a bu une gorgée de whisky en secouant la tête.

– Vous avez reçu deux mille livres pour m'aider à obtenir un passeport !

Cette dernière phrase a attiré son attention. Il s'est retourné pour me regarder, bouche bée d'étonnement.

– Tu m'as donné cent cinquante livres, chérie. De toute ma vie, je n'ai jamais possédé deux mille livres, sinon je ne serais pas ici.

– J'ai versé deux mille livres à Harold Wheeler pour que vous m'épousiez !

– Eh bien, il les a gardées pour lui. Si tu as été assez stupide pour filer deux mille balles à ce mec, c'est ton problème, pas le mien.

Je l'ai supplié de m'aider, mais il s'en foutait. Je lui ai proposé de venir le chercher en taxi pour qu'il n'ait pas à prendre le train, mais il n'a pas bougé de son tabouret. Cherchant l'argument qui réussirait à le convaincre, je lui ai offert de le payer :

– Je vous donnerai de l'argent. En sortant du service de l'Immigration, nous irons au pub et vous pourrez boire tout ce que vous voudrez.

Mon offre a éveillé en lui un intérêt sceptique. Il s'est retourné vers moi en haussant les sourcils. Je me suis dit : « Vas-y, Waris, profite de ton avantage. »

– Du whisky, des verres de whisky alignés tout le long du comptoir, OK ? Je serai chez vous demain matin et nous appellerons un taxi pour aller à Londres. Ça vous prendra seulement quelques minutes. Deux ou trois petites questions et puis nous irons tout droit au pub le plus proche. D'accord ?

Il a fait oui de la tête avant de revenir aux bouteilles rangées derrière le bar.

Le lendemain, je suis retournée à Croydon et j'ai frappé à la porte du vieil homme. Pas de réponse. J'ai suivi les rues désertes jusqu'au pub de la veille, mais je n'y ai trouvé que le barman, sanglé dans un tablier blanc et qui sirotait un café en lisant le journal.

– Vous avez vu M. O'Sullivan aujourd'hui ?

Il a secoué la tête.

– Non, chérie, c'est encore trop tôt pour lui.

Je suis revenue précipitamment jusqu'à l'immeuble minable et j'ai tambouriné à la porte, toujours sans résultat. Je me suis assise sur la marche du seuil et j'ai dû me boucher le nez tellement ça empestait l'urine. Tandis que je réfléchissais à ce que je devais faire, deux petits durs d'une vingtaine d'années sont venus se planter devant moi, et l'un d'eux a grogné :

– Qui es-tu ? Qu'est-ce que tu fous devant la porte de mon vieux ?

J'ai répondu le plus gentiment du monde.

– Oh, salut ! Je ne sais pas si tu es au courant, mais j'ai épousé ton père.

Ils ont écarquillé les yeux, et le plus baraqué des deux a crié :

– Quoi ! Qu'est-ce que c'est que cette connerie ?

– Je suis vraiment dans le pétrin et j'ai besoin de votre père. Je veux seulement qu'il m'accompagne au service de l'Immigration pour répondre à deux ou trois questions. Ils ont gardé mon passeport et je dois le récupérer...

– Fous le camp, espèce de salope !

– Attendez, j'ai donné tout mon argent à votre père et je ne m'en irai pas avant de l'avoir récupéré.

Les deux petites brutes n'étaient pas de cet avis. L'un d'eux a tiré une matraque de sa veste et l'a brandie, menaçant de me fendre le crâne.

– Ah, ouais ? Eh bien, on va te filer une trempe et te faire passer l'envie de revenir dans le quartier raconter tes conneries.

Son frère a ricané ; il lui manquait quelques dents. J'en avais assez vu. Ces mecs n'avaient vraiment rien à perdre. Ils étaient capables de me battre à mort sur le pas de cette porte, et personne n'interviendrait. Je me suis levée d'un bond et j'ai détalé. Ils m'ont poursuivie pendant une centaine de mètres et, satisfaits de m'avoir foutu la frousse, ils m'ont laissée filer.

En rentrant chez Frankie ce jour-là, j'ai décidé de retourner à Croydon jusqu'à ce que je retrouve le vieux O'Sullivan. Je n'avais pas le choix. Non seulement Frankie m'offrait le gîte mais, depuis quelque temps, il m'offrait aussi le couvert, et j'avais dû emprunter de l'argent à d'autres amis. Cette situation ne pouvait pas durer. J'avais confié tout ce que je possédais à cet escroc qui se prétendait spécialisé dans les affaires d'immigration, et sans passeport je ne pouvais pas travailler. Je n'avais pas grand-chose à perdre, sinon quelques dents si je retombais sur ces deux voyous. Il fallait que je sois prudente et plus maligne qu'eux, ce qui ne devait pas être très difficile.

Le lendemain après-midi, je suis revenue à la charge, mais en évitant de trop m'approcher de l'immeuble où habitait O'Sullivan. J'ai trouvé un petit square à proximité et je me suis assise sur un banc. Par chance, j'ai vu arriver mon « mari » quelques instants plus tard. Pour une raison inconnue, il était de bonne humeur et a paru content de me voir. Il ne s'est pas fait prier pour m'accompagner à Londres.

– Tu me paieras pour ça, hein ?

J'ai fait oui de la tête.

– Et puis tu m'offriras un verre, jeune fille ?

– Quand ce sera fini, je vous paierai tout ce que vous pourrez ingurgiter. Mais d'abord, il faut que vous ayez l'air à peu près normal devant ces messieurs de l'Immigration. Ce sont de vrais tordus. Après, nous irons au pub le plus proche.

Nous avons été reçus par les fonctionnaires qui m'avaient déjà interrogée. Après avoir regardé M. O'Sullivan, ils m'ont dit d'un air sévère.

– C'est votre mari ?

– Oui.

– OK, madame O'Sullivan, cessons de jouer à ce petit jeu et racontez-nous toute l'histoire.

Comprenant que la plaisanterie avait assez duré, j'ai poussé un soupir et vidé mon sac, leur racontant tout depuis le début : ma carrière de mannequin, ma rencontre avec Harold Wheeler, mon soi-disant mariage. Ils se sont beaucoup intéressés à M. Wheeler, et je leur ai fourni toutes les informations que je possédais à son sujet, y compris son adresse.

– En ce qui concerne votre passeport, nous vous recontacterons dans quelques jours.

Lorsque nous nous sommes retrouvés dans la rue, M. O'Sullivan m'a rappelé ma promesse de lui offrir à boire.

– Vous voulez de l'argent ? En voilà...

J'ai fouillé dans mon sac, j'en ai tiré deux billets de dix livres que je lui ai tendus.

– A présent, foutez-moi le camp ! Je ne veux plus vous voir !

– C'est tout ?

Il a brandi les deux billets.

– C'est tout ce que tu me donnes ?

Je lui ai tourné le dos, le laissant planté là. Il a hurlé :

– Putain !

Il s'est penché pour crier plus fort encore :

– Putain de mes deux !

Les passants se sont retournés pour le regarder, se demandant probablement pourquoi je lui avais donné de l'argent si j'étais une putain.

Quelques jours plus tard, j'ai reçu une nouvelle convocation du service de l'Immigration. Ils m'ont expliqué qu'ils avaient ouvert une enquête sur Harold Wheeler mais n'avaient pas encore pu l'interroger. Sa secrétaire leur avait répondu qu'il était parti en Inde, et elle ignorait la date de son retour. En attendant, ils m'ont accordé un passeport temporaire, valable pour une durée de deux mois. C'était la première bonne nouvelle depuis bien longtemps, et je me suis juré de profiter au maximum de ces deux mois.

J'ai décidé d'aller d'abord en Italie car, ayant vécu dans une ancienne colonie italienne, je parlais un petit peu la langue. En fait, je connaissais surtout les gros mots qu'employait ma mère, mais ils pouvaient se révéler utiles à l'occasion. J'ai d'abord gagné Milan, une ville que j'ai tout de suite beaucoup aimée. J'ai participé à des défilés de mode et fait la connaissance d'un mannequin prénommé Julie. Elle était grande, avait un corps parfait et des cheveux blonds qui lui arrivaient aux épaules. Elle faisait beaucoup de présentations et de photos pour de la lingerie. Nous avons eu tellement de plaisir à visiter Milan ensemble que nous avons décidé d'aller tenter notre chance à Paris.

Ces deux mois ont été pour moi une période fabuleuse durant laquelle j'ai visité de nouveaux pays, rencontré de nouvelles personnes, découvert de nouvelles cuisines. Et même si je n'ai pas gagné beaucoup d'argent, j'en ai eu suffisamment pour m'offrir cette tournée européenne. A la fin de la saison des collections, je suis rentrée à Londres en compagnie de Julie.

Peu après mon retour, j'ai rencontré un agent new-yorkais qui était à la recherche de nouveaux talents. Il m'a encouragée à aller m'installer aux États-Unis, m'assurant qu'il pourrait me procurer un grand nombre d'engagements. Tout le monde s'accordait à penser que New York était effectivement le marché le plus intéressant, surtout pour un modèle noir. Mon agence a donc conclu un arrangement avec cet agent new-yorkais, et je suis allée à l'ambassade des États-Unis faire une demande de visa.

Après avoir étudié mon dossier, l'ambassade a pris contact avec les autorités britanniques. Suite à cet échange d'informations, j'ai reçu une lettre du service de l'Immigration me signifiant que j'allais être expulsée d'Angleterre et renvoyée en Somalie dans un délai de trente jours.

Mon amie Julie séjournait chez son frère à Cheltenham. Je l'ai appelée en larmes :

– J'ai des problèmes, de très gros problèmes. C'est fini pour moi. Je dois rentrer en Somalie.

– Oh, non ! Waris, viens donc passer quelques jours ici, et te détendre. Cheltenham est à deux heures de train de Londres, dans une région magnifique. Un petit séjour à la campagne te fera beaucoup de bien, et puis nous pourrons peut-être trouver une solution.

Julie est venue me chercher à la gare, et nous avons roulé jusque chez son frère à travers des paysages qui semblaient faits de velours vert. Nous nous sommes assises au salon et Nigel, le frère de Julie, nous a rejointes. Il était grand, avait la peau très blanche et des cheveux blonds, longs et fins, mais ses dents de devant et le bout de ses doigts étaient tachés de nicotine. Il nous a servi le thé, puis s'est assis, fumant cigarette sur cigarette tandis que je leur racontais la lamentable histoire de mes problèmes de passeport, et sa prochaine et triste fin. Appuyé contre le dossier de son fauteuil, bras croisés, Nigel a dit brusquement :

– Ne vous inquiétez pas, je vous aiderai.

Surprise par cette déclaration venant de quelqu'un que je connaissais depuis seulement une demi-heure, je lui ai demandé :

– Comment pourriez-vous m'aider ?

– Je vous épouserai.

J'ai secoué la tête.

– Oh, non ! J'ai déjà fait cette bêtise-là ; c'est ce qui m'a mise dans le pétrin. Je ne recommencerai pas. J'en ai assez. Je ne supporterais pas de revivre tout cela. Je veux retourner en Afrique et être heureuse. C'est là que se trouve ma famille et tout ce que j'aime. Je ne comprends rien à ce pays bizarre. Tout ici est fou et confus. Je rentre chez moi.

Nigel s'est précipité à l'étage. Lorsqu'il est redescendu, il brandissait le numéro du *Sunday Times* avec ma photo en première page ; un journal vieux de plus d'une année, alors que j'avais rencontré sa sœur deux mois plus tôt.

– D'où sortez-vous ça ?

– Je l'ai gardé car je savais qu'un jour je vous rencontrerais.

Il a montré du doigt un de mes yeux sur la photo.

– Le jour où j'ai vu cette photographie, j'ai découvert une larme, ici, au coin de votre œil, et elle a roulé sur votre joue. En regardant votre visage, je vous ai vue pleurer et j'ai su que vous aviez besoin d'aide. Alors Allah m'a dit qu'il était de mon devoir de vous sauver.

Ouvrant de grands yeux, je l'ai dévisagé et je me suis dit : « Il est complètement dingue ! C'est lui qui aurait besoin d'aide. » Mais tout au long du week-end, Julie et son frère n'ont cessé de me harceler : puisque Nigel était prêt à m'aider, pourquoi ne pas essayer ? Quel avenir aurais-je en Somalie ? Qu'est-ce qui m'attendait là-bas ? Mes chèvres et mes chameaux ? J'ai posé à Nigel les questions qui me brûlaient les lèvres :

– Qu'est-ce que vous avez en tête ? Pourquoi voulez-vous m'épouser et risquer d'avoir des ennuis ?

– Je vous l'ai dit. Je n'attends rien de vous. C'est Allah qui m'a envoyé vers vous.

Je lui ai rappelé qu'il ne suffisait pas de faire un saut au bureau de l'état civil ; j'étais déjà mariée.

– Eh bien, vous allez demander le divorce, et nous expliquerons aux types de l'Immigration que nous voulons nous marier. Ils ne pourront plus vous expulser. Nous irons les voir ensemble. Je suis citoyen britannique, il leur sera impossible de refuser. Je partage vos problèmes, et je suis là pour vous aider. Je ferai tout ce qui est en mon pouvoir.

– Merci beaucoup...

Julie a ajouté :

– Waris, s'il peut t'aider, pourquoi ne pas courir le risque ? Tu n'as rien à perdre, et je ne vois pas d'autre solution.

Après les avoir écoutés durant plusieurs jours, j'en suis arrivée à la conclusion que Nigel étant le frère de mon amie, je pouvais lui faire confiance. Julie avait raison : après tout, pourquoi ne pas tenter le coup ?

Nous avons élaboré un plan. Nigel m'accompagnerait chez M. O'Sullivan pour parler de divorce, car je ne voulais pas risquer de me retrouver seule face à ses fils. Étant donné ce qui s'était passé entre nous précédemment, je me disais que O'Sullivan exigerait de l'argent avant de consentir à quoi que ce soit. Le seul fait de repenser à tout ça m'a découragée, mais Julie et son frère m'ont remonté le moral et rassurée sur la réussite de notre plan. Nigel a précipité les choses :

– Allons-y. Prenons ma voiture et faisons un saut à Croydon.

Nous avons gagné la banlieue sud de Londres, j'ai indiqué à Nigel où habitait M. O'Sullivan, et je l'ai prévenu :

– Faites bien attention à vous. Ces types – ses fils – sont vraiment dingues. Je ne sais même pas si je vais oser sortir de la voiture.

Nigel a ri.

– Je ne plaisante pas. Ils ont essayé de me frapper et m'ont poursuivie. Ils sont fous, je vous assure. Il faut vraiment être prudent.

– Waris, nous allons seulement dire à ce vieux bonhomme que vous demandez le divorce. C'est tout. Ce n'est pas une affaire.

Nigel s'est garé devant l'immeuble délabré. Tandis qu'il frappait à la porte de l'appartement du rez-de-chaussée, je n'ai pas cessé de surveiller la rue. Comme nous n'obtenions pas de réponse, j'ai proposé d'aller voir au pub, mais Nigel m'a répondu :

– Attendez, faisons le tour de l'immeuble et essayons de voir s'il est chez lui.

Il était plus grand que moi et pouvait facilement atteindre les fenêtres. Après avoir regardé à travers plusieurs d'entre elles, il s'est retourné avec un drôle d'air.

– J'ai l'impression qu'il se passe quelque chose de bizarre là-dedans.

Personnellement, j'avais ce genre d'impression chaque fois que j'avais affaire à ce pauvre type.

– Quelque chose de bizarre ?

– Je ne sais pas comment dire... C'est juste une impression... Si je pouvais entrer...

En disant cela, il s'est mis à taper et à tirer sur le montant d'une des fenêtres pour essayer de la faire jouer. Le bruit a attiré une voisine qui est sortie sur le pas de sa porte en criant :

– Si vous cherchez M. O'Sullivan, nous ne l'avons pas vu depuis des semaines.

Tandis qu'elle restait plantée là, les bras croisés sur son tablier, Nigel a réussi à entrouvrir la fenêtre et une horrible puanteur nous a sauté au visage. Je me suis protégé le nez et la bouche avec les mains, et j'ai tourné la tête. Nigel a regardé par l'ouverture.

– Il est étendu sur le sol. Il est mort.

Après avoir demandé à la voisine d'appeler la police et les services de secours, nous avons regagné la voiture et nous sommes rentrés à Cheltenham. J'ai honte de l'avouer, mais je me suis sentie soulagée.

Peu après la découverte du cadavre pourrissant de M. O'Sullivan, j'ai épousé Nigel. Les fonctionnaires du service de l'Immigration qui s'occupaient de mon dossier ont interrompu la procédure d'expulsion, mais n'ont pas fait mystère du fait qu'ils étaient persuadés que ce nouveau mariage n'était qu'une fraude de plus. Nigel et moi sommes tombés d'accord pour penser qu'il serait préférable que j'habite à Cheltenham, au cœur des Cotswold Hills, en attendant d'obtenir mon passeport.

Après avoir vécu à Mogadiscio, puis à Londres durant les sept dernières années, j'avais oublié à quel point j'aimais la nature. Même si la campagne anglaise, verte et piquetée de lacs et de fermes, est totalement différente de mon désert, j'ai pris beaucoup de plaisir à vivre loin de la ville, des immeubles à étages et des studios sans fenêtres. A Cheltenham, je pouvais retrouver quelques-unes de mes occupations favorites de l'époque où j'étais encore une nomade : marcher, courir, cueillir des fleurs et des plantes sauvages, faire pipi dans la nature – quelqu'un aurait pu me surprendre, les fesses à l'air dans les buissons !

Nigel et moi faisions chambre à part et vivions comme des amis, non comme mari et femme. Je lui avais dit que je le dédommagerais financièrement dès que je recommencerais à travailler, mais il avait insisté sur le fait qu'il n'attendait rien en retour de son aide. Il affirmait se satisfaire de la joie que lui procurait le fait d'avoir suivi le conseil d'Allah en aidant quelqu'un dans le besoin. Un matin, je me suis levée plus tôt que d'habitude – vers six heures – car je devais me rendre à Londres pour participer à un casting. Nigel dormait encore, et je suis descendue au rez-de-chaussée pour préparer le café. Je venais juste d'enfiler des gants de ménage jaunes et de me mettre à faire la vaisselle lorsque la sonnette de la porte d'entrée a retenti.

Sans quitter mes gants qui dégouttaient de mousse, je suis allée ouvrir. Deux hommes se tenaient sur le seuil ; leurs visages étaient aussi gris que leurs costumes, et ils avaient à la main une serviette noire.

– Madame Richards ?

– Oui ?

– Votre mari est-il là ?

– Oui, à l'étage.

– Laissez-nous entrer, s'il vous plaît. Nous sommes envoyés par le service de l'Immigration.

Comme si ce n'était pas écrit sur leur figure !

– Entrez, entrez. Vous prendrez bien un peu de café ? Asseyez-vous, je vais appeler mon mari.

Ils se sont assis dans les gros fauteuils du salon, mais en veillant bien à ne pas se laisser aller contre le dossier.

J'ai appelé gentiment :

– Chéri ! Descends, s'il te plaît ; nous avons de la visite.

Nigel nous a rejoints, encore à moitié endormi, ses cheveux blonds en broussaille.

– Bonjour.

Il a tout de suite compris à qui il avait affaire.

– Oui ? Que puis-je pour vous ?

– Eh bien, nous aimerions vous poser quelques questions et, pour commencer, nous assurer que votre épouse et vous vivez bien ensemble dans cette maison. Vivez-vous ensemble, ici même ?

En voyant le mépris affiché par Nigel, j'ai compris que les choses allaient devenir intéressantes, et je me suis appuyée contre le mur pour observer la suite des événements. Nigel leur a lancé :

– A votre avis ?

Les deux fonctionnaires ont fait des yeux le tour de la pièce. Ils étaient nerveux.

– Heu... Oui, monsieur, nous vous croyons sur parole, mais il faut tout de même que nous visitions la maison.

Le visage de Nigel est devenu sombre et menaçant comme un ciel d'orage.

– Écoutez. Il est hors de question que vous fouiniez dans la maison. Je me moque de qui vous êtes. C'est ma femme, nous vivons ensemble, et vous pouvez le constater. Vous arrivez ici sans vous annoncer, vous nous empêchez de nous préparer, alors sortez de chez moi !

– Monsieur Richards, il ne faut pas vous mettre en colère. La loi nous oblige à...

– Vous me rendez malade ! Tirez-vous avant qu'il ne soit trop tard !

Au lieu de partir, ils sont restés assis comme s'ils étaient collés aux fauteuils ; leurs visages terreux exprimaient l'étonnement.

– Sortez de ma maison ! Si vous revenez par ici, je vous abattrai comme des chiens et... et je mourrai pour elle, a-t-il ajouté en me montrant du doigt !

Je me suis contentée de secouer la tête en me disant : « Ce gars est complètement dingue, et il est vraiment amoureux de moi. Je vais avoir des ennuis. Bon sang, qu'est-ce que je fais ici ? J'aurais mieux fait de partir, de retourner en Afrique. »

Après avoir passé deux mois dans cette maison, j'avais dit à Nigel :

– Fais-toi beau, mets des chaussures décentes et trouve-toi une petite amie. Je t'aiderai.

Mais il m'avait répondu :

– Une petite amie ? Je ne veux pas de petite amie. Dieu merci, j'ai une femme, pourquoi aurais-je besoin d'une petite amie ?

En l'entendant parler ainsi, j'étais devenue folle furieuse.

– Tu délires complètement ! Va te mettre la tête dans les WC et tire la chasse d'eau ! Réveille-toi, et sors de ma vie ! Je ne t'aime pas ! Tu voulais m'aider et nous avons seulement passé un accord. Je ne serai jamais ce que tu voudrais que je sois. Je ne peux pas faire semblant de t'aimer juste pour te rendre heureux.

Nous avions conclu un pacte, mais Nigel ne le respectait plus. Lorsqu'il hurlait, à en devenir cramoisi, contre les types de l'Immigration, il ne mentait pas. Pour lui, tout ce qu'il leur disait était la stricte vérité. Et les choses étaient d'autant plus compliquées que j'avais besoin de lui. Je l'aimais bien, comme une amie, je lui étais reconnaissante de m'aider, mais je refusais toute relation amoureuse, et j'avais envie de le tuer quand il se comportait comme si j'étais sa femme bien-aimée, sa chose. J'ai très vite compris qu'il fallait que je me sauve, et que le plus tôt serait le mieux si je ne voulais pas devenir aussi dingue que lui.

Seulement, mon problème de passeport traînait en longueur, et plus je dépendais de Nigel, plus il devenait exigeant. Je l'obsédais. Il voulait toujours savoir où j'étais, ce que je faisais, qui je voyais. Il me suppliait de l'aimer, et plus il m'implorait, plus je le détestais. Il m'arrivait heureusement de travailler à Londres ou d'aller rendre visite à des amis. Je ne ratais pas une occasion de le fuir pour tenter de demeurer saine d'esprit.

En vivant avec cet homme qui était manifestement fou, j'avais toutes les peines du monde à ne pas le devenir moi aussi. J'ai fini par désespérer d'obtenir mon passeport – mon billet pour la liberté – et, un jour, alors que je me rendais à Londres et que j'attendais sur le quai de la gare, j'ai failli me jeter sous le train qui arrivait. Durant quelques secondes, j'ai laissé son grondement m'envahir en essayant d'imaginer ce que je ressentirais lorsque ces tonnes d'acier me broieraient les os. La tentation d'en finir avec mes ennuis a été très forte, mais je me suis dit : « Pourquoi bousiller ma vie à cause de ce type pitoyable ? » Le déplacement d'air a fait voler mes vêtements et mes cheveux, et mes idées sombres se sont dispersées.

Au bout d'un an d'attente, Nigel est allé au service de l'Immigration faire un scandale qui m'a finalement permis d'obtenir un passeport temporaire. Il criait :

– Ma femme est un mannequin international. Elle a besoin d'un passeport, car elle doit voyager à l'étranger pour son travail.

Et il a laissé tomber mon book avec toutes mes photos sur le bureau.

– Je suis un pauvre con de citoyen britannique, et mon pays me fait honte ! Je suis révolté de voir comment vous traitez ma femme ! J'exige qu'on lui établisse immédiatement un passeport !

Peu de temps après, les autorités britanniques m'ont confisqué mon passeport somalien et délivré un « document temporaire » qui me permettait de quitter le Royaume-Uni mais qui devait être renouvelé périodiquement. Sur une des pages étaient imprimés ces mots : « Valable pour tous les pays, à l'exception de la Somalie. » C'était bien les mots les plus tristes que je pouvais imaginer. La Somalie était en état de guerre, et les Anglais ne voulaient pas que je prenne de risques alors que j'étais sous leur protection. Dans la mesure où j'étais devenue résidente, ils étaient responsables de ma sécurité. En relisant ces mots, j'ai murmuré :

– Mon Dieu, qu'est-ce que j'ai fait ? Je ne peux même plus retourner chez moi !

J'étais désormais apatride. Si quelqu'un m'avait expliqué le choix qui m'était offert, j'aurais répondu : « Oublions tout ça et rendez-moi mon passeport somalien. » Mais personne ne m'avait demandé mon avis, et à présent il était trop tard pour faire marche arrière. Puisque je ne pouvais plus revenir sur mes pas, je n'avais qu'une chose à faire : aller de l'avant. Je suis donc retournée à l'ambassade des États-Unis pour déposer une nouvelle demande de visa, puis j'ai acheté un billet d'avion – un seul – pour New York.

14

The Big League

Nigel insistait pour m'accompagner à New York. Il n'y avait jamais mis les pieds, et pourtant il semblait connaître parfaitement cette ville.

– C'est un endroit complètement dingue ! Tu ne sais même pas où aller, et tu vas être complètement perdue sans moi. Et puis, ce serait dangereux de te retrouver là-bas toute seule. Je te protégerai.

Peut-être, mais qui me protégerait de lui ? Il était impossible de lui faire entendre raison, quoi qu'on dise ou qu'on fasse. Quand j'essayais de discuter avec lui, il ne cessait de répéter les mêmes arguments tordus, comme un perroquet fou, jusqu'à ce que je finisse par me lasser ; mais cette fois, je n'avais pas l'intention de céder. Je considérais ce voyage en solitaire comme un nouveau départ pour ma carrière, une chance de refaire ma vie, loin de l'Angleterre, loin de Nigel et de notre relation maladive.

En 1991, j'ai débarqué seule à New York, et mon agent est allé s'installer provisoirement chez un ami pour me laisser son appartement situé à Greenwich Village, en plein cœur de la partie la plus excitante de Manhattan. A l'exception d'un très grand lit, l'appartement était presque vide, mais cette simplicité me convenait parfaitement.

En prévision de mon arrivée, l'agence avait pris pour moi un grand nombre d'engagements. Jamais je n'avais eu un emploi du temps aussi chargé, et jamais non plus je n'avais gagné autant d'argent. La première semaine, j'ai travaillé tous les jours, et après quatre années durant lesquelles l'inactivité m'avait pesé, je ne songeais pas à me plaindre.

Tout allait parfaitement bien, mais un après-midi... Je participais à une séance de photos dans un studio. Pendant une pause, j'ai appelé mon agence afin de savoir ce qui était prévu pour le lendemain. La personne qui s'occupait de mes rendez-vous a ajouté pour finir :

– Et puis, votre mari a téléphoné. Il sera à New York aujourd'hui et vous retrouvera ce soir chez vous.

– Mon mari ! Vous lui avez donné mon adresse ?

– Oui, oui. Vous aviez oublié de le faire. Votre mari est très gentil. Il m'a dit : « Je veux juste m'assurer qu'elle va bien. Vous savez, c'est son premier séjour à New York. »

J'ai raccroché brusquement et je suis restée immobile pendant une minute, cherchant à reprendre mon souffle. Je n'arrivais pas à croire ce que je venais d'entendre. Cette fois, Nigel avait dépassé les bornes. Je n'en voulais pas à ce pauvre gars de l'agence, il ne pouvait pas savoir que mon mari n'était pas un « vrai » mari. Et comment le lui expliquer ? « Vous comprenez, nous sommes mariés, c'est vrai, mais il est complètement fou ; je l'ai seulement épousé pour obtenir un passeport et ne pas être expulsée vers la Somalie. » Le pire, c'est que ce dingue était vraiment et légalement mon mari.

Lorsque j'ai regagné l'appartement ce soir-là, j'étais bien décidée à régler la question une bonne fois pour toutes. Nigel est arrivé comme prévu. Je l'ai fait entrer et, sans lui laisser le temps d'ôter sa veste, je lui ai dit d'un ton ferme et glacial :

– Viens, je t'invite à dîner.

Dès que nous avons été assis au restaurant, j'ai vidé mon sac :

– Écoute-moi, Nigel. Je ne peux plus te supporter. Tu me rends malade ! Quand tu es là, je n'arrive plus à travailler ni à réfléchir. Je suis énervée, tendue, et je ne désire qu'une chose : que tu t'en ailles.

J'avais parfaitement conscience de lui dire des choses horribles et je n'éprouvais aucun plaisir à le blesser, mais j'étais désespérée. Si je me montrais suffisamment cruelle et méchante, je parviendrais peut-être à lui faire comprendre ce que je ressentais. Il a eu l'air si triste, si pitoyable que je me suis sentie coupable.

– OK, j'ai compris. Je n'aurais pas dû venir. Demain, je prendrai le premier avion pour Londres.

– C'est parfait. Va-t'en ! Je ne veux pas te revoir quand je rentrerai du studio demain soir. Je suis venue ici pour travailler, pas pour prendre des vacances. Je n'ai pas de temps à perdre avec tes idées folles.

Le lendemain soir, il était toujours là, assis dans le noir, près de la fenêtre, à regarder au-dehors ; apathique, solitaire et misérable, mais toujours là. Quand je me suis mise à hurler, il m'a promis de partir le lendemain, mais il n'a pris l'avion pour Londres que le surlendemain. J'ai remercié Dieu de m'accorder enfin un peu de paix.

Mon séjour à New York s'est prolongé car les engagements n'ont cessé d'affluer. Seulement, Nigel ne m'a pas laissée tranquille. Utilisant mon numéro de carte de crédit qu'il avait réussi à noter subrepticement, il a acheté des billets d'avion et a débarqué à trois reprises, sans prévenir.

Mis à part mes rapports absurdes avec mon deuxième mari, ma vie était merveilleuse. Je rencontrais plein de gens intéressants et ma carrière avait redémarré en flèche. Je travaillais pour Benetton et Levi's, et j'avais participé, vêtue de robes africaines blanches, à une série de spots publicitaires pour Pomellato, un joaillier. J'ai fait des photos pour Revlon, et je devais par la suite représenter son nouveau parfum nommé Ajee, dont la publicité affirmait qu'il s'agissait d'une senteur « venue du cœur de l'Afrique pour conquérir le cœur de toutes les femmes ». Toutes ces marques tiraient parti de ma différence : mon look africain, exotique – ce même look qui m'avait empêchée de trouver du travail à Londres. En songeant aux Oscars, Revlon avait fait réaliser un spot publicitaire spécial dans lequel j'apparaissais aux côtés de Cindy Crawford, Claudia Schiffer et Lauren Hutton. Chacune de nous posait la question : « Qu'est-ce qui rend une femme révolutionnaire ? » Et chacune y répondait à sa façon. Ma réponse résumait l'histoire de ma vie : « Le fait qu'elle soit une nomade de Somalie devenue mannequin chez Revlon. »

Un peu plus tard, j'ai été le premier modèle noir à faire de la pub pour Oil of Olaz, et j'ai participé à des clips vidéo pour Robert Palmer et Meat Loaf. Tous ces succès ont fait boule de neige, ce qui m'a valu d'être engagée aussitôt après par les plus fameux magazines de mode : *Elle*,

Allure, *Glamour*, *Vogue* français et *Vogue* italien. J'ai pu ainsi travailler avec les plus grands photographes, y compris le légendaire Richard Avedon. Bien qu'il soit plus célèbre que les mannequins qu'il photographie, j'aime Richard pour son côté terre à terre et son humour. Alors qu'il faisait ce métier depuis des décennies, il ne cessait de me demander mon avis pendant les prises de vue : « Waris, que penses-tu de ça ? » Et j'étais très touchée de le voir se préoccuper ainsi de mon opinion. Richard et Terence Donovan sont deux hommes que je respecte.

Après toutes ces années, je pourrais dresser la liste de mes photographes favoris. En ayant davantage d'expérience, j'ai découvert à quel point cela pouvait être différent, qualitativement parlant, de poser pour Untel ou Untel. Selon moi, un grand photographe est celui qui est capable de révéler la véritable personnalité du mannequin avec lequel il travaille, plutôt que de lui imposer une image préconçue. Il est vrai qu'en vieillissant j'ai de plus en plus conscience de ce que je suis, et de ma différence. Etre noire dans ce métier où la plupart des mannequins ont la peau blanche comme de la porcelaine, et de longs cheveux soyeux qui leur tombent jusqu'aux genoux, c'est être une exception.

Il m'est arrivé de travailler avec des photographes qui se servaient de la lumière, du maquillage et de la coiffure pour que je paraisse ce que je n'étais pas. Je n'ai pas pris de plaisir à collaborer avec eux et je n'ai pas aimé le résultat de leur travail. Si vous avez besoin de Cindy Crawford, il faut absolument que vous engagiez Cindy Crawford au lieu de choisir un mannequin noir, de lui coller une perruque et de la tartiner de fond de teint clair pour tenter d'en faire un sosie noir et bizarre de Cindy Crawford. Les photographes avec lesquels j'aime travailler apprécient la beauté naturelle et s'efforcent de la mettre en valeur. Dans mon cas, ils n'ont pas la tâche facile, mais j'apprécie d'autant plus leurs efforts.

Le nombre de mes engagements croissait au même rythme que ma popularité. Mon planning débordait de castings, de défilés de mode et de séances de photos, mais ma conception du temps et mon préjugé contre les calendriers et les montres ne me facilitaient pas les choses. Au milieu des gratte-ciel de Manhattan, je ne pouvais plus vivre à l'heure solaire en me basant sur la longueur de mon ombre, et j'ai commencé à avoir des problèmes à cause de mes retards répétés. J'ai également découvert que j'étais dyslexique. Alors que j'avais rendez-vous au 725 Broadway, j'allais au 527, et là, je me demandais pourquoi les gens étaient surpris de me voir. Cela s'était déjà produit à Londres, mais comme mon emploi du temps new-yorkais était nettement plus chargé, le problème devenait beaucoup plus grave.

En ayant davantage d'expérience et en devenant plus sûre de moi, j'ai découvert que je préférais par-dessus tout les défilés de mode. Deux fois par an, les grands couturiers présentent leurs nouvelles collections, et chacune de ces deux « saisons » de présentations débute à Milan, pour une durée de deux semaines, puis se poursuit à Paris et à Londres avant de s'achever à New York. Mes années de nomadisme m'avaient parfaitement préparée à cette existence itinérante qui oblige à voyager avec un minimum de bagages, à se déplacer en fonction du travail, à vivre au jour le jour en profitant au maximum de ce qu'offre le moment présent.

Lorsque l'ouverture de la saison approche, tous les mannequins professionnels, et toutes celles qui rêvent de le devenir, se retrouvent à Milan. La ville est brusquement envahie par une foule de mutants, d'immenses créatures qui courent dans tous les sens comme des fourmis. On en voit à tous les coins de rue, à chaque arrêt de bus, dans tous les cafés. On ne risque pas de les confondre avec le reste de la population féminine. Certaines sont amicales, d'autres se toisent des pieds à la tête, d'autres encore ont une peur bleue car elles sont là pour la première fois et ne connaissent personne. Certaines s'entendent bien, d'autres se détestent. On en rencontre de tous les genres et de toutes les sortes, et il faut être sacrément menteur pour prétendre qu'il n'existe aucune jalousie entre elles, car la jalousie fait partie intégrante de ce métier.

L'agence se charge de prendre les rendez-vous, et il ne reste plus qu'à courir à travers tout Milan pour tenter de gagner sa place dans telle ou telle présentation. C'est à ce moment-là qu'on réalise que le métier de mannequin n'a pas que de bons côtés. Loin de là. On a parfois huit, dix, voire douze rendez-vous dans la même journée, ce qui oblige à courir du matin au soir, sans prendre le temps de manger, car on est toujours en retard sur l'horaire. Souvent, quand on arrive à un casting, il y a déjà une trentaine de filles qui font la queue, et il faut attendre patiemment son tour avant de pouvoir présenter son book. Si le client éventuel est intéressé, il vous demande de faire quelques pas et un demi-tour ; s'il est vraiment accroché, il vous propose de passer l'un de ses modèles ; et c'est tout. « Merci. A la suivante ! » On ne sait jamais si on a décroché le gros lot ou non, mais on n'a guère le temps de s'en préoccuper car on court déjà vers le rendez-vous suivant. Les couturiers intéressés contactent votre agence et vous retiennent pour la présentation de leur collection. En attendant, vous apprenez à ne pas regretter les jobs auxquels vous teniez vraiment et qui vous échappent, à ne pas vous formaliser quand vos couturiers favoris vous dédaignent. Si on se disait : « Est-ce que je vais être choisie ? Pourquoi ne m'ont-ils pas préférée ? », on deviendrait vite fou. Quand on commence à s'inquiéter d'avoir raté un travail, on ne tarde pas à craquer. Au début, je me faisais du souci : « Pourquoi ça n'a pas marché ? Zut, j'avais vraiment envie de décrocher ce job ! » Mais par la suite, j'ai adopté pour devise l'expression française : « C'est la vie ! » Tant pis, ça n'a pas marché, c'est tout. Ils ne m'ont pas aimée, c'est aussi simple que ça. Je n'y suis pour rien. S'ils cherchaient une fille de deux mètres et de quarante kilos, je ne pouvais pas les intéresser. Oublions ça et passons à la suite.

Si un couturier vous choisit, vous devez alors participer aux essayages. Les présentations n'ont toujours pas commencé, et vous êtes déjà vidée, épuisée ; vous n'avez ni le temps de dormir ni celui de manger convenablement. Vous avez l'air crevé et amaigri, et ça ne va pas en s'arrangeant, alors qu'il vous faudrait paraître en beauté et en forme parce que votre carrière en dépend. C'est au point qu'on finit par se demander : « Pourquoi je fais ça ? Qu'est-ce que je fous là ? »

Quand les présentations commencent, vous participez encore à des castings car tout se déroule sur deux semaines.

Le jour J, il faut être là bien avant le début du défilé. Toutes les filles sont entassées dans un petit local. Vous passez d'abord au maquillage, puis vous vous asseyez où vous pouvez, en attendant de vous faire coiffer, et vous patientez encore avant d'enfiler le premier modèle que vous devez présenter. A partir de là, vous restez debout pour ne pas froisser vos vêtements. Et puis, le défilé débute et, soudain, c'est le chaos, la folie :

– Hé ! Où êtes-vous ? Qu'est-ce que vous faites ? Où est Waris ? Où est Naomi ? Viens ! Mets-toi devant ! Dépêche-toi ! Tu as le numéro neuf. Ça va être ton tour.

Il faut se changer devant tout le monde.

– Oui, j'arrive. Pas si vite !

C'est la bousculade générale.

– Qu'est-ce que tu fous ? Tire-toi de là ! Ça va être à moi !

Après tout ce travail préliminaire arrive enfin le meilleur moment : ça va être à vous ; vous êtes la prochaine à défiler et vous attendez votre tour dans les coulisses. Et puis, ça y est ! Vous avancez sur le podium, les lumières flamboient, la musique braille, tout le monde a les yeux braqués sur vous, et vous vous efforcez de paraître décontractée ; vous avez envie de crier : « Regardez-moi tous ! Je suis merveilleuse ! » Vous avez été maquillée et coiffée par des grands noms du métier, vous portez un vêtement dont le prix est si élevé que vous ne pouvez même pas rêver vous l'offrir un jour, mais pour quelques secondes il est à vous, et vous savez que vous êtes éblouissante. Votre sang circule plus vite, et quand vous quittez le podium, vous n'avez qu'une envie, c'est de vous changer et d'y revenir au plus vite.

Le défilé proprement dit ne dure que vingt ou trente

minutes, mais il arrive qu'on participe à plusieurs présentations dans la même journée ; auquel cas il faut partir en trombe dès que la première se termine pour rejoindre précipitamment l'endroit où va se dérouler la deuxième, et ainsi de suite !

Quand les deux semaines de folie s'achèvent, maquilleurs, coiffeurs et mannequins quittent Milan comme une troupe de gitans, et le même processus se répète à Paris, Londres et New York. A la fin de la saison, vous tenez à peine debout et vous avez grand besoin de prendre des vacances. Le mieux, c'est de vous réfugier sur une petite île perdue, loin du téléphone, pour essayer de vous détendre. Si vous ne le faites pas, si vous persistez à travailler, la fatigue a vite fait de vous rendre complètement cinglée.

Même si le métier de mannequin est agréable, même si j'aime son côté fascinant et brillant, il peut être cruel et destructeur pour une jeune femme vulnérable. Il m'est arrivé d'entendre des stylistes ou des photographes s'exclamer horrifiés :

– Mon Dieu ! Qu'est-ce que vous avez aux pieds ? Pourquoi toutes ces affreuses marques noires ?

Que répondre ? Que ce sont les cicatrices laissées par les blessures que je me suis faites en marchant sur des centaines d'épines et de cailloux dans le désert somalien, un souvenir des treize années durant lesquelles je vivais pieds nus ? Comment expliquer ça à un couturier parisien ?

Quand on m'a demandé d'enfiler une mini-jupe pour la première fois, j'étais mal à l'aise. Je me suis tortillée d'un pied sur l'autre en espérant que personne ne s'apercevrait de mon problème. J'ai les jambes arquées, conséquence de la vie nomade et de la mauvaise nutrition, et ce handicap m'a valu de rater certains jobs.

J'avais tellement honte de mes jambes que je suis allée voir un médecin pour lui demander s'il pourrait me les redresser.

– Opérez-moi, faites le nécessaire pour que je ne me sente plus humiliée.

Mais Dieu merci, il m'a répondu que j'étais trop âgée et que ça ne réussirait pas. En vieillissant je me suis dit : « Après tout, ce sont mes jambes, et elles sont le symbole de ce que je suis et d'où je viens. » En apprenant à mieux connaître mon corps, j'ai fini par aimer mes jambes. Si je les avais fait opérer pour participer à quelques défilés de plus et mettre en valeur les modèles d'un grand couturier, je m'en serais beaucoup voulu. Aujourd'hui, je suis fière d'elles parce qu'elles ont une histoire, celle de ma vie. Mes jambes arquées ont parcouru des milliers de kilomètres dans le désert, et ma démarche lente et ondulante est celle d'une femme africaine, elle fait partie de mon héritage.

Comme tous les autres milieux, celui de la mode a son lot de personnages déplaisants. Parce que beaucoup de décisions sont très lourdes de conséquences, certains se laissent gagner par le stress. Je me souviens d'avoir travaillé pour un grand magazine de mode dont la directrice artistique – une vraie garce – affichait un comportement agressif, capable de transformer une séance de pause en un véritable cauchemar.

Nous faisions des photos en extérieur sur une magnifique petite île des Antilles. Le cadre était paradisiaque et nous aurions dû être tous très heureux que l'on nous paye pour séjourner dans un endroit où d'autres devaient dépenser beaucoup d'argent pour passer quelques jours de vacances. Seulement, il y avait cette femme. Elle m'a harcelée dès la première minute.

– Waris, vous avez vraiment besoin de vous secouer. Levez-vous et remuez-vous. Vous n'êtes qu'une paresseuse. Je ne supporte pas de travailler avec des gens dans votre genre.

Elle a appelé mon agence à New York pour se plaindre, prétendant que j'étais une idiote et que je refusais de travailler. Ils ont été aussi surpris que moi.

Cette femme était triste à fendre l'âme et visiblement frustrée ; elle n'avait pas d'homme dans sa vie, pas d'amis, personne à aimer. Le travail était tout pour elle, et elle y investissait toute la passion, tout l'amour et toute la haine dont elle était capable. Elle s'est donc vengée de toutes ses frustrations sur moi, et je n'étais certainement ni la première ni la dernière à lui servir de souffre-douleur. Au bout de quelques jours, j'ai hésité entre deux attitudes possibles : soit la gifler en public, soit ne plus lui répondre et me contenter de la regarder en souriant. J'ai finalement choisi la seconde solution.

L'idée que de très jeunes filles qui débutent dans le métier risquent de tomber sur une femme comme elle me rend triste. Ce sont parfois presque des enfants qui ont quitté seules leur Oklahoma, leur Georgie ou leur Dakota natal pour se rendre à New York, Paris, Londres ou Milan, et tenter de se faire une place dans le métier. Souvent, elles n'ont jamais quitté les États-Unis, et ne parlent ni le français ni l'italien. Elles sont naïves, et on en profite. Elles ne peuvent pas supporter d'être rejetées et tenues à l'écart. Elles ne possèdent ni l'expérience, ni la sagesse, ni la force de caractère nécessaires pour comprendre qu'elles n'ont rien à se reprocher, et beaucoup reprennent le chemin du retour en larmes, brisées et amères.

Ce milieu abonde également en escrocs de toutes sortes. Beaucoup de jeunes filles qui cherchent désespérément à devenir mannequins tombent entre les mains de prétendues agences qui leur demandent une petite fortune pour leur constituer un book. Ayant été personnellement la victime d'Harold Wheeler, je suis très sensibilisée à ce genre d'escroquerie. On ne fait pas ce métier pour dépenser de l'argent, mais pour en gagner. Si vous voulez devenir modèle, il vous suffit de quelques tickets de bus ou de métro pour rendre visite aux agences sérieuses de Milan, Paris, Londres ou New York. Consultez les pages jaunes de l'annuaire et téléphonez pour prendre rendez-vous. Si la personne qui vous reçoit vous parle de droit d'inscription, prenez la fuite. Si une agence sérieuse pense que vous avez le look qui convient, elle vous aidera à constituer votre book, vous prendra des rendez-vous, vous enverra à des castings, et vous ne tarderez pas à avoir du travail.

Non seulement certaines personnes sont très déplaisantes, mais les conditions de travail ne sont pas toujours idéales. Il m'est arrivé d'accepter un projet en sachant seulement qu'il y était vaguement question d'un taureau.

J'ai pris l'avion de New York à Los Angeles, puis un hélicoptère m'a conduite dans le désert de Californie. J'y ai retrouvé le photographe, son équipe, et un monstrueux taureau aux longues cornes acérées. Je suis entrée dans une petite caravane pour me faire maquiller et coiffer, puis le photographe m'a amenée auprès de l'animal que son propriétaire tenait par une longe.

– Dites bonjour à Satan, m'a conseillé le photographe.

– Oh ! Hello, Satan. Il est magnifique. Fantastique. Est-ce qu'il est dangereux ?

– Oh, non, pas du tout. Son propriétaire sait comment s'y prendre avec lui.

Le photographe m'a alors expliqué en quoi consistait le travail. La photo était destinée à illustrer l'étiquette d'une bouteille de liqueur, et je devais chevaucher ce taureau, nue. La nouvelle m'a causé un choc, car personne ne m'avait prévenue mais, ne voulant pas faire d'histoires, j'ai décidé de jouer le jeu.

J'étais désolée pour le taureau, car la chaleur était accablante et ses naseaux ruisselaient. Il était entravé et se tenait bien sagement. Le photographe m'a fait la courte échelle pour m'aider à monter sur l'échine de l'énorme bête.

– Couchez-vous sur le ventre. Étendez-vous. Allongez les jambes.

Tout en m'efforçant d'avoir l'air détendu, enjoué et sexy, je me disais : « S'il se met à ruer, je suis fichue. » Soudain, j'ai senti son échine poilue fléchir sous mon ventre nu, puis se soulever violemment, et j'ai vu l'horizon du désert de Mojave basculer tandis que je faisais un vol plané et atterrissais sur le sable brûlant avec un bruit sourd.

– Ça va ?

– Oui, oui...

J'ai joué les dures, feignant de ne pas être sonnée. Je ne

voulais pas que l'on me traite de trouillarde, que l'on puisse dire que Waris Dirie avait eu peur d'un vieux taureau.

– Allons-y. Aidez-moi à remonter sur son dos.

L'équipe m'a bichonnée et remise en selle ; mais le taureau ne supportait apparemment pas la chaleur et m'a désarçonnée deux fois encore. A mon troisième atterrissage, je me suis foulé la cheville, et elle s'est mise aussitôt à enfler. Allongée sur le sable, j'ai demandé au photographe :

– Est-ce que vous avez pu avoir ce que vous vouliez ?

– Ce serait parfait si on pouvait faire une pellicule de plus...

Fort heureusement, pour une raison que j'ignore, cette photo n'a jamais été exploitée, et je me suis sentie soulagée. La pensée qu'une bande de vieux messieurs siroteraient des liqueurs en contemplant mes fesses ne me réjouissait pas. Après cet épisode, j'ai décidé de ne plus accepter de poser nue ; tout simplement parce que je n'aimais pas ça. Aucune somme d'argent ne vaut la peine de se sentir aussi vulnérable, gênée et impuissante devant tous ces gens, en attendant impatiemment une pause pour s'envelopper dans un peignoir.

L'histoire du taureau n'a été heureusement qu'une exception. J'ai presque toujours aimé ce que le métier de mannequin a exigé de moi. C'est certainement le job le plus agréable qui soit. Et depuis le jour où Terence Donovan m'a installée devant un appareil photo, puis emmenée à Bath, je n'ai toujours pas réussi à me faire à l'idée que l'on pouvait me payer pour être tout simplement ce que je suis. Je n'avais jamais pensé que je pourrais gagner ma vie en ayant une activité qui ressemble tellement à un jeu et si peu à un travail, et je suis ravie d'avoir persévéré. Je suis reconnaissante à la divine providence de m'avoir permis de réussir dans ce métier, car nous sommes peu nombreuses à bénéficier de cette chance. Tant de jeunes filles tentent désespérément d'y parvenir...

Je me souviens de l'époque où j'étais bonne chez mon oncle Mohammed, et où je rêvais de devenir mannequin ; de cette nuit où j'ai finalement trouvé le courage de demander à Iman comment il fallait s'y prendre. Dix ans plus tard, je faisais des photos pour Revlon dans un studio new-yorkais lorsque le maquilleur est venu me dire qu'Iman travaillait sur le plateau voisin pour sa nouvelle ligne de produits de beauté. J'ai couru la voir.

– Oh, je vois qu'à présent tu as tes propres produits. Pourquoi ne m'as-tu pas demandé de faire des photos pour ta ligne de maquillage ?

Elle m'a regardée, sur la défensive, et a marmonné :

– Tu es au-dessus de mes moyens.

Je lui ai répondu en somali :

– Pour toi, j'aurais fait ça gratuitement.

C'est drôle qu'elle n'ait pas compris que j'étais toujours la même petite fille, la servante qui lui avait apporté son infusion.

Le plus curieux, c'est que je n'ai pas cherché à être mannequin, c'est arrivé par hasard ; et c'est peut-être pourquoi je ne me suis jamais prise trop au sérieux. Pour moi, l'important n'est pas d'être un « top-model » ou une « star », et je ne comprends toujours pas pourquoi certaines d'entre nous sont devenues soudain si célèbres. Chaque jour, le milieu de la mode est un peu plus fou, on crée de nouveaux magazines et de nouvelles émissions de télévision consacrés aux top-models, et je me demande à quoi tout cela rime.

Parce que nous sommes mannequins, certaines personnes nous considèrent comme des déesses, et d'autres nous traitent d'idiotes. Il m'est arrivé très souvent d'être confrontée à cette seconde catégorie de gens. Puisque je gagne ma vie avec ma gueule, je dois forcément être stupide. Avec un air supérieur, des gens me disent :

– Vous êtes modèle ? C'est dommage... Les mannequins ont une cervelle d'oiseau. Il vous suffit d'être belle et de vous planter devant un appareil photo.

J'ai rencontré toutes sortes de mannequins, et il est vrai que quelques-unes ne sont pas très futées ; mais la plupart sont intelligentes et cultivées, ont beaucoup voyagé et en savent tout autant sur bien des sujets que bon nombre de personnes. Ce sont de véritables professionnelles qui gèrent bien leurs affaires et savent comment se comporter en toutes circonstances. Pour des êtres anxieux et méchants comme cette directrice artistique dont j'ai parlé précédemment, il est difficile de se faire à l'idée que certaines femmes puissent être belles et intelligentes. Ils éprouvent le besoin de nous remettre à notre place en nous parlant avec condescendance, en nous traitant comme si nous n'étions qu'un troupeau de charmantes idiotes empotées.

Les implications morales de la mode et de la publicité sont incroyablement complexes. Alors que mes priorités sont l'amour de la nature, la bonté, la famille et l'amitié, je gagne ma vie en disant : « Achetez ça, c'est merveilleux ! » Je vends des tas de choses avec un grand sourire. Je pourrais me montrer critique et dire : « Qu'est-ce que je fais là ? Je contribue à la destruction du monde. » Mais je pense que beaucoup de gens pourraient en dire autant au sujet de leur travail, à un moment ou à un autre de leur carrière. Le bon côté de mon métier, c'est qu'il m'a permis de rencontrer des gens merveilleux, de visiter des endroits magnifiques, et de faire l'expérience de différentes cultures, toutes choses qui m'ont conduite à vouloir protéger le monde plutôt que de le détruire. Et il se trouve qu'au lieu de n'être qu'une Somalienne accablée par la pauvreté, j'ai la chance de pouvoir mener une action.

Ce que j'ai le plus apprécié dans le métier de modèle, ce n'est pas la célébrité, mais le fait de me sentir citoyenne du monde. Souvent, lorsque je voyageais pour mon travail, nous allions sur des îles magnifiques, et je profitais de mes moments de loisir pour gagner la plage la plus proche et simplement courir sur le sable. C'était merveilleux d'être de nouveau libre dans la nature et en plein soleil. Puis, me faufilant entre les arbres, je m'asseyais tranquillement pour écouter les oiseaux chanter. Je fermais les yeux et, humant le parfum douceâtre des fleurs, sentant le soleil sur mon visage, je m'imaginais être de retour en Afrique. Je m'efforçais de retrouver cette sensation de paix et de tranquillité qui me rappelait la Somalie, et j'avais l'impression d'être revenue chez moi.

15

Retour en Somalie

En 1995, après une longue série de séances de photos et de présentations de mode, j'ai décidé de prendre des vacances à Trinidad. C'était la période du carnaval, et tout le monde se déguisait, dansait, s'amusait et prenait du bon temps. Je séjournais dans une famille que je connaissais. Je n'étais là que depuis deux jours quand un homme s'est présenté à la porte. La mère de famille, une vieille femme que nous appelions tante Monica, s'est levée pour aller voir ce qu'il voulait. Le soleil de fin d'après-midi était encore chaud, mais la pièce où nous nous trouvions était sombre et fraîche. La silhouette de l'homme qui se tenait à la porte se découpait sur la lumière crue du dehors ; je ne pouvais pas voir son visage, mais je l'ai entendu dire qu'il cherchait une personne du nom de Waris. Puis tante Monica m'a appelée :

– Waris ! Un coup de téléphone pour toi.

– Un coup de téléphone ? Où est-ce qu'il y a un téléphone ?

– Suis-le, il va te conduire.

C'était un voisin de tante Monica, et la seule personne

du coin ayant le téléphone. Je l'ai accompagné jusque chez lui. Dans son entrée, il m'a montré l'appareil décroché.

– Allô ?

C'était mon agence londonienne.

– Allô ! Waris ? Désolé de te déranger, mais des gens de la BBC nous ont appelés. Il faudrait que tu prennes contact avec eux le plus vite possible. Ils aimeraient te parler d'un projet de documentaire.

– Un documentaire ? Sur quoi ?

– Tes origines et ton parcours. Ta nouvelle vie de top-model et ce que tu en penses...

– Il n'y a pas de quoi en faire une histoire. Je veux dire par là qu'ils auraient pu trouver quelque chose de plus original.

– De toute manière, il vaudrait mieux que tu discutes de tout ça avec eux. Quand penses-tu pouvoir les appeler ?

– Écoute, je n'ai pas l'intention de téléphoner à qui que ce soit.

– Ils ont vraiment besoin de te parler très vite...

– Dis-leur simplement que je les verrai quand je serai à Londres. En partant d'ici, je dois repasser par New York, puis prendre l'avion pour Londres. Je les appellerai en arrivant.

– Bon, d'accord.

Le lendemain, pendant que je faisais la fête en ville, le voisin de tante Monica est venu lui dire qu'il y avait un deuxième appel téléphonique pour moi. Sur le coup, je n'en ai rien su, mais le surlendemain il y en a eu un troisième. J'ai suivi le voisin jusque chez lui ; visiblement il commençait à en avoir assez de venir me chercher. Bien sûr, c'était encore mon agence londonienne.

– Oui, qu'est-ce qu'il y a ?

– Waris, les gens de la BBC nous ont rappelés. Ils disent que c'est très urgent, qu'ils ont absolument besoin de te joindre. Ils doivent t'appeler demain, à la même heure.

– Écoute, je suis en vacances, OK ? Il n'est pas question que je parle à qui que ce soit. J'ai fui tout ça pour quelques jours, alors laissez-moi tranquille et arrêtez de déranger ce pauvre homme.

– Ils veulent juste te poser deux ou trois questions...

– Pour l'amour de Dieu...

J'ai soupiré.

– D'accord. Dis-leur qu'ils peuvent m'appeler demain à ce numéro.

Le lendemain, j'ai eu au bout du fil Gerry Pomeroy, un réalisateur qui travaille pour la BBC. Il a commencé à me poser des questions sur ma vie, mais je l'ai interrompu d'un ton cassant :

– Je n'ai pas l'intention de parler de ça maintenant. Je ne sais pas si vous êtes au courant, mais je suis en vacances. Est-ce que nous ne pourrions pas remettre cette conversation à plus tard ?

– Désolé, mais il nous faut prendre une décision, et j'ai besoin d'en savoir un peu plus...

Debout dans le hall de cette maison étrangère, à Trinidad, je me suis mise à raconter ma vie à un inconnu qui se trouvait à Londres.

– OK, Waris, c'est parfait. Nous vous recontacterons.

Deux jours plus tard, le voisin de tante Monica est revenu annoncer que l'on me demandait au téléphone. J'ai haussé les épaules, et, secouant la tête, je l'ai suivi dans la rue. C'était de nouveau Gerry :

– Waris, nous avons vraiment envie de tourner un documentaire sur votre vie. Il s'agirait d'un court métrage de vingt-six minutes qui serait diffusé dans le cadre d'une émission intitulée *Le jour qui a changé ma vie*.

Depuis le moment où mon agence avait appelé pour la première fois, j'avais eu le temps de réfléchir à cette histoire de documentaire.

– Bien. Gerry, je vous propose un marché ; je suis d'accord pour tourner ce documentaire, à une condition : vous m'emmenez en Somalie et vous m'aidez à retrouver ma mère.

Il a accepté, trouvant que mon retour au pays ferait une excellente conclusion pour son film. Avant de raccrocher, il m'a demandé de le contacter dès que je serais à Londres. Nous prendrions alors le temps de nous asseoir autour d'une table pour planifier l'ensemble du projet.

Depuis mon départ de Mogadiscio, c'était la première fois que j'avais réellement l'occasion de revenir chez moi. Jusque-là, mes interminables problèmes de passeport, les guerres tribales incessantes en Somalie et mon incapacité à localiser ma famille avaient rendu la chose impensable. Même si j'avais trouvé le moyen de me rendre à Mogadiscio, je n'aurais pas su comment prendre contact avec ma mère.

Depuis que Gerry avait promis de m'aider, je ne pensais à rien d'autre. De retour en Angleterre, j'ai participé à de nombreuses séances de travail avec lui et Colm, son assistant, afin d'élaborer l'histoire de ma vie. Puis nous avons immédiatement débuté le tournage à Londres. Je suis revenue dans tous les lieux que j'avais fréquentés, à commencer par la maison de mon oncle Mohammed, la résidence de l'ambassadeur de Somalie, où la BBC avait obtenu l'autorisation de filmer, et la All Souls Church School, où j'avais été découverte par Malcolm Fairchild. Ils ont ensuite interviewé Malcolm – lui demandant ce qui l'avait tellement attiré en moi – ainsi que ma grande amie Sarah Doukas, la directrice de l'agence londonienne Storm ; et ils m'ont filmée lors d'une séance de photos avec Terence Donovan.

Entre-temps, le producteur américain Don Cornelius m'avait demandé d'être pour un soir la présentatrice de son émission de télévision *Soul Train*, qui propose ce qui se fait de mieux dans le domaine de la *black music*. N'ayant encore jamais participé à ce genre de projet, j'avais les nerfs en pelote, et la pression a atteint son maximum lorsque Gerry et son équipe de la BBC ont décidé de m'accompagner à Los Angeles. De plus, j'avais attrapé un rhume carabiné et je pouvais à peine parler. Gerry et son équipe m'ont suivie comme mon ombre pendant tout le voyage en avion – alors que je lisais mon texte, que je me préparais à mon rôle de présentatrice, et que je ne cessais de renifler et de me moucher – puis en limousine à travers Los Angeles. Le lendemain, au studio de télévision, les choses sont devenues plus folles encore quand les techniciens de la BBC se sont mis à filmer l'équipe de *Soul Train* qui était elle-même en train de me filmer ! Pourtant, j'aurais préféré que ma performance passe inaperçue. J'ai certainement été la plus mauvaise présentatrice de toute l'histoire de *Soul Train*, mais Don Cornelius et son équipe se sont montrés très patients avec moi. Nous avons commencé à dix heures du matin et fini à neuf heures du soir. Je pense qu'ils n'avaient jamais eu une journée de travail aussi longue. Comme à mes débuts sur le film de James Bond, j'ai eu de nouveau des problèmes de lecture. Même si j'avais fait de gros progrès, j'avais toujours de la peine à lire à haute voix. Aussi, déchiffrer des panneaux aide-mémoire devant deux équipes de tournage, des douzaines de danseurs et quelques chanteurs de classe internationale, face à des lumières qui m'éblouissaient, était au-dessus de mes forces. Je les entendais crier :

– Prise 1...

La musique démarrait, les deux équipes commençaient à tourner, les danseurs se mettaient en mouvement, et moi, je me trompais dans mon texte !

– Coupez !

On remontait la bande-son, et chacun reprenait sa place.

– Prise 2...

– Coupez !

Et ainsi de suite :

– Prise 26...

– Coupez !

Les danseurs se figeaient, laissaient retomber leurs bras et me regardaient, furieux.

– Qui est cette idiote ?

– Oh, nom de Dieu ! Où l'ont-ils dégotée ?

– On aimerait bien rentrer chez nous.

Parmi les invités que j'étais chargée de présenter, il y avait Donna Summer, l'une de mes chanteuses préférées :

– Mesdames et messieurs, préparez-vous à accueillir comme il convient la grande dame de la *soul music* : Donna Summer !

– Coupez !

– Quoi encore ?

– Waris, regardez le panneau aide-mémoire, vous avez oublié d'annoncer sa marque de disque.

– Eh, merde ! Remontez ce panneau ! Je ne le vois pas. Non, c'est trop bas ! Et mettez-le bien droit ! J'ai ces lumières en plein dans les yeux, je ne vois rien.

Don Cornelius m'a prise dans un coin et m'a dit :

– Respirez profondément et dites-moi ce qui ne va pas.

Je lui ai expliqué que ses textes n'étaient pas faits pour moi. Que je ne les sentais pas, et qu'ils ne correspondaient pas à ma façon de m'exprimer.

– Comment voulez-vous procéder ? Allez-y. Prenez les choses en main.

Tout le monde a été extraordinairement calme et patient. Don et l'équipe m'ont laissée faire à ma façon, mettre la pagaille sur le plateau et tout transformer. Cela a été une expérience passionnante de travailler avec eux et avec Donna Summer.

Ensuite, je suis revenue à New York avec Gerry et son équipe de la BBC. Comme j'avais un job à faire en décor naturel, ils m'ont filmée tandis que l'on me photographiait dans les rues de Manhattan, déambulant sous la pluie, vêtue d'une combinaison noire et d'un imperméable, et brandissant un parapluie. Un autre soir, à Harlem, le cameraman s'est assis tranquillement dans un coin de la cuisine de l'appartement où je préparais un repas avec des amis. L'ambiance était tellement euphorique que nous avons fini par oublier sa présence.

La dernière partie du film devait avoir pour cadre l'Afrique et montrer mes retrouvailles avec ma famille. Tandis que nous tournions à Londres, puis à Los Angeles et à New York, une autre équipe de la BBC s'était mise activement à la recherche de ma mère. J'avais essayé de leur indiquer sur les cartes les endroits que nous fréquentions habituellement, puis je leur avais expliqué à quelles tribus et à quels clans appartenaient mes parents ; autant de notions tout à fait étrangères à des Occidentaux. Les recherches duraient déjà depuis trois mois, mais sans résultat. Nous avons donc décidé que je resterais à New York jusqu'à ce que la BBC réussisse à localiser ma famille.

Quelque temps plus tard, Gerry m'a appelée pour me dire qu'ils avaient retrouvé ma mère.

– C'est merveilleux !

– Enfin, nous pensons que c'est elle.

– Qu'est-ce que tu veux dire ?

– Cette femme prétend avoir une fille du nom de Waris qui habiterait Londres. Mais elle ne donne pas beaucoup de détails, et notre équipe sur place se demande s'il ne s'agirait pas d'une autre Waris.

C'était peu probable, car je n'avais jamais entendu parler de quelqu'un qui ait le même prénom que moi. Après une nouvelle entrevue avec cette femme, la BBC a abandonné cette piste. L'enquête ne faisait que commencer. On aurait dit que le désert somalien fourmillait soudain de femmes qui affirmaient être ma mère. J'ai expliqué à Gerry ce qui se passait :

– Ces gens sont très pauvres et désespérés. Ils croient qu'en se prétendant mes parents, ils obtiendront un peu d'argent ou de nourriture. Je ne sais pas comment ils pensent se sortir de ce mensonge, mais ils tentent le coup.

Je n'avais malheureusement pas de photo de ma mère. Alors, Gerry a eu une idée :

– Nous avons besoin d'un détail qui te concerne et que ta mère serait la seule à connaître.

– Elle m'avait donné un surnom : Avdohol, qui signifie « petite bouche ».

– Tu penses qu'elle s'en souviendra ?

– Certainement.

Avdohol est devenu le mot de passe, la question piège qui éliminait toutes les candidates de mauvaise foi. Jusqu'au jour où Gerry m'a rappelée pour me dire :

– Nous avons trouvé une femme qui ne se souvient pas de ton surnom, mais affirme avoir une fille prénommée Waris qui travaillait chez l'ambassadeur de Somalie en Angleterre.

Le lendemain, j'ai sauté dans le premier avion pour Londres. Nous devions nous rendre à Addis-Abeba, capitale de l'Éthiopie, puis louer un avion-taxi pour gagner la frontière somalienne. Le voyage menaçait d'être très dangereux. Nous ne pouvions pas pénétrer en Somalie, à cause de la guerre, et nous allions devoir atterrir en plein désert, sur le sable et les cailloux.

Pendant que la BBC s'occupait des derniers préparatifs et que j'étais à l'hôtel, Nigel est venu me rendre visite. Étant donné la précarité de ma situation, je m'efforçais de rester en bons termes avec lui. A cette époque, je payais les traites du crédit de sa maison de Cheltenham car il n'avait plus de travail et refusait d'en chercher. Je l'avais recommandé à quelqu'un de Greenpeace que je connaissais, mais il était tellement cinglé qu'il s'était fait virer au bout de trois semaines.

Depuis qu'il était au courant du projet de documentaire de la BBC, il insistait pour m'accompagner en Afrique.

– Je veux venir avec toi. Je veux être sûr que tout ira bien.

– Non, pas question. Qu'est-ce que je dirais à ma mère ? Que tu es censé être mon mari ?

– Oui...

– Non, tu n'es pas mon mari ! Oublie toute cette histoire.

Nigel n'était pas le genre de personne que j'avais envie de présenter à ma mère. Surtout pas en tant que mari.

Quand j'étais allée à Londres la première fois pour travailler avec Gerry, Nigel s'était mis dans la tête de me suivre partout. Gerry avait rapidement perdu patience. Je dînais très souvent avec lui, et il m'appelait l'après-midi :

– Il sera là ce soir ?

– Oui...

– S'il te plaît, Waris, laissons-le en dehors de tout ça.

Lorsque je suis revenue à Londres la deuxième fois, et que Nigel m'a rendu visite à l'hôtel, il était toujours aussi décidé à m'accompagner en Afrique. Voyant que je refusais catégoriquement, il a réussi à me subtiliser mon passeport et rien de ce que j'ai pu lui dire ne l'a convaincu de me le rendre. Je suis allée voir Gerry un soir :

– Tu ne vas pas me croire, mais Nigel m'a pris mon passeport et refuse de me le rendre.

Gerry s'est passé la main sur le front et a fermé les yeux.

– Oh, bon Dieu ! J'en ai vraiment ras le bol de tout ça, Waris ! J'en ai plus qu'assez de ce type !

Gerry et d'autres personnes de la BBC ont tenté de raisonner Nigel :

– Allons, comportez-vous comme un adulte ; soyez un homme. Nous sommes presque à la fin du tournage, vous ne pouvez pas nous faire ça. Nous avons besoin que cette histoire se termine en Afrique, et donc que Waris puisse se rendre en Éthiopie. Alors, pour l'amour du ciel...

Mais Nigel a fait la sourde oreille, et il a regagné Cheltenham, emportant mon passeport. Je l'ai rejoint pour le supplier encore et encore, mais il exigeait toujours de m'accompagner en Afrique. La situation était sans issue. Depuis quinze ans, j'attendais une occasion de revoir ma mère ; elle se présentait enfin, et j'étais dans l'impossibilité de la saisir. Si je cédais, Nigel gâcherait tout, cela ne faisait aucun doute ; et si je ne récupérais pas mon passeport, j'étais de nouveau bloquée à Londres, et je ne tarderais pas à avoir des ennuis avec le service de l'Immigration.

– Nigel, c'est la première fois en quinze ans que j'ai une chance de revoir ma mère, et si je te laisse nous accompagner, tu vas emmerder tout le monde.

Il était amer de se sentir exclu, et il s'est écrié :

– Je te jure que tu es très injuste avec moi !

J'ai tout de même fini par le convaincre de me rendre mon passeport en lui promettant que nous irions en Afrique tous les deux seuls, un jour prochain. La ruse était grossière, et je n'en étais pas très fière car je n'avais pas l'intention de tenir ma promesse, mais ça ne servait malheureusement à rien de se montrer raisonnable et honnête avec Nigel.

L'avion-taxi bimoteur nous a emmenés à Galadi[1], un petit village autour duquel s'étaient regroupés un certain nombre de réfugiés somaliens qui avaient franchi la frontière pour fuir les combats. En se posant sur le sable rouge parsemé de cailloux, l'avion a rebondi dangereusement, et le nuage de poussière qu'il a soulevé devait être visible à des kilomètres. Habitants de Galadi et réfugiés somaliens n'avaient jamais rien vu de pareil et se sont précipités à notre rencontre. J'ai essayé de parler avec eux, mais j'avais beaucoup de mal à me faire comprendre car je ne connaissais pas un mot d'éthiopien, et la plupart des Somaliens parlaient un dialecte différent du mien.

En humant l'air chaud et l'odeur du sable, j'ai retrouve mon enfance perdue. Tout m'est revenu en mémoire, jusqu'au moindre détail, et je suis partie en courant. Gerry a crié :

– Waris ! Où vas-tu ?

– Faites ce que vous avez à faire... Ne vous occupez pas de moi... Je reviens.

J'ai couru un moment, puis je me suis arrêtée pour ramasser des poignées de sable et le laisser couler entre mes doigts. J'ai caressé les arbres. Ils étaient secs et poussiéreux, mais je savais que la saison des pluies ne tarderait pas et que tout alors s'épanouirait et fleurirait. J'ai aspiré l'air à pleins poumons ; il véhiculait les odeurs de mes souvenirs d'enfance, de cette époque où je vivais dehors et où ce sable rouge et cette végétation désertique constituaient mon cadre de vie. Oh, mon Dieu, c'était ici chez moi ! Je me

---

1. Village situé à l'extrême sud-est de l'Éthiopie, à une centaine de kilomètres de la ville somalienne de Galcaio. *(N.d.T.)*

suis assise sous un arbre et j'ai pleuré de joie. J'étais partagée entre le grand bonheur d'être de retour sur ma terre natale, et la profonde tristesse d'avoir attendu si longtemps. J'ai compris soudain à quel point le désert m'avait manqué ; c'était comme si je venais de pousser une porte que je n'avais pas osé ouvrir durant toutes ces années, et que je découvrais derrière elle une partie de moi-même que j'avais oubliée. Quand je suis revenue vers le village, des Somaliens qui parlaient le même dialecte que moi sont venus à ma rencontre pour me serrer la main en me disant : « Bienvenue, ma sœur. »

Ensuite, nous avons découvert que rien n'était comme nous l'espérions. La femme retrouvée par la BBC n'était pas ma mère, et personne ne semblait connaître ma famille. Gerry et son équipe étaient découragés car leur budget ne leur permettait pas de continuer les recherches, ni d'envisager un second voyage en Éthiopie. Gerry ne cessait de répéter :

– Sans la séquence africaine, mon film n'a pas de fin, et moi, je n'ai plus de film. Quel gâchis ! Qu'est-ce que nous allons faire ?

Nous avons passé le village et ses environs au peigne fin. Les gens avaient vraiment envie de nous aider, et un peu plus tard dans la journée, un vieil homme est venu me trouver et m'a demandé :

– Tu te souviens de moi ?

– Non...

– Je m'appelle Ismaïl, j'appartiens à la même tribu que ton père, et nous sommes restés très amis.

En réalisant qui il était, j'ai eu honte de ne pas l'avoir reconnu, mais j'avais une excuse : je ne l'avais pas revu depuis que j'étais une petite fille.

– Je crois savoir où est ta famille. Je pourrais peut-être retrouver ta mère, mais j'ai besoin d'argent pour mettre de l'essence dans mon camion.

Tout d'abord, je me suis demandé : « Comment savoir si tous ces gens n'essayent pas de nous arnaquer ? Peut-on faire confiance à ce vieux bonhomme ? Si je lui donne de l'argent, il va disparaître, et nous ne le reverrons plus jamais. »

Ismaïl m'a montré son camion, le genre de pick-up qu'on ne voit qu'en Afrique ou sur les réserves indiennes et chez les ferrailleurs des États-Unis. Du côté du passager, le pare-brise était étoilé ; du côté du conducteur, il manquait totalement. Rien ne protégeait donc Ismaïl du sable et des insectes quand il roulait dans le désert. Les jantes étaient voilées et cabossées, à cause des cailloux, et on aurait dit que quelqu'un s'était acharné sur la carrosserie à coups de marteau. J'ai secoué la tête :

– Attendez une minute, il faut d'abord que j'en parle aux autres.

Je suis allée discuter avec Gerry, et il m'a répondu :

– Peut-on lui faire confiance ?

– Je n'en sais rien, mais il faut prendre le risque ; nous n'avons pas le choix.

Tout le monde a été d'accord pour donner un peu d'argent à Ismaïl. Il a fait le plein, s'est installé au volant de son camion et a pris la direction du sud-est dans un nuage de poussière. Gerry avait l'air déprimé et semblait se dire : « Encore un peu plus d'argent de gaspillé. » Je lui ai donné une tape dans le dos.

– Ne t'inquiète pas, nous allons retrouver ma mère, je te le promets. Elle sera là dans trois jours.

Ma prophétie n'a pas réussi à redonner le moral à Gerry

et son équipe. Il nous restait huit jours avant que l'avion-taxi ne vienne nous rechercher, pas un de plus. Nous ne pouvions pas dire au pilote : « Nous n'avons pas tout à fait fini, revenez la semaine prochaine. » Nos places étaient réservées pour cette date sur l'avion Addis-Abeba-Londres ; impossible de le manquer, que nous ayons retrouvé Maman ou non.

J'ai passé de très bons moments en compagnie des réfugiés, leur rendant visite et partageant leurs repas, mais les Anglais n'étaient pas aussi satisfaits de leur séjour. Ils dormaient dans un bâtiment aux fenêtres sans vitres, et leurs sacs de couchage étaient posés à même le sol. Ils avaient apporté des livres mais ne possédaient qu'une lampe-torche pour tout éclairage et, la nuit, les moustiques les empêchaient de dormir. Ils se nourrissaient de haricots en boîte qui les rendaient malades, et se plaignaient de n'avoir rien d'autre à manger.

Un après-midi, un Somalien a décidé de leur faire honneur. Il est venu leur présenter un magnifique chevreau, et tous se sont mis à le caresser. Un peu plus tard, l'homme leur a rapporté l'animal égorgé, saigné, écorché et vidé, en leur disant fièrement :

– Voici votre dîner.

Les Anglais ont été choqués, mais n'en ont rien laissé paraître. J'ai emprunté une marmite, fait du feu et mis le chevreau à cuire avec du riz. Lorsque le Somalien est parti, Gerry m'a dit :

– Tu ne penses pas que nous allons manger ça ?

– Si, bien sûr ; pourquoi pas ?

– Laisse tomber, Waris.

– Pourquoi n'avez-vous rien dit ?

Ils m'ont expliqué qu'ils n'avaient pas voulu vexer cet

homme qui s'était montré si généreux, mais qu'après avoir caressé ce petit animal, il leur était impossible de le manger.

Ma prophétie s'est révélée inexacte. Trois jours après le départ d'Ismaïl, nous étions toujours sans nouvelles de lui. Gerry et son équipe étaient de plus en plus inquiets. J'ai essayé de les rassurer en leur disant que ma mère était en route pour nous rejoindre. Ils se sont moqués de moi.

– Écoutez, je vous promets que ma mère sera là demain vers six heures du soir.

Je ne sais pas pourquoi cette idée m'était venue, mais j'étais persuadée de ce que j'affirmais. Ils m'ont taquinée à propos de mes prédictions :

– Comment le sais-tu ? Ah, oui ! Waris sait tout ! Elle prédit tout, y compris la pluie !

Ils riaient de moi parce que je leur avais annoncé la pluie, à plusieurs reprises, pour la bonne raison que je la sentais.

– Est-ce qu'il a plu, oui ou non ?

– Arrête, Waris. Tu as simplement eu de la chance.

– Ça n'a rien à voir avec la chance. Je suis ici dans mon élément. Je connais ce pays, et mon instinct de survie s'est réveillé.

Ils se sont regardés d'un air entendu.

– OK. Ne me croyez pas. Vous verrez bien... Demain soir à six heures.

Le lendemain, en fin d'après-midi, j'étais assise en compagnie d'une vieille femme, et nous bavardions lorsque Gerry est arrivé sur le coup de six heures dix environ.

– C'est incroyable !

– Quoi donc ?

– Ta mère... Je pense que ta mère est là.

Je me suis levée en souriant.

– Nous n'en sommes pas certains. Le vieux est revenu et il a ramené une femme. Il prétend que c'est ta mère. Viens vite.

La nouvelle s'était répandue à travers le village à la vitesse d'un feu de brousse. Notre petit drame était une diversion bienvenue dans l'existence routinière de tous ces gens. Ils voulaient savoir s'il s'agissait de ma mère ou d'une nouvelle simulatrice. Le soir tombait, et la foule s'est agglutinée autour de nous, nous empêchant presque d'avancer. Gerry m'a entraînée vers une ruelle latérale à l'extrémité de laquelle se trouvait le pick-up au pare-brise étoilé. Une femme se tenait auprès d'Ismaïl. Je ne pouvais pas voir son visage, mais à la façon dont elle portait son foulard, je pouvais affirmer sans risque de me tromper qu'il s'agissait de ma mère. J'ai couru vers elle et je l'ai prise dans mes bras.

– Oh, Maman !

– J'ai parcouru des kilomètres et des kilomètres dans cet horrible camion. Allah m'est témoin que ce voyage a été affreux. Nous avons roulé pendant deux jours et deux nuits. Et tout ça pourquoi... ?

Je me suis retournée vers Gerry en riant.

– C'est bien elle !

J'ai demandé à Gerry de nous laisser seules pendant deux jours, ce qu'il a gentiment accepté. En parlant avec Maman, j'ai découvert que mon somali était hésitant, voire lamentable, mais surtout, ce qui était plus grave, que nous étions devenues deux étrangères. Au début, nous nous sommes contentées d'échanger des banalités, mais la joie que me causait nos retrouvailles a fini par combler le fossé qui nous séparait. Je prenais plaisir au seul fait de me retrouver assise à côté d'elle. Le voyage en camion l'avait épuisée, et elle avait beaucoup vieilli durant ces quinze dernières années à cause de l'implacable dureté de son existence quotidienne dans le désert.

Quand Ismaïl était arrivé à leur campement, Papa était absent, parti une fois encore à la recherche d'un peu d'eau. Maman m'a dit qu'il se faisait vieux lui aussi. Il continuait à courir après les nuages et la pluie, mais il aurait eu besoin de lunettes car sa vue avait beaucoup baissé. Lorsque Maman avait quitté le campement, il était déjà parti depuis huit jours, et elle espérait qu'il ne s'était pas égaré. En me remémorant l'image que j'avais gardée de mon père, j'ai réalisé à quel point il devait avoir changé. Au moment où je m'étais enfuie, il était capable de nous retrouver n'importe où, même par une nuit sans lune.

Par contre, mon jeune frère Ali et un de mes cousins, qui était de passage au campement à l'arrivée d'Ismaïl, avaient accompagné ma mère. Ali n'était plus mon « petit » frère ; mesurant plus d'un mètre quatre-vingt-dix, il était désormais beaucoup plus grand que moi, ce qui le rendait très fier. Quand j'ai voulu lui prendre la main, il s'est dégagé en criant :

– Lâche-moi ! Je ne suis plus un bébé. Je vais me marier.

– Te marier ! Quel âge as-tu ?

– Je n'en sais rien. En tout cas, l'âge de me marier.

– Peu importe, tu es encore mon petit frère. Approche-toi.

Je l'ai attrapé et je lui ai frictionné la tête. Comme notre cousin riait de me voir faire, je lui ai dit :

– Toi, je t'ai donné la fessée !

C'était moi qui m'occupais de lui quand il était petit et que sa famille nous rendait visite.

– Ah, oui ? Eh bien essaye un peu, à présent !

Il s'est mis à me tourner autour et à m'asticoter. Je lui ai crié :

– Oh, non, ne me provoque pas ! Je pourrais encore te filer une rouste.

Comme il était lui aussi sur le point de se marier, j'ai ajouté :

– Si tu veux être présentable le jour de ton mariage, ne me cherche pas !

Ce soir-là, Maman a été invitée à passer la nuit dans la hutte d'une des familles de réfugiés, et j'ai dormi dehors, en compagnie d'Ali, tout comme au bon vieux temps. J'éprouvais un sentiment de paix et de grand bonheur à me retrouver étendue ainsi sous le ciel nocturne. Nous avons regardé les étoiles et parlé jusque très tard dans la nuit :

– Tu te souviens de la fois où nous avons pendu la petite épouse de Papa ?

Et l'évocation de chacun de nos souvenirs communs nous faisait hurler de rire. Ali, qui s'était d'abord montré très réservé, s'est enfin décidé à me confier :

– Tu sais, tu me manques beaucoup. Tu es partie depuis si longtemps. C'est drôle de penser que tu es devenue une femme, et que je suis un homme à présent.

C'était merveilleux de me retrouver au milieu de ma famille, de pouvoir de nouveau parler, rire, et discuter de tout et de rien dans ma langue maternelle.

Tous les habitants du village se montraient incroyablement généreux. Ils se disputaient pour nous inviter à déjeuner et à dîner, et ne se lassaient pas d'entendre l'histoire de nos vies.

– Venez, il faut que je vous présente mes enfants... ma grand-mère...

Ils nous promenaient partout ; non pas parce que j'étais un « top-model » – ils ignoraient totalement ce que cela signifiait – mais parce que j'étais l'une d'entre eux, une nomade, de retour au pays.

Dieu soit loué, ma mère était incapable de comprendre ce que je faisais dans la vie.

– Un mannequin ? Qu'est-ce que ça signifie exactement ? C'est quoi au juste ?

Un jour, quelqu'un avait apporté à mes parents le numéro du *Sunday Times* avec ma photo en première page. Les Somaliens étant extrêmement fiers, ils avaient été ravis de voir l'une des leurs faire la une d'un journal anglais. Maman avait dit :

– C'est Waris ! C'est ma fille !

Et elle avait conservé le *Sunday Times* pour le montrer à tout le monde.

Après cette première nuit, ma mère, surmontant sa timidité, a pris suffisamment d'assurance pour me mener à la baguette :

– Ce n'est pas comme ça qu'il faut s'y prendre, Waris ! Allons, laisse-moi te montrer. Tu ne fais pas la cuisine là où tu vis à présent ?

Mon frère s'est mis à me poser des questions, à me demander ce que je pensais de ceci et de cela, et je l'ai taquiné :

– Oh, Ali, s'il te plaît, laisse-moi tranquille. Vous n'êtes que des gens de la brousse, stupides et ignorants. Vous avez vécu ici trop longtemps, et vous ne savez pas de quoi vous parlez.

– Ah, oui ? Tu es célèbre, alors tu reviens au pays, tu prends de grands airs, et tu racontes les mêmes conneries que les Occidentaux. Tu crois tout savoir parce que tu vis en Amérique ?

Nous avons discuté pendant des heures. Je ne voulais pas leur faire de peine, mais je pensais que si je ne leur disais pas certaines choses, personne d'autre ne le ferait.

– Je ne sais pas tout, mais j'ai découvert et appris beaucoup de choses que j'ignorais lorsque je vivais dans le désert.

– Quoi, par exemple ?

– Que vous détruisez votre environnement en coupant les jeunes arbres sans même leur laisser le temps de pousser, et tout ça pour faire des enclos destinés à ces stupides chèvres ! Ce n'est pas la meilleure chose à faire.

– Qu'est-ce que tu veux dire ?

– Ce pays est un désert parce que nous avons coupé tous les arbres.

– Waris, ce pays est un désert parce qu'il ne pleut pas ! Il y a des arbres dans le Nord parce qu'il pleut.

– Non, Ali, il pleut dans le Nord parce qu'il y a des forêts. Et comme chaque jour vous coupez la moindre pousse, il n'y aura plus jamais de forêt par ici, et plus jamais de pluie.

Ils ne savaient pas s'ils devaient me croire ou non, mais il existait un sujet sur lequel ils pensaient bien que je n'aurais pas d'arguments à leur opposer. Maman l'a abordé la première :

– Pourquoi n'es-tu pas mariée ?

Après toutes ces années, ce sujet était encore pour moi une blessure ouverte. C'était la raison qui m'avait fait quitter mon pays et ma famille. Je savais que mon père pensait agir pour mon bien, mais il m'avait placée devant un choix épouvantable : soit lui obéir et gâcher ma vie en épousant un vieillard, soit prendre la fuite et abandonner tout ce que je connaissais et que j'aimais. Le prix que j'avais payé pour ma liberté était exorbitant, et j'espère bien ne jamais obliger mes enfants à prendre une décision aussi douloureuse.

– Maman, pourquoi me marier ? Est-ce que je suis forcée de le faire ? Tu n'as pas envie de me voir réussir ma vie, être forte et indépendante ? Je veux dire par là que si je ne suis pas mariée, c'est tout simplement que je n'ai pas encore trouvé le compagnon idéal. Si je le découvre un jour, il sera temps de me marier.

– J'ai envie d'avoir des petits-enfants.

Ils se sont tous ligués contre moi. Même mon cousin s'est mis de la partie :

– Tu es trop vieille à présent. Qui voudrait de toi ? Tu es beaucoup trop vieille.

Il a secoué la tête en songeant à l'horreur que cela devait être d'épouser une vieille femme de vingt-huit ans. Je lui ai demandé :

– Qui peut avoir envie de se marier contraint et forcé ? Pourquoi vous mariez-vous ? Je suis sûre qu'on vous y a poussés.

Ils se sont défendus avec un bel ensemble :

– Oh, non, non !

– Parce que vous avez la chance d'être des garçons. En tant que fille, je n'ai pas mon mot à dire. Je suis censée épouser celui que vous avez choisi pour moi, et au moment où vous le jugez bon. Pourquoi ? Qui en a décidé ainsi ?

Ali a émis un grognement désapprobateur.

– Oh, ferme-la Waris !

– Ferme-la, toi aussi !

Gerry a commencé à tourner deux jours avant notre départ. Il a enregistré plusieurs séquences avec ma mère, mais elle détestait la caméra. Elle disait :

– Enlevez ça de devant ma figure. Je n'en veux pas.

Et elle donnait une tape au cameraman.

– Waris, dis-le-lui.

Je lui répondais de ne pas s'inquiéter.

– Il me regarde ou il te regarde ?

– Il nous regarde toutes les deux.

– Dis-lui que je ne veux pas qu'il me regarde. Il entend ce que je dis ?

J'aurais voulu lui expliquer ce qui se passait, mais je savais bien que c'était impossible :

– Oui, Maman, il entend tout.

J'ai éclaté de rire, et elle m'a imitée. Le cameraman m'a demandé ce qui nous amusait, et je lui ai répondu :

– Simplement l'absurdité de la situation...

Le second jour, ils m'ont filmée seule, dans le désert. J'ai aperçu un petit garçon qui abreuvait un chameau avec l'eau qu'il avait tirée d'un puits. Je me suis approchée de lui et je l'ai aidé en soulevant le seau pour que l'animal puisse boire plus facilement. Durant toute cette journée, j'ai eu du mal à retenir mes larmes.

A notre retour au village, une femme m'a teint les ongles

au henné. J'ai montré mes mains à la caméra ; on aurait dit que j'avais trempé le bout de mes doigts dans de la bouse de vache, mais je n'étais pas peu fière. Ce soin de beauté particulier est une pratique rituelle de mon peuple, réservée habituellement aux jeunes filles qui se marient.

Ce soir-là, les habitants du village ont organisé une grande fête en l'honneur de notre départ. Danser, battre des mains et chanter avec eux m'a rappelé les bons moments de mon enfance, quand nous nous réjouissions de la venue de la pluie, que nous éprouvions un profond sentiment de liberté et de bonheur.

Le lendemain matin, je me suis réveillée très tôt pour avoir le temps de prendre le petit déjeuner en compagnie de ma mère avant l'arrivée de l'avion. Je lui ai demandé si elle voulait venir vivre avec moi en Angleterre ou aux États-Unis.

– Mais qu'est-ce que je pourrais bien y faire ?

– Rien, justement ! Tu as suffisamment travaillé comme ça. Il serait temps que tu te reposes, que tu te tournes les pouces. J'aimerais te gâter.

– Non, je ne peux pas. Ton père se fait vieux. Il a besoin de moi, et je veux rester avec lui. Et puis, il faut que je m'occupe des enfants.

– Des enfants ? Mais nous sommes tous adultes...

– Les enfants de ton père. Tu te souviens de cette fille qu'il avait épousée et dont je ne me rappelle plus le nom ?

– Oh, oui...

– Eh bien, elle lui a donné cinq enfants, mais elle n'a pas tenu le coup. Je suppose que notre vie était trop dure pour elle, ou qu'elle ne supportait plus ton père. Elle s'est enfuie... Elle a disparu.

– Maman ! Tu es trop vieille pour faire ça. Tu ne devrais plus travailler aussi dur. Courir après des gamins, ce n'est plus de ton âge.

– Ton père a passé l'âge lui aussi, et il a besoin de moi. Et puis, je ne pourrais pas rester assise sans rien faire. Si je m'asseyais, je vieillirais plus vite. Ça me rendrait folle de me tenir tranquille après toutes ces années. Il faut que je m'active. Si tu veux faire quelque chose pour moi, trouve un endroit en Somalie où je pourrai me retirer quand je serai vraiment fatiguée. C'est mon pays, et je n'ai jamais rien connu d'autre.

Avant de la quitter pour rejoindre l'avion, je l'ai serrée très fort dans mes bras.

– Je t'aime, Maman, et je reviendrai te voir. N'oublie pas ce que je te dis : je reviendrai te voir...

Elle a souri et agité la main en signe d'adieu. Une fois dans l'avion, j'ai craqué. Je ne savais pas quand je reverrais ma mère, ni même si je la reverrais jamais. Tandis que je pleurais à chaudes larmes en regardant par le hublot le village qui s'éloignait, le cameraman me filmait en gros plan.

16

The Big Apple

Au printemps 1995, nous avons terminé le tournage du documentaire de la BBC qui devait être diffusé par la suite sous le titre : « Une nomade à New York ». Effectivement, j'étais encore une nomade puisque je n'avais toujours pas de chez moi digne de ce nom, après toutes ces années. Je me déplaçais en suivant le travail : Milan, Paris, Londres, New York. Je logeais la plupart du temps chez des amis ou à l'hôtel. Le peu que je possédais (quelques photos, des livres et des disques) se trouvait à Cheltenham, chez Nigel. Comme je travaillais principalement à New York, j'y passais le plus clair de mon temps, et c'était là que j'avais loué, temporairement, mon premier appartement, un studio dans le quartier de Soho. Ensuite, j'avais occupé, tout aussi provisoirement, un appartement à Greenwich Village, puis une maison sur West Broadway, mais je n'avais aimé aucun de ces trois logements. La maison de Broadway était un endroit complètement dingue qui avait failli me rendre folle. Chaque fois qu'une voiture passait dans la rue, on aurait dit qu'elle traversait la salle de séjour. Il y avait une caserne de pompiers au coin de la rue, et les sirènes me réveillaient à longueur de nuit. Comme je n'arrivais plus à dormir, j'avais abandonné la maison au bout de dix mois et repris ma vie nomade.

Cet automne-là, j'ai participé aux présentations de mode à Paris, puis je suis retournée directement à New York sans passer par Londres. J'avais envie de trouver un appartement et de me poser un peu. J'habitais Greenwich Village, chez George, un de mes meilleurs amis, et j'en profitais pour courir les agences immobilières.

Un soir, une amie de George, Lucy, est venue nous inviter à fêter son anniversaire mais George a répondu qu'il se sentait trop fatigué et devait se lever tôt le lendemain matin pour aller travailler. J'ai proposé à Lucy de l'accompagner, et nous sommes sorties sans savoir où nous allions. En arrivant sur la Huitième Avenue, je lui ai montré où se trouvait mon ancien appartement.

– J'ai habité là quelques mois, au-dessus de cette boîte de jazz. J'y ai toujours entendu de la bonne musique, mais je n'y ai jamais mis les pieds.

En passant devant l'immeuble, j'ai écouté la musique qui filtrait par la porte entrouverte.

– Ça te dirait d'entrer un moment ?

– Non, je préfère aller chez Nell's.

– Oh, allons voir de quoi ça a l'air. J'aime beaucoup ce qu'ils jouent. Ça me donne envie de danser.

Lucy a accepté à contrecœur. Nous avons descendu l'escalier et nous sommes entrées dans une salle minuscule et sombre. Les musiciens se trouvaient sur une estrade juste en face de nous. Je me suis avancée vers eux, mais je n'ai vu que le batteur, le seul à être éclairé. Il était déchaîné, et je suis restée plantée là, à le dévisager. Il avait un look cool et une tignasse à l'afro, comme dans les années soixante-dix. Quand Lucy m'a tirée par le bras, je me suis retournée pour lui dire :

– Non, non ! On reste. Assieds-toi et commande quelque chose. Juste un petit moment.

Ça swinguait méchamment, et je me suis mise à danser comme une folle. Lucy m'a rejointe, et bientôt tous les consommateurs qui étaient restés assis jusque-là à regarder les musiciens, comme fascinés, se sont levés pour danser avec nous.

Mourant de chaud et de soif, je me suis arrêtée pour boire un verre. Ma voisine semblait être une habituée et je lui ai dit :

– Excellente musique. Vous connaissez cette formation ?

– Seulement le sax ; c'est mon mari.

– Vous ne savez pas qui est le batteur ?

– Non, désolée.

Quelques minutes plus tard, l'orchestre a fait une pause, et lorsque le batteur est passé près de nous, ma voisine l'a attrapé par le bras.

– Excusez-moi, j'ai une amie qui aimerait faire votre connaissance.

– Ah, oui ! Qui ça ?

– Elle.

Et elle m'a poussée vers lui. J'étais tellement gênée que je n'ai pas su quoi dire. Après être restée figée pendant un instant, j'ai réussi à bredouiller :

– Salut.

Vas-y en douceur, Waris.

– J'aime beaucoup votre musique.

– Merci.

– Comment vous appelez-vous ?

– Dana.

Gêné, il a regardé autour de lui, puis m'a tourné le dos et s'est éloigné. Je n'étais pas décidée à le laisser partir si facilement. Il a rejoint les autres musiciens, et je l'ai suivi. J'ai tiré bruyamment une chaise et je me suis assise derrière lui. Lorsqu'il s'est retourné et m'a vue, il a sursauté. Je lui ai dit sur un ton de reproche :

– Il me semble que j'étais en train de vous parler, non ? Vous m'avez proprement laissée tomber. Vous savez que ce n'est pas très poli ?

Il m'a dévisagée, perplexe, puis a éclaté de rire et s'est penché par-dessus son siège.

– Quel est votre prénom ?

J'ai levé le nez en l'air, et sur le ton le plus suffisant que je pouvais adopter, je lui ai répondu :

– Quelle importance ?

Mais la glace était brisée, et nous avons discuté de choses et d'autres jusqu'à la fin de la pause.

– Vous partez ?

– Non.

– Vous êtes seule ?

– Non, avec une amie. Elle doit être par là.

A la pause suivante, il m'a annoncé que l'orchestre n'interpréterait que deux thèmes de plus. Si j'étais d'accord, nous pourrions aller prendre un verre ailleurs. Mais quand il a terminé, nous sommes restés assis à parler de tout et de rien. Finalement, je lui ai dit :

– Il y a trop de fumée, je ne peux plus respirer. Est-ce qu'on pourrait sortir prendre l'air ?

– OK. On peut aller s'asseoir sur les marches.

Lorsque nous sommes arrivés en haut de l'escalier, il s'est arrêté.

– Je peux vous demander quelque chose ?

– Oui... ?

– J'aimerais vous serrer dans mes bras.

Je l'ai regardé comme si nous nous connaissions depuis toujours et que sa demande était tout à fait naturelle. Je l'ai serré très fort sur mon cœur et, de la même façon que j'avais su que je quitterais la Somalie, puis que je serais mannequin, j'ai tout de suite compris que ce batteur timide, avec son air cool et sa coiffure à l'afro, était l'homme de ma vie.

Il était désormais trop tard pour aller prendre un verre ailleurs, mais je lui ai donné le numéro de téléphone de George et je lui ai demandé de m'appeler le lendemain :

– J'ai des rendez-vous dans la matinée. Téléphonez-moi à trois heures précises, OK ?

Je voulais savoir s'il serait ponctuel.

Par la suite, il m'a raconté qu'en prenant le métro pour rentrer chez lui, à Harlem, cette nuit-là, il avait levé les yeux en arrivant sur le quai de la station, et avait vu, sur une grande affiche, mon visage en gros plan qui le regardait de haut. Il n'avait jamais remarqué cette affiche auparavant et ignorait que j'étais mannequin.

Le lendemain, le téléphone a sonné à trois heures vingt, et j'ai vite décroché.

– Vous êtes en retard !

– Je suis désolé. Vous voulez qu'on dîne ensemble ?

Nous nous sommes retrouvés dans un petit restaurant de Greenwich Village, et nous avons parlé pendant des heures. A présent je réalise à quel point ça ne lui ressemblait guère, lui qui est si peu bavard avec les personnes qu'il ne connaît pas. A la fin, j'ai été prise de fou rire. Dana a paru effrayé.

– Qu'est-ce qu'il y a ?

– Vous allez penser que je suis folle.

– Allez-y. J'en suis déjà persuadé.

– Je vais avoir un enfant de vous.

Il n'a pas eu l'air enchanté de cette nouvelle. Au contraire, il m'a lancé un regard qui signifiait : « Elle est vraiment cinglée ; cette fille n'est pas seulement une fêtarde, elle est complètement dingue. »

– Je sais ce que vous pensez. Vous me trouvez bizarre. Oublions ça.

Il m'a observée en silence. Il était choqué, ce qui n'avait rien d'étonnant : je ne connaissais même pas son nom de famille. Par la suite, il m'a dit avoir pensé : « Je ne veux plus la revoir. Il faut que je me débarrasse d'elle. Elle me rappelle la nymphomane de *Liaison fatale*. »

Dana m'a raccompagnée chez George à pied, mais il avait perdu sa langue. Le lendemain, je m'en suis voulu d'avoir prononcé cette phrase tellement ringarde. Pourtant, sur le coup, ça m'avait paru aussi banal que de dire : « Il va pleuvoir demain. » Je n'ai pas été surprise de ne plus avoir de ses nouvelles. Au bout d'une semaine, n'y tenant plus, je l'ai appelé, et il m'a demandé où j'étais.

– Chez mon ami George. Vous voulez qu'on se voie ?

– Oh, eh bien, oui, d'accord. On pourrait déjeuner ensemble.

– Je t'aime.

– Je t'aime aussi.

J'ai raccroché. J'étais bouleversée et horrifiée d'avoir dit à cet homme que je l'aimais alors que je m'étais bien juré de me montrer plus adroite, de ne plus lui parler d'enfant, ni de rien d'autre dans ce genre. « Oh, Waris, qu'est-ce qui te prend ? » Jusque-là, chaque fois qu'un homme s'était intéressé à moi, j'avais fui, disparu. Et voilà que je courais après celui-ci que je connaissais à peine. La nuit où je l'avais rencontré, je portais un pull vert et j'étais coiffée à l'afro. Dana m'a avoué par la suite que son sommeil avait été peuplé de pulls verts et de coiffures à l'afro. Quand j'avais envie de quelque chose, je faisais tout pour l'obtenir ; et pour la première fois de ma vie, j'avais très envie d'un homme. Ce que j'étais incapable d'expliquer, par contre, c'était pourquoi j'avais l'impression de le connaître depuis toujours.

Nous nous sommes retrouvés pour le déjeuner, et nous avons refait le monde. Deux semaines plus tard, je me suis installée chez lui, à Harlem. Au bout de six mois, nous faisions des projets de mariage.

Nous vivions ensemble depuis bientôt un an lorsqu'un jour Dana m'a dit :

– Je pense que tu es enceinte.

J'ai crié :

– Pour l'amour du ciel, qu'est-ce que tu racontes ?

– Allons à la pharmacie.

J'ai protesté, mais il n'a pas cédé. Nous sommes allés acheter des tests de grossesse. Le premier a été positif.

– Tu ne vas tout de même pas faire confiance à ce truc, si ?

Il a sorti un second test de la boîte.

– Recommence.

Le résultat a été de nouveau positif. Il est vrai que je ne me sentais pas bien du tout, mais c'était toujours comme ça à l'approche de mes règles. Pourtant, cette fois c'était différent, pire que d'habitude et plus douloureux. Toutefois, je ne pensais pas être enceinte ; je croyais que j'étais très malade et que j'allais mourir. Je suis allée voir un docteur. Il m'a fait une prise de sang, et j'ai attendu le résultat pendant trois jours atroces, trois jours d'angoisse. « Merde ! Qu'est-ce qui se passe ? J'ai attrapé une maladie abominable et il ne sait pas comment me l'annoncer ? »

Un après-midi, Dana m'a accueillie en me disant :

– Le docteur a appelé.

– Mon Dieu ! Qu'est-ce qu'il a dit ?

– Il veut te parler.

– Tu ne lui as pas posé de questions ?

– Il doit te rappeler demain entre onze heures et midi.

J'ai passé la nuit la plus longue de ma vie, ne parvenant pas à trouver le sommeil et me demandant ce que l'avenir me réservait. Le lendemain, quand le téléphone a sonné, je me suis précipitée.

– J'ai des nouvelles pour vous : vous n'êtes plus seule.

Je me suis dit : « Nous y voilà... C'est fini ! Plus seule, ça veut dire que je suis pleine de tumeurs ! »

– Oh, non ! Vous voulez dire que... ?

– Vous êtes enceinte de deux mois.

En entendant ces mots, je me suis envolée pour la lune. Dana était ravi car il avait toujours rêvé d'être papa. Nous avons tout de suite su que ce serait un garçon, mais je n'ai pensé qu'à la santé du bébé. J'ai immédiatement pris rendez-vous avec une gynécologue, et au moment de l'échographie, je lui ai demandé de ne pas me révéler le sexe de l'enfant.

– S'il vous plaît, dites-moi seulement si le bébé se porte bien.

– Il est très beau et en parfaite santé.

C'était exactement ce que j'avais envie d'entendre.

Bien sûr, il restait un obstacle de taille à mon mariage avec Dana : Nigel. A mon quatrième mois de grossesse, nous avons décidé d'aller à Cheltenham et de régler les choses une bonne fois pour toutes. Le jour de notre arrivée à Londres, j'avais un mauvais rhume et j'ai été prise de nausées. Nous logions chez un ami. Après avoir récupéré pendant quarante-huit heures, j'ai trouvé le courage d'appeler Nigel, mais il était grippé, et nous avons dû remettre notre rencontre.

Il nous a fallu patienter plus d'une semaine avant que Nigel ne soit prêt à me recevoir. Je lui ai donné l'heure d'arrivée du train pour qu'il vienne me chercher à la gare, et j'ai ajouté :

– Je te préviens que Dana m'accompagne, et que je ne veux surtout pas d'histoires, OK ?

– Autant te le dire tout de suite : je ne veux pas le voir. Tout cela doit rester entre toi et moi.

– Nigel...

– Je m'en fiche... Il n'a rien à voir là-dedans.

– Au contraire, tout cela le concerne. Il est mon fiancé, l'homme avec lequel je vais me marier. D'accord ? Tout ce que j'ai à faire ici, il le fera avec moi.

– Je ne veux pas le voir, c'est tout.

Nigel s'était donc mis dans la tête que j'arriverais seule à Cheltenham. Quand je suis sortie de la gare, il m'attendait sur le parking, appuyé contre un poteau et fumant une cigarette, comme à son habitude. Il avait l'air d'aller encore plus mal que la dernière fois où je l'avais vu. Ses cheveux étaient plus longs, et il avait des cernes noirs sous les yeux. Je me suis tournée vers Dana pour lui dire :

– Le voilà. Je t'en prie, reste calme.

Nous nous sommes dirigés vers lui, et avant que j'aie pu prononcer un mot, il a crié :

– Je t'ai dit que je ne voulais pas le voir ! Je te l'ai dit. J'ai été très clair : je veux te voir seule.

Dana a posé nos sacs de voyage sur le sol.

– Ne lui parle pas sur ce ton, à moi non plus. Pourquoi veux-tu la voir seule ? Qu'est-ce que c'est que cette histoire ? Tu veux la voir seule ? Eh bien, moi, je ne veux pas. Et si tu répètes ça une fois de plus, je te fous mon pied au cul !

Nigel est devenu plus pâle encore.

– Très bien... Il n'y a pas assez de place dans la voiture.

– Je me fous de ta bagnole. Nous pouvons prendre un taxi. Finissons-en au plus vite.

Nigel s'est dirigé rapidement vers sa voiture, lançant par-dessus son épaule :

– Non, non, non ! Ce n'est pas ma façon de faire.

Il a sauté dedans et a démarré en trombe, nous plantant là avec nos bagages. Nous avons décidé de trouver un endroit où passer la nuit. Il y avait un *bed and breakfast* juste à côté de la gare – en fait un taudis déprimant –, mais dans les circonstances présentes, c'était le cadet de nos soucis. Nous sommes allés dîner, sans appétit, dans un restaurant indien, et après avoir contemplé un moment, d'un air maussade, ce que nous avions dans nos assiettes, nous avons pris le parti d'aller nous coucher.

Le lendemain matin, j'ai rappelé Nigel :

– Je veux simplement prendre mes affaires, OK ? Si tu n'es pas d'accord pour régler la situation, n'en parlons plus. Rends-moi seulement ce qui m'appartient.

Il n'a rien voulu entendre. Comme le *bed and breakfast* était retenu pour la nuit suivante, nous avons dû chercher un hôtel. De toute façon, nous avions intérêt à nous installer confortablement, car Dieu seul savait combien il faudrait de temps pour convaincre Nigel. Je lui ai téléphoné de l'hôtel :

– Écoute, Nigel, ne sois pas aussi borné. Pourquoi faire ça ? Tu ne penses pas que cette comédie a assez duré ? Arrête un peu.

– D'accord. Tu veux me voir, très bien, mais seule. Je passe te prendre à ton hôtel, et s'il se montre, terminé, je repars.

J'ai poussé un soupir et, ne voyant pas d'autre solution pour en finir avec ce gâchis, j'ai accepté. Après avoir raccroché, j'ai expliqué la situation à Dana :

– S'il te plaît, laisse-moi y aller et voir si je peux lui parler. Fais ça pour moi.

– D'accord, si tu penses que ça va marcher... Je n'aime pas du tout ça, mais si c'est ce que tu veux faire, je ne peux pas t'en empêcher. Surtout, dis-lui bien que s'il te touche, il aura affaire à moi.

Je lui ai demandé de rester à l'hôtel, pour que je puisse le joindre au cas où j'aurais besoin de lui.

Nigel est venu me chercher et m'a emmenée au cottage qu'il louait. Tandis qu'il préparait le thé, je lui ai dit :

– Écoute, Nigel, je vais me marier avec Dana et je suis enceinte de lui. Donc fini les conneries et les fantasmes : je ne suis pas ta chère et tendre épouse, et nous ne vivons pas ensemble. Tout ça n'a jamais existé que dans ta tête, OK ? Tu as bien compris ? Alors, finissons-en. Je veux divorcer, et vite ; si possible dans la semaine. Je ne rentrerai pas à New York avant d'avoir mis de l'ordre dans tout ça.

– Très bien. Primo, je refuse de divorcer tant que tu ne m'auras pas remboursé ce que tu me dois.

– Je te dois de l'argent ? Combien ? Il me semblait t'en avoir donné pendant des années !

– C'était pour payer ta nourriture.

– Alors que je n'étais jamais là ? Puisque tu es si obsédé par le fric, dis-moi combien tu veux.

– Au moins quarante mille livres.

– Oh, je vois ! Et où est-ce que je vais trouver tout cet argent ? Je n'en ai jamais eu autant.

– Ça m'est égal ! C'est à prendre ou à laisser. Tu as une dette envers moi, et je ne t'accorderai le divorce, je ne te rendrai ta liberté que si tu me rembourses. J'ai été obligé de vendre ma maison à cause de toi.

– Tu as vendu ta maison parce que tu n'arrivais plus à payer les traites de ton crédit, et que j'en avais marre de les payer à ta place. Il aurait fallu que tu trouves du travail, mais tu en es incapable.

– Du travail ? Quel genre de travail ? Chez McDonald's ?

– Pourquoi pas, si cela pouvait te permettre de payer ton crédit.

– Je ne suis pas très doué pour ce genre de boulot.

– Et pour quoi donc es-tu doué ?

– Je suis écologiste.

– Oui, c'est vrai. Je t'avais trouvé un job à Greenpeace, mais ils t'ont foutu à la porte. Tu ne peux t'en prendre qu'à toi-même. Je ne marche pas dans ta combine et je ne te donnerai pas un seul penny. Tu sais quoi ? Tu peux reprendre ton passeport et te le mettre où je pense ! Cette discussion est manifestement inutile. Notre mariage a toujours été bidon, et il n'est même pas légitime puisqu'il n'a pas été consommé.

– Ce n'est pas vrai. Selon la loi, nous sommes légitimement mariés, et je ne te laisserai pas partir, Waris. Ton enfant restera un bâtard toute sa vie.

La pitié que j'avais pu ressentir pour lui s'est transformée en haine. J'ai réalisé l'effroyable ironie de la situation. J'avais décidé d'épouser Nigel parce qu'il voulait m'aider pour accomplir la « volonté d'Allah » ! De plus, sa sœur Julie était une de mes amies, et je m'étais dit : s'il y a le moindre problème, elle interviendra en ma faveur. Malheureusement, la dernière fois que j'avais vu Julie, elle était toujours enfermée dans un asile où j'avais déjà été lui rendre visite à plusieurs reprises. Elle était complètement folle, ne cessait de regarder autour d'elle frénétiquement, et racontait d'horribles histoires à propos de personnes qui la poursuivaient et en voulaient à sa vie. J'étais très triste de la voir dans cet état. Manifestement, la folie tenait de famille.

– J'obtiendrai le divorce, Nigel. Avec ou sans ton consentement. Nous n'avons plus rien à nous dire.

Il m'a regardée d'un air grave pendant un instant, puis il a dit calmement :

– Très bien. Si je te perds, je n'ai plus rien. Il ne me reste plus qu'à te tuer et à me suicider.

J'ai senti mon sang se glacer et je me suis demandé ce que je devais faire ; j'ai finalement décidé de tenter un coup de bluff :

– Dana est en route pour me rejoindre. Si j'étais toi, j'éviterais de faire une bêtise.

Il fallait que je sorte de là au plus vite. Cette fois, il avait vraiment dépassé les bornes. Je me suis penchée pour ramasser mon sac... et il m'a poussée par-derrière, m'envoyant buter contre la chaîne stéréo, tête la première ! Puis j'ai roulé sur le côté et je suis tombée sur le dos. « Oh, mon Dieu ! Le bébé... » Allongée sur le parquet, j'avais peur de bouger ; la crainte d'avoir fait du mal à l'enfant que je portais me paralysait. Nigel a crié :

– Oh, merde ! Tu vas bien ?

Je me suis relevée tout doucement et j'ai dit calmement :

– Oui. Ça va.

J'ai compris à quel point j'avais été stupide de venir seule, et je n'avais plus qu'une envie : m'en tirer sans mal.

– Ça va. Je vais très bien.

Il m'a aidée à me remettre debout et, pour faire semblant d'être parfaitement calme, j'ai pris le temps d'enfiler ma veste.

– Je te ramène à l'hôtel. Monte dans la voiture.

Il était de nouveau très en colère. Tout en conduisant, il hurlait, jurait, me maudissait et me traitait de tous les noms. Je me disais : « Il déteste ce bébé, et rien ne lui ferait plus plaisir que de le voir mort. Il est capable de se jeter contre un arbre ou dans un précipice ! » J'ai mis ma ceinture de sécurité. Je regardais droit devant moi et je me taisais, de peur qu'il me frappe si je prononçais un seul mot. J'étais si hébétée que je ne songeais même plus à moi, mais uniquement au bébé que je portais. Pourtant, je suis une battante, et si je n'avais pas été enceinte je l'aurais réduit en bouillie.

Lorsque nous sommes arrivés devant l'hôtel, il a crié :

– C'est tout ce que tu trouves à répondre ? Après tout ce que j'ai fait pour toi !

Il a arrêté la voiture, a tendu le bras pour ouvrir ma portière, et m'a poussée dehors. Je suis tombée de mon siège, un de mes pieds est resté coincé et j'ai dû me débattre pour dégager ma jambe. Je me suis relevée, j'ai couru vers l'hôtel et grimpé jusqu'à notre chambre. Lorsque Dana m'a ouvert, je pleurais à chaudes larmes.

– Qu'est-ce qui se passe ? Qu'est-ce qu'il t'a fait ?

Si j'avais dit la vérité à Dana, il aurait tué Nigel, il serait allé en prison, et je me serais retrouvée toute seule pour élever notre enfant.

– Rien. Il est toujours aussi con. Il ne veut pas me rendre mes affaires.

Je me suis mouchée bruyamment.

– C'est tout ? Oh, Waris, oublie toutes ces bêtises. Ça ne vaut pas la peine de se mettre dans un état pareil.

Nous sommes revenus à Londres où nous avons pris le premier avion pour New York.

Lorsque j'ai été enceinte de huit mois, un photographe africain qui avait appris que j'attendais un bébé m'a fait savoir qu'il aimerait me photographier. Il m'a demandé de le rejoindre en Espagne où il travaillait. Comme je me sentais en pleine forme, j'ai décidé de faire le voyage. Je n'ignorais pas que je n'étais plus censée prendre l'avion à partir du septième mois, mais j'ai enfilé un pull très ample, et personne n'a rien remarqué. Nous avons fait de très belles photos pour *Marie Claire*.

Plus tard, j'ai dû de nouveau prendre l'avion. Vingt jours seulement avant la date prévue pour l'accouchement, je suis allée m'installer à Omaha (Nebraska) chez les parents de Dana, afin qu'ils puissent m'aider après la naissance du bébé. Dana avait prévu de me rejoindre la semaine suivante car il devait se produire dans plusieurs clubs de la région. Un matin, peu de temps après mon arrivée, mon estomac m'a joué des tours. J'ai réfléchi à ce que j'avais mangé la veille, sans trouver ce qui aurait pu me causer une indigestion. Cela a duré toute la journée, mais je n'en ai parlé à personne. Le lendemain matin, j'avais vraiment très mal, et il m'est venu à l'idée qu'il ne s'agissait peut-être pas de maux d'estomac. J'ai appelé la mère de Dana à son travail :

– J'ai de violentes douleurs intermittentes. Ça m'a prise hier et ça va de mal en pis. Je ne vois pas ce que je pourrais avoir mangé...

– Pour l'amour du ciel, Waris, ce sont les premières contractions !

J'étais très contente car il me tardait de mettre notre bébé au monde. J'ai appelé Dana, à New York :

– Je crois que je suis sur le point d'accoucher !

– Non, non, non ! Tu ne peux pas faire ça avant que je sois là. Retiens-le ! J'arrive, je prends le prochain avion.

– Le retenir ? Tu en as de bonnes ! Comment faut-il faire ?

Dieu, que les hommes sont stupides ! Pourtant j'aurais

bien aimé que Dana assiste à la naissance de notre premier enfant. A la suite de notre conversation, la mère de Dana avait téléphoné à l'hôpital, et une infirmière m'a appelée. Elle m'a dit que si je voulais hâter la venue du bébé, il fallait que je marche. J'en ai déduit que pour le retenir, je devais faire le contraire. Je me suis allongée, et je n'ai plus bougé.

Dana n'est arrivé à Omaha que le lendemain soir. A l'heure où son père est allé le chercher à l'aéroport, les contractions duraient depuis presque trois jours déjà, et je haletais. La mère de Dana me criait :

– Comptez, Waris, comptez !

Il était vraiment temps que j'aille à l'hôpital, mais nous étions obligées d'attendre Dana et son père car ils avaient la voiture. Quand ils sont arrivés, nous ne leur avons même pas laissé le temps d'entrer dans la maison ; nous sommes sorties en hurlant :

– Remontez en voiture, nous allons à l'hôpital !

Il était dix heures du soir lorsque j'y ai fait mon entrée, et le lendemain matin à dix heures j'étais toujours en salle de travail. Je hurlais :

– Je veux me balancer à un arbre, la tête en bas !

Il s'agissait d'un instinct purement animal ; c'est ainsi que se comportent les guenons : elles tournent en rond, s'accroupissent, s'assoient, courent et se balancent jusqu'à donner naissance à leur petit ; elles ne restent pas allongées sans bouger, comme nous. Depuis ce jour-là, Dana me surnomme Monkey [1] et parfois il m'imite, criant d'une voix de fausset :

1. Singe. *(N.d.T.)*

– Ahhh ! Je veux me balancer à un arbre, la tête en bas !

Dans la salle d'accouchement, le futur père me donnait des conseils :

– Respire, chérie ; respire calmement...

Et j'avais envie de lui répondre : « Tire-toi, pauvre mec, sinon je vais te tuer ! » Oh, mon Dieu, j'avais vraiment envie de le tuer ! Je voulais mourir, mais avant, je voulais être sûre qu'il soit bien mort !

Finalement, le moment de la délivrance est venu vers midi. J'étais vraiment reconnaissante envers ce chirurgien qui m'avait opérée à Londres, car je n'aurais absolument pas pu accoucher si j'avais été encore cousue.

Au bout de neuf mois d'attente et trois jours de souffrance, il était enfin là, comme par magie. Après tout ce temps, j'étais si heureuse de le voir, ce petit bonhomme. Il était tellement beau, avec ses cheveux noirs et soyeux, sa minuscule bouche, ses longs pieds et ses longues mains. Il mesurait cinquante centimètres, mais pesait seulement trois kilos. Immédiatement, mon fils a dit « Ah » en regardant autour de lui, très curieux. « Alors c'est donc ça ? Me voilà enfin à la lumière ! »

J'avais demandé à l'équipe médicale de placer le bébé encore tout visqueux sur ma poitrine. Au moment où je l'ai tenu contre moi pour la première fois, j'ai compris que le vieux cliché que rabâchaient toutes les mères était vrai : quand on prend son bébé dans ses bras, on oublie soudain sa souffrance. A ce moment-là, la douleur disparaît, et il ne reste plus que la joie.

J'ai prénommé le bébé Aleeke, ce qui signifie en somali « lion puissant » ; mais pour le moment, avec sa minuscule bouche en arc de cercle, ses joues rebondies et son auréole de boucles, il ressemblerait plutôt à un Cupidon noir qu'à un lion. Il a mon grand front lisse, et lorsque je lui parle, il pince les lèvres, on dirait alors un oiseau d'humeur joyeuse qui se prépare à chanter. Depuis sa naissance, il se montre curieux, observant calmement tout ce qui l'entoure et explorant méthodiquement son nouvel univers.

Quand j'étais petite fille, il me tardait que le soir vienne. Après m'être occupée des bêtes, je me blottissais sur les genoux de Maman ; elle me caressait la tête et cela faisait naître en moi un profond sentiment de paix et de sécurité. Je fais la même chose à Aleeke, ce qu'il aime beaucoup lui aussi. Je lui masse la tête, et il s'endort dans mes bras.

Aleeke a changé ma vie. Le bonheur qu'il m'apporte est ce qui compte le plus pour moi à présent. J'ai mis de côté toutes les stupides petites choses dont j'avais à me plaindre et qui me préoccupaient auparavant. J'ai réalisé qu'elles n'avaient absolument aucune importance. La vie et le don de la vie sont les seules choses qui comptent vraiment, et c'est le fait de donner naissance à mon fils qui m'a rappelé cette évidence.

17

L'ambassadrice

Dans notre culture, une femme a droit au respect dès lors qu'elle devient mère. En mettant au monde un être humain elle contribue au don de la vie. Quand Aleeke est né, je suis, moi aussi, devenue une *mama*, une femme ayant atteint l'âge adulte. Après avoir subi toutes les épreuves du cycle de la féminité – qui avaient débuté très tôt par mon excision à l'âge de cinq ans et s'étaient terminées par la naissance de mon fils alors que j'avais une trentaine d'années –, j'éprouvais peut-être plus de respect encore pour ma propre mère. Je comprenais mieux l'incroyable force dont devaient faire preuve les Somaliennes pour supporter le fardeau qui pesait sur leurs épaules simplement parce qu'elles étaient nées femmes. Moi-même, en tant que femme vivant dans des pays occidentaux, j'ai dû lutter pour venir à bout de ce que j'avais à faire et, parfois, j'ai cru ne pas y arriver : frotter les sols chez McDonald's alors que mes règles étaient si douloureuses que j'étais près de m'évanouir ; me faire opérer pour ouvrir les cicatrices grossières de mes organes génitaux de façon à pouvoir uriner normalement ; me dandiner, tandis que j'étais enceinte de presque neuf mois, pour prendre le métro depuis les quartiers résidentiels jusqu'à Harlem, grimper les escaliers et faire le marché ; supporter les douleurs de l'accouchement pendant trois jours, persuadée que j'allais mourir en salle de travail, en présence de toute l'équipe médicale.

Mais, en réalité, j'ai eu beaucoup de chance, si je me compare à la petite fille dans la savane, qui parcourt des kilomètres et des kilomètres pour faire boire ses chèvres alors que ses règles douloureuses l'empêchent presque de se tenir debout. Ou à l'épouse que l'on recoud avec une aiguille et du fil, comme une pièce de vêtement, après son accouchement afin que son vagin reste étroit pour le plaisir de son mari. Ou à la femme enceinte de neuf mois qui court dans le désert à la recherche de nourriture pour ses onze enfants affamés. Ou encore à la jeune femme, toujours suturée, qui va donner naissance à son premier bébé. Que se passera-t-il lorsqu'elle s'en ira dans le désert, comme l'a fait ma mère, et essaiera d'accoucher toute seule ? Je connais malheureusement la réponse à cette question. Comme beaucoup d'autres femmes, elle risque de saigner jusqu'à en mourir, dans la solitude, et avec un peu de chance, son mari la retrouvera avant les vautours et les hyènes.

En vieillissant et en m'instruisant, j'ai appris que je n'étais pas seule : les problèmes de santé que j'ai affrontés depuis mon excision tourmentent également des millions de femmes et de jeunes filles à travers le monde. A cause d'un rituel obscurantiste, la plupart des femmes du continent africain passent leur vie à souffrir. Qui pourrait bien aider une femme du désert, comme ma mère, qui n'a ni argent ni pouvoir ? Quelqu'un devait parler pour les petites filles sans voix. Et puisque j'avais commencé par être nomade moi aussi, j'ai pensé que c'était à moi de le faire.

Je serais incapable de dire pourquoi tant d'événements semblent s'être produits dans ma vie par hasard. Pourtant, je ne crois pas vraiment à l'idée de pur hasard ; il doit y avoir plus que cela dans nos vies. Dieu a empêché un lion du désert de me dévorer quand je me suis enfuie de chez moi, et à partir de ce moment-là j'ai su qu'il avait un projet pour moi, une raison de me garder en vie ; mais j'ignorais laquelle...

Une journaliste du magazine de mode *Marie Claire* m'a demandé de lui accorder une interview. Avant de la rencontrer, j'ai beaucoup réfléchi à ce que j'avais envie de dire dans son article. Quand j'ai retrouvé Laura Ziv pour le déjeuner, j'ai regardé son visage, et j'ai tout de suite aimé cette femme. Je lui ai dit :

– Je ne sais pas ce que vous attendez de moi, mais tous ces trucs sur les top-models ont été rabâchés des millions de fois. Si vous me promettez de la publier, je vais vous raconter une histoire vraie.

– D'accord, je ferai mon possible.

Elle a mis son magnétophone en marche, et j'ai commencé à lui parler de mon enfance et de mon excision. En plein milieu de l'interview, elle a éclaté en sanglots et arrêté l'appareil.

– Qu'est-ce qui vous arrive ?

– C'est horrible... C'est absolument révoltant. Je n'aurais jamais cru que de pareilles choses se passaient encore de nos jours.

– Nous y voilà ! Tout le problème est là ; les Occidentaux ne savent pas. Vous pensez pouvoir faire passer cet article dans votre magazine – votre luxueux et merveilleux magazine, que seules les femmes lisent ?

– Je vous promets de faire tout ce qui sera possible. Mais la décision finale appartiendra à mon rédacteur en chef.

Le lendemain de l'interview, j'étais stupéfaite et très gênée de ce que j'avais fait. A présent, tout le monde allait être au courant de mes affaires ; j'avais révélé mon secret le plus intime. Même mes amis les plus proches ignoraient ce qui m'était arrivé quand j'étais petite fille. Appartenant à une culture tout à fait particulière, ce n'était pas le genre de chose dont je pouvais parler facilement. Et voilà que j'avais dévoilé mon secret à des millions d'étrangers. J'ai fini par me dire : « Tant pis ; oublie ton orgueil s'il le faut. » Et c'est ce que j'ai fait. Je me suis dépouillée de lui comme si j'ôtais des vêtements. Je l'ai mis de côté, et j'ai commencé de vivre sans lui. Mais j'étais également tourmentée par la réaction des Somaliens. Je croyais les entendre dire : « Comment as-tu osé critiquer nos traditions ancestrales ? » Ils semblaient faire écho aux propos de ma mère, mon frère et mon cousin quand je les avais retrouvés en Éthiopie : « Tu crois tout savoir parce que tu vis dans un pays occidental ? »

Après y avoir longuement réfléchi, j'ai compris que j'avais besoin de parler de mon excision pour deux raisons. Tout d'abord, parce que cela me perturbait profondément. En plus des problèmes de santé contre lesquels je me débatais toujours, je ne connaîtrai jamais le plaisir sexuel ; je me sens incomplète, handicapée, et j'éprouve un sentiment de désespoir à l'idée que l'on ne peut rien faire pour changer cela. Quand j'ai rencontré Dana, je suis enfin tombée amoureuse et j'ai voulu faire l'expérience du plaisir avec un homme. Si aujourd'hui on me demandait : « Connaissez-vous le plaisir sexuel ? » je répondrais non, pas au sens habituel ; je ressens simplement du plaisir à être physiquement proche de Dana parce que je l'aime. Toute ma vie, j'ai tenté de trouver une justification à mon excision. S'il existait une bonne raison, je pourrais peut-être accepter ce que l'on m'a fait. Mais je n'en ai découvert aucune. Plus je cherchais, plus ma colère grandissait. J'ai éprouvé le besoin de révéler mon secret parce que je l'avais refoulé toute ma vie. Étant séparée de ma famille, loin de ma mère et de mes sœurs, je ne pouvais partager ma peine avec personne. Je déteste le terme de « victime » parce qu'il évoque le désespoir, mais lorsque la vieille femme m'avait charcutée, c'était exactement ainsi que je me sentais. En tant que femme adulte, je n'étais plus une victime et je pouvais agir. Avec cet article dans *Marie Claire*, j'espérais que les gens qui encouragent cette torture comprendraient ce qu'une femme au moins avait ressenti, puisque toutes celles de mon pays étaient réduites au silence.

Après avoir appris mon secret, certaines personnes me regardaient bizarrement quand elles me rencontraient dans la rue. J'ai décidé de m'en moquer car la seconde raison de cette interview était la volonté de faire prendre conscience aux gens que l'excision est encore pratiquée de nos jours. Je devais le faire, non seulement pour moi, mais pour toutes les petites filles de par le monde qui allaient devoir subir cette torture. Non pas des centaines, non pas des milliers, mais des millions de petites filles vivent ce supplice et en meurent. Il était trop tard pour moi, le mal était déjà fait, mais je pouvais peut-être aider à en sauver d'autres.

Lorsque mon interview, intitulée « La tragédie de l'excision », est sortie, la réaction a été spectaculaire. Laura avait fait un excellent travail, et le magazine *Marie Claire* s'était montré très courageux en publiant cet article. La rédaction, de même que Equality Now, une organisation luttant pour les droits des femmes, ont été submergées de lettres de soutien. Tout comme Laura, les lectrices se disaient horrifiées :

> *« Il y a un mois, dans le numéro de mars de* Marie Claire, *j'ai lu avec horreur l'article sur l'excision, et je n'ai pas cessé d'y penser depuis. J'ai du mal à croire que quiconque, homme ou femme, puisse oublier ou se désintéresser de quelque chose d'aussi inhumain que ce traitement infligé à celle que Dieu a créée pour être l'amie et la compagne de l'homme : son épouse. La Bible dit que l'homme doit aimer sa compagne. Même dans une culture qui ignore l'existence de Dieu, les gens doivent comprendre que la douleur, le traumatisme et parfois la mort qu'ils infligent à leurs femmes sont des actes extrêmement répréhensibles. Comment peuvent-ils continuer à permettre que cela arrive à leurs épouses, leurs filles et leurs sœurs ? Il leur est impossible d'ignorer qu'ils détruisent ainsi leurs femmes.*
>
> *Que Dieu nous aide ! Nous devons faire quelque chose. Je me lève en y pensant ; je me couche en y pensant ; et j'y*

pense toute la journée. J'en pleure ! Grâce à World Vision ou une autre organisation du même genre, ces gens pourraient être éduqués, et apprendre que le mariage et la vie intime seraient tellement plus agréables, pour les hommes comme pour les femmes, si les choses étaient comme elles doivent être ; ils apprendraient également qu'il existe une bonne raison pour que les femmes naissent avec certaines parties de leur corps, tout comme les hommes. »

Et une autre :

« *Je viens juste de terminer votre article sur Waris Dirie et je suis bouleversée d'apprendre que des petites filles subissent encore de telles tortures et mutilations. J'ai peine à croire que quelque chose d'aussi sadique se pratique encore de nos jours. Les problèmes qui en résultent, et que ces femmes affrontent tout au long de leur vie, sont incroyables. Tradition ou pas, ces atrocités infligées aux femmes dans le monde entier doivent cesser. Laissez-moi ouvrir avec une lame les organes génitaux d'un homme, puis les recoudre, et je vous affirme que cette coutume disparaîtra. Comment avoir envie d'être physiquement une femme quand la douleur est si intense et sans fin ? En lisant cette histoire, j'ai eu les larmes aux yeux, et je vais écrire à l'organisation Equality Now pour savoir comment leur apporter mon soutien.* »

Une autre lettre qui m'était adressée disait :

« *Un tas d'histoires tragiques ont déjà été racontées, et d'autres le seront encore. Mais, Waris, je ne pense pas qu'il puisse en exister une qui parle d'une culture tout entière, et qui soit plus horrible que le récit de la souffrance que ces gens font subir à leurs enfants. J'ai été très émue par ce que j'ai lu, et j'en ai pleuré. J'aimerais pouvoir agir afin que les choses changent, mais je ne sais pas ce qu'une seule personne peut faire. »*

Je me suis sentie soulagée par ces messages de soutien ; je n'ai reçu que deux lettres de critiques qui, bien sûr, venaient de Somalie.

A partir de ce moment, j'ai donné d'autres interviews et je me suis rendue dans des écoles et des associations, partout où il était possible d'évoquer ce problème.

C'est alors que le destin est intervenu une nouvelle fois. Une maquilleuse qui se trouvait à bord d'un avion venant d'Europe via New York a lu mon interview dans *Marie Claire* et l'a montrée à la personne pour qui elle travaillait :

– Vous devriez lire ça !

Cette personne n'était autre que Barbara Walters. Plus tard, Barbara m'a dit qu'elle n'avait pas pu finir l'article tellement elle était révoltée. Pourtant, elle a pensé que c'était un problème auquel il fallait s'attaquer et a donc décidé d'y consacrer une séquence de *20/20* en utilisant mon histoire pour faire prendre conscience aux téléspectateurs de la réalité de l'excision. Ethel Bass Weintraub a produit cette séquence, intitulée « A Healing Journey [1] », qui a reçu depuis de nombreuses récompenses.

Tandis que Barbara m'interviewait, j'avais envie de pleu-

1. « Un voyage de guérison ». *(N.d.T.)*

rer ; je me sentais tellement mise à nu. Le fait de raconter mon histoire dans un article mettait en quelque sorte une distance entre le lecteur et moi. Quand je parlais à Laura, nous n'étions que deux femmes déjeunant en tête à tête dans un restaurant. Mais pendant qu'on me filmait pour *20/20*, je savais que la caméra me prenait en gros plan tandis que je révélais des secrets que j'avais cachés toute ma vie. C'était un peu comme si l'on m'avait ouverte afin d'exposer mon âme.

« A Healing Journey » a été diffusé au cours de l'été 1997. Peu de temps après, mon agence m'a appelée pour me dire que des membres de l'ONU cherchaient à me contacter.

Les événements prenaient une tournure tout à fait étonnante. Le Fonds des Nations unies pour la population m'a invitée à participer à son combat pour faire cesser l'excision. Travaillant en collaboration avec l'Organisation mondiale de la santé, il avait établi des statistiques absolument terrifiantes qui permettaient d'évaluer toute l'étendue de la question. Au vu de ces chiffres, il m'a paru évident que ce problème n'était pas seulement le mien. L'excision, ou la mutilation génitale de la femme[1] comme on l'appelle plus pertinemment aujourd'hui, se pratique principalement dans vingt-huit pays d'Afrique. L'ONU estime que cette mutilation touche cent trente millions de petites filles et de femmes. Chaque année, deux millions au moins de petites filles risquent d'en être les victimes, soit près de six mille par jour ! Ces mutilations sont pratiquées de façon

1. Selon l'appellation internationale FGM : Female Genital Mutilation. *(N.d.T.)*

primitive par des sages-femmes ou des femmes du village, sans aucune anesthésie. Pour procéder à l'ablation des organes génitaux d'une fillette, elles utilisent les instruments qui leur tombent sous la main : lames de rasoir, couteaux, ciseaux, morceaux de verre, pierres coupantes et, dans certaines régions, leurs dents. La gravité de l'intervention varie selon les traditions locales. Le préjudice le moins grave est l'ablation du clitoris, destinée à empêcher d'éprouver le plaisir sexuel. L'infibulation est la pire mutilation ; elle est pratiquée sur quatre-vingts pour cent des femmes en Somalie. C'est ce que j'ai subi. L'infibulation entraîne des complications immédiates : choc dû à l'opération, infection, dommages causés à l'urètre ou à l'anus, formation de cicatrices, tétanos, infection de la vessie, septicémie, séropositivité et hépatite B. Parmi les complications à long terme, on compte : des infections, chroniques et récurrentes, urinaires et pelviennes, pouvant provoquer la stérilité, des kystes et des abcès dans la région de la vulve, des névromes douloureux, une miction de plus en plus malaisée, des menstruations difficiles et douloureuses, la rétention du sang menstruel dans l'abdomen, la frigidité, la dépression et la mort.

Quand je songe que cette année, plus de deux millions de petites filles vivront ce que j'ai vécu, j'en ai le cœur brisé. Je sais également que le nombre de femmes en colère qui, comme moi, ne pourront jamais revenir en arrière ni récupérer ce qui leur a été volé augmente chaque jour.

Le nombre de petites filles qui sont mutilées ne cesse de grossir. Les Africains qui ont émigré en Europe et aux États-Unis ont conservé ce rituel. Le Federal Center for Disease Control and Prevention estime que vingt-sept mille femmes habitant l'État de New York ont subi ou subiront cette mutilation. C'est pour cette raison que plusieurs États américains votent des lois interdisant la FGM. Les législateurs pensent que des lois distinctes sont nécessaires pour protéger les enfants car, à l'échelon fédéral, les familles pourraient prétendre que la liberté religieuse que leur garantit la Constitution leur accorde le droit de mutiler leurs filles. Souvent, les communautés d'immigrants d'origine africaine collectent l'argent nécessaire pour faire venir d'Afrique, jusqu'en Amérique, une exciseuse. Elle mutilera alors tout un groupe de petites filles à la fois. Lorsque cela ne leur est pas possible, les familles prennent l'affaire en main. Un homme habitant New York a mis la stéréo à fond pour que ses voisins n'entendent pas les hurlements de sa fille pendant qu'il lui coupait les parties génitales avec un couteau à steak.

J'ai été très fière d'accepter la proposition de l'ONU de devenir une « ambassadrice de bonne volonté » et de participer à ce combat. Grâce à ma position, je vais avoir le grand honneur de travailler avec des femmes comme le Dr Nafis Sadik, directrice du Fonds des Nations unies pour la population. Elle est l'une des premières à se battre contre les mutilations génitales, et a soulevé le problème à la Conférence internationale sur la population et le développement qui s'est tenue au Caire en 1994. Je retournerai bientôt en Afrique pour raconter mon histoire et apporter mon soutien à l'ONU.

Pendant quatre mille ans, des cultures africaines ont permis que les femmes soient mutilées. Cette tradition étant répandue dans beaucoup de pays musulmans, bien des gens croient que le Coran l'exige. Et pourtant ce n'est pas le cas ; ni le Coran ni la Bible ne mentionnent qu'il faut mutiler les femmes pour plaire à Dieu. Cette coutume n'est encouragée et exigée que par les hommes – des hommes ignorants et égoïstes – qui veulent s'assurer l'exclusivité des faveurs de leurs épouses. Les mères acceptent que leurs filles soient mutilées de crainte qu'elles ne trouvent pas de maris. Une femme non excisée est considérée comme impure, obsédée par le sexe et impossible à marier. Dans une culture nomade comme celle dans laquelle j'ai été élevée, il n'y a pas de place pour une femme célibataire, et les mères pensent qu'il est de leur devoir de tout faire pour que leurs filles aient le maximum de chances – comme les familles occidentales sont convaincues qu'elles doivent envoyer les leurs dans les meilleures écoles. Il n'y a pas de raison à la mutilation de millions de petites filles chaque année, sinon l'ignorance et la superstition. Par contre, la douleur, la souffrance et la mort qui en résultent sont des raisons plus que suffisantes pour que cette pratique disparaisse.

Je n'aurais jamais osé rêver qu'un jour je serais ambassadrice de l'ONU. Bien que je me sois toujours sentie différente des autres membres de ma famille et des nomades avec lesquels j'ai grandi, je n'aurais jamais pu prévoir que je serais amenée à travailler en tant qu'ambassadrice pour une organisation chargée de résoudre les problèmes du monde entier. L'ONU joue, sur le plan international, le même rôle qu'une mère au niveau de la famille : elle réconforte et procure la sécurité. C'est de cette façon – peut-être un peu passéiste – que j'envisage ma future mission. Quand j'étais plus jeune, mes amis me traitaient constamment de *mama*. Ils me taquinaient parce que je cherchais toujours à les materner et à veiller sur eux.

Bon nombre de ces amis craignent qu'un fanatique religieux ne tente de m'assassiner lorsque je retournerai en Afrique. Après tout, je m'élève contre un crime que bien des fondamentalistes considèrent comme une coutume sacrée. J'ai conscience que ma mission est dangereuse, et j'avoue avoir peur ; je suis particulièrement inquiète à présent que j'ai un fils à élever. Mais ma foi m'encourage à être forte. Dieu a certainement une bonne raison de m'avoir poussée dans cette voie. Il a une tâche à me confier ; c'est là ma mission. Je crois que, bien avant ma naissance, il a choisi le jour où je devrais mourir, et je ne peux rien changer à cela. Entre-temps, autant prendre des risques ; c'est ce que j'ai fait toute ma vie.

18

Réflexions sur mon pays

Parce que je critique sévèrement la coutume de la mutilation génitale des femmes, certains croient que je n'apprécie pas ma culture. Ils se trompent. Chaque jour, je remercie Dieu d'être née en Afrique. Je suis très fière d'être somalienne, et fière de mon pays. Je suppose qu'on pourrait juger ma façon de penser très africaine – vous savez bien : cette tendance à être fier de rien. Certains appelleraient cela de l'arrogance.

En dehors du problème de l'excision, je n'échangerais avec personne la façon dont j'ai été élevée. A New York où je vis, tout le monde parle de valeurs familiales, mais je ne les ai guère constatées. Je n'ai jamais vu de famille se réunir pour chanter, battre des mains et rire comme nous le faisions. Ici, les gens n'ont aucun lien les uns avec les autres, et nullement conscience d'appartenir à une communauté.

Grandir en Afrique présentait un autre avantage : nous faisions partie de la nature, de la vraie vie. Je connaissais la vie, je n'étais pas coupée d'elle. Je vivais dans la réalité et non dans ce monde artificiel qu'offre la télévision, et où l'on regarde les autres vivre. Mon instinct de survie s'est manifesté très tôt ; j'ai appris la joie et le chagrin en même temps. J'ai aussi appris que le bonheur ne consistait pas à posséder, car je n'avais rien et j'étais pourtant si heureuse. Les moments les plus précieux étaient ceux où toute la famille était réunie. Je me souviens de ces soirs où nous étions assis autour du feu après avoir mangé, et où nous discutions de tout en riant. Et lorsque la pluie tombait et que la vie renaissait, nous célébrions l'événement.

En Somalie, nous savions apprécier les choses simples de la vie. Nous fêtions la pluie parce que cela signifiait que nous aurions de l'eau. Qui, à New York, se soucie de l'eau ? On la laisse couler en faisant autre chose dans la cuisine ; il y en a tant qu'on en veut, il suffit de tourner un robinet. C'est lorsque l'on est privé des choses qu'on les apprécie, et quand on n'a rien, on apprécie tout.

Ma famille se démenait tous les jours pour avoir de quoi manger. L'achat d'un sac de riz était pour nous un grand événement. Ici, aux États-Unis, l'abondance et la variété de la nourriture sont tout à fait stupéfiantes pour quiconque vient d'un pays du tiers-monde. Pourtant, de nombreux Américains s'efforcent de ne pas trop manger. D'un côté du monde, les gens luttent pour se nourrir, de l'autre, ils paient pour maigrir. Quand je regarde des spots publicitaires expliquant comment perdre du poids, j'ai envie de crier :

– Vous voulez maigrir ? Allez donc en Afrique ! Pourquoi ne pas perdre du poids en aidant d'autres gens ? Est-ce que vous y avez déjà pensé ? Vous vous sentirez mieux et différents. Vous ferez ainsi deux choses importantes à la fois. Et lorsque vous reviendrez chez vous,

vous aurez beaucoup appris, et votre esprit sera bien plus clair qu'avant.

Aujourd'hui, j'apprécie toujours la valeur des choses simples. Je rencontre chaque jour des gens qui possèdent de belles maisons (quelquefois plusieurs), des voitures, des bateaux, des bijoux, et qui pourtant ne pensent qu'à acquérir davantage, comme si l'achat suivant allait enfin leur apporter le bonheur et la tranquillité d'esprit. Je n'ai pas besoin d'une bague en diamant pour être heureuse. Des gens me disent qu'il m'est très facile de parler ainsi maintenant que je peux m'offrir ce que je veux. Mais je ne désire rien. Pour moi, le bien le plus précieux dans la vie – après la vie elle-même – est la santé. Tant de personnes gaspillent ce présent inestimable en se laissant envahir par toutes sortes de petites contrariétés futiles : « Voilà une facture, et encore une autre, et des tas de factures qui arrivent de partout... comment vais-je payer tout ça ? » Les États-Unis sont le pays le plus riche du monde, et pourtant ses habitants se sentent pauvres.

Plus encore que d'argent, chacun manque de temps. Personne n'a le temps, le temps de rien. Les rues sont bondées de gens qui courent çà et là, et poursuivent Dieu seul sait quoi.

Je suis très heureuse d'avoir connu deux modes de vie : la vie simple et celle des gens pressés. Si je n'avais pas grandi en Afrique, je ne sais pas si j'aurais apprécié une existence simple. Mon enfance passée en Somalie a marqué ma personnalité pour toujours et m'a empêchée de prendre au sérieux des choses dérisoires, comme le succès et la célébrité qui semblent obséder tant de gens. On me demande souvent :

– Qu'éprouve-t-on quand on est célèbre ?

Je me contente de rire. Célèbre ? Qu'est-ce que cela signifie ? Je ne le sais même pas. La seule chose que je sache c'est que ma façon de penser est celle d'une Africaine, et qu'elle ne changera jamais.

L'un des plus grands avantages dont on bénéficie en vivant dans les pays occidentaux, c'est la paix. Je ne suis pas certaine que beaucoup de gens réalisent la chance qu'ils ont. Bien sûr, la criminalité existe, mais ce n'est pas la même chose que de vivre dans un climat de guerre. Je suis reconnaissante de l'asile que j'ai trouvé ici et de la possibilité qui m'est offerte d'élever mon bébé en toute sécurité. Depuis que les rebelles ont évincé Syaad Barré, en 1991, la Somalie est en proie à une guerre civile permanente. Des tribus rivales se disputent le pouvoir, et on ignore le nombre de victimes. Mogadiscio, la belle ville aux édifices blancs, que les colonisateurs italiens avaient bâtie, a été détruite. Presque tous les bâtiments portent les marques de sept années de combats incessants ; les immeubles ont été bombardés et sont criblés d'impacts de balles. L'ordre n'est plus respecté ; il n'y a plus ni gouvernement, ni police, ni écoles.

Ma famille n'est pas sortie indemne de ces combats. Mon oncle Wolde'ab, le frère de Maman, qui lui ressemblait tant et qui était si drôle, est mort à Mogadiscio. Il se trouvait près d'une fenêtre quand sa maison a été criblée de balles. L'une d'elles l'a tué.

Les nomades eux-mêmes sont à présent touchés. Lorsque j'ai vu mon petit frère Ali en Éthiopie, il m'a dit qu'il avait échappé de peu à la mort. Il conduisait seul son troupeau de chameaux quand des hommes qui se tenaient en embuscade lui ont tiré dessus, l'atteignant au bras. Ali est tombé et a fait le mort, et ses agresseurs se sont enfuis avec toutes ses bêtes.

Au moment de nos retrouvailles en Éthiopie, ma mère m'a dit qu'elle s'était trouvée prise entre deux feux et avait reçu une balle dans la poitrine. Ma sœur l'avait emmenée dans un hôpital saoudien, mais les médecins l'avaient jugée trop vieille pour être opérée ; elle risquait de ne pas survivre à l'intervention. Pourtant, lorsque je l'ai vue, elle semblait aussi robuste qu'une chamelle. Elle était toujours aussi solide et plaisantait sur sa blessure. Quand je lui ai demandé si la balle était encore dans sa poitrine, elle m'a répondu :

– Oui, oui, elle est toujours là, mais je m'en moque. D'ailleurs, elle a peut-être fini par fondre avec le temps.

Ces guerres tribales, comme la pratique de l'excision, sont la conséquence de l'agressivité et de l'égoïsme des hommes. Je n'aime pas dire cela, mais c'est pourtant vrai. Ils agissent ainsi parce qu'ils sont obsédés par leur territoire, leurs possessions, et les femmes sont dans cette dernière catégorie, aussi bien sur le plan culturel que légal. Peut-être que si l'on émasculait les hommes, mon pays deviendrait un paradis ! Ils se calmeraient et se montreraient plus sensibles au monde qui les entoure. Sans ces poussées régulières de testostérone, il n'y aurait plus ni guerres, ni massacres, ni vols, ni viols. Si on leur tranchait les parties génitales, et qu'on les laissait ensuite errer sans soins, saigner à mort ou survivre, peut-être comprendraient-ils pour la première fois ce qu'ils font subir aux femmes !

Mon but est d'aider les femmes d'Afrique. Je voudrais

les voir devenir fortes et non plus faibles, car la pratique de l'excision les affaiblit tant physiquement qu'affectivement. Les femmes sont l'épine dorsale de l'Afrique ; elles assument la plus grande partie du travail, et je songe à tout ce qu'elles pourraient accomplir si elles n'étaient pas mutilées dans leur enfance, diminuées pour le restant de leur vie.

En dépit de ma colère pour ce que l'on m'a fait subir, je ne condamne pas mes parents. J'aime ma mère et mon père. Ma mère n'avait pas son mot à dire sur l'excision car, en tant que femme, elle n'avait aucun pouvoir de décision. Elle m'a simplement fait ce qu'on lui avait fait, qui avait été fait à sa mère, et à la mère de sa mère avant elle. Mon père n'avait pas conscience de la souffrance qu'il m'imposait. Il savait seulement que dans notre société, s'il voulait marier sa fille, il fallait qu'elle soit excisée, sinon aucun homme ne voudrait d'elle. Mes parents étaient tous deux victimes de leur éducation, de pratiques culturelles immuables depuis des millénaires. Mais, tout comme on sait aujourd'hui qu'il est possible d'éviter la maladie et la mort grâce à la vaccination, on sait aussi que les femmes ne sont pas des animaux en chaleur, et que leur fidélité se gagne par la confiance et l'affection, et non au moyen de rituels barbares. Le temps est venu d'abandonner les vieilles traditions qui causent tant de souffrances.

Je pense que le corps que Dieu m'avait donné à ma naissance était parfait. Les hommes m'ont volé, ôté ma force et laissée infirme. On m'a dérobé ma féminité. Si Dieu avait jugé que certaines parties de mon corps étaient inutiles, pourquoi les aurait-il créées ?

Je prie pour qu'un jour plus aucune femme n'ait à

connaître cette torture ; que cette pratique devienne une chose du passé ; que les gens disent :

« Savez-vous que la mutilation génitale des femmes a été interdite en Somalie ? »

Puis dans un autre pays, et un autre encore, jusqu'à ce que le monde devienne sûr pour toutes les femmes. Ce sera un merveilleux jour ; tel est le but que je poursuis. *Inch'Allah*, si Dieu le veut, cela arrivera.

Participez à la lutte contre la FGM

Si vous désirez nous aider à empêcher la mutilation de millions de petites filles, vous pouvez envoyer vos dons à un fonds spécial, créé à cette intention. Les sommes ainsi recueillies serviront à promouvoir des programmes d'information, d'éducation et d'action sociale dans vingt-trois pays. Pour en savoir plus, écrivez à :

The Campaign to Eliminate FGM
UNFPA (United Nations Population Fund)
220 E. 42nd Street
NEW YORK, NY 10017
USA

Table

La composition de cet ouvrage
a été réalisée par
I.G.S. – Charente Photogravure à l'Isle-d'Espagnac,
l'impression a été effectuée
sur presse Cameron dans les ateliers de
Bussière Camedan Imprimeries
à Saint-Amand-Montrond (Cher),

Achevé d'imprimer en septembre 1998.
N° d'édition : 17665. N° d'impression : 984286/4.
Dépôt légal : octobre 1998.